R.

51827

ESSAIS

PHILOSOPHIQUES.

Se trouve aussi

Chez
- PONTHIEU, Palais-Royal, Galerie de Pierre.
- CHOUBART, Quai Malaquais, n° 1.
- DUPONT et Cie, Rue Vivienne, n° 16.
- CHARLES BÉCHET, Quai des Augustins, n° 57.
- REY et GRAVIER, Quai des Augustins, n° 55.
- MAIRE-NYON, Quai Conti, n° 13.
- HACHETTE, Rue Pierre-Sarrazin, n° 12.
- EMLER Frères, Rue Guénégaud, n° 23.
- LECOINTE, Quai des Grands Augustins, n° 49.

BERNHART, IMPRIMEUR,
Rue du Foin, n. 12.

ESSAIS
PHILOSOPHIQUES

SUR LES SYSTÈMES

DE LOCKE, BERKELEY, PRIESTLEY, HORNE-TOOKE, ETC.

Par M. Dugald-Stewart,

Professeur à l'Université d'Edimbourg.

TRADUIT DE L'ANGLAIS

PAR CHARLES HURET.

PARIS,
A. JOHANNEAU, LIBR.-ÉDITEUR,
Rue du Coq-S.-H. 8 bis.

1828.

AVERTISSEMENT

DU TRADUCTEUR.

Les différents ouvrages de M. Dugald-Stewart ont été accueillis avec trop de faveur, pour qu'il soit nécessaire de recommander ici les Essais dont nous publions la traduction. Nous avons pensé d'ailleurs qu'il valait mieux exposer en peu de mots, le dessein de l'auteur que d'entreprendre l'éloge d'un écrit que chacun peut, dès à présent, apprécier à son juste mérite.

Une question qui de tout temps a divisé les philosophes, et servi à caractériser les écoles philosophiques, est celle de l'origine des connaissances humaines. Au commencement du dix-huitième siècle, Locke qui s'était déclaré l'ennemi des idées innées de Descartes, soutint que toutes les idées dont l'esprit humain est en possession, lui sont fournies, ou par la sensation, ou par la réflexion. Cette opinion de Locke fut généralement accueillie, et devint la base commune sur laquelle travaillèrent tous les penseurs qui, dans le siècle dernier, ont été regardés comme les arbitres de l'opinion en matière philosophique. Mais tous ne l'interprétèrent pas de la même manière; et les conséquences qu'ils en déduisirent, durent nécessairement se ressentir de la différence de l'interprétation. Ce fut au moment où la théorie de Locke avait obtenu le plus grand succès, que s'éleva en Écosse cette école à la fois si savante et si modeste, qui, depuis Reid, s'est constamment efforcée d'élargir les limites arbitraires dans lesquelles on prétendait renfermer les puissances de l'intelligence humaine, et qui combattit, avec autant d'activité que de succès, le désolant scepticisme auquel conduisait inévitablement le système de Locke. Ayant pris part à la lutte que nous venons de signaler, M. Dugald-Stewart pouvait mieux que personne nous découvrir les causes des erreurs étranges contenues dans les doctrines de ses prédécesseurs. Il ne pouvait d'ailleurs se contenter d'une exposition plus ou moins méthodique des principes qu'il avait adoptés ; car un pareil travail eût été à jamais insuffisant pour ruiner dans l'opinion les principes opposés. Il fallait, et ce ne sera pas là son moindre titre à l'estime de ses contemporains, il fallait qu'il légitimât ses propres idées par la critique des théories qu'il ne pouvait admettre; et, pour atteindre ce but, il se trouvait dans la nécessité d'examiner les développements successifs du système qu'il voulait combattre, et de le suivre dans toutes ses applications. Tel est le but des Essais philosophiques, qui, bien que dépourvus en apparence de tout lien commun, peuvent être ramenés ainsi à une même idée dont l'importance ne saurait être mise en doute.

Ces Essais sont au nombre de cinq. Dans le premier, M. Dugald-Stewart examine et combat le système de Locke, qui fait découler toutes nos connaissances de la sensation et de la réflexion, c'est-à-dire encore et uniquement, du sens intime : erreur féconde dont Berkeley et Hume ont rigoureusement déduit, l'un son idéalisme; l'autre son scepticisme universel. Par une analyse pleine de sagacité, M. Stewart prouve qu'il y a dans l'intelligence, un certain nombre de notions que les sens n'ont point données, que le sens intime ne saurait fournir; mais qui se développent nécessairement, inévitablement par l'exer-

cice de nos diverses facultés. « C'est ainsi,
» dit-il, que nous devons à l'exercice de
» la *mémoire* les idées de temps, de mou-
» vement, d'identité personnelle, et que
» sans l'*abstraction* nous n'aurions jamais
» pu nous former des notions de nombres,
» ni même de lignes, de surfaces et de
» solides, tels qu'ils sont considérés par le
» mathématicien (1). »

Dans le second Essai, l'auteur s'occupe
un moment de l'idéalisme de Berkeley
sous un point du vue purement historique,
et détermine les caractères qui le distinguent
du scepticisme de Hume, et d'une théorie
dans laquelle Boscovich s'est proposé
d'expliquer par de nouveaux principes la

(1) Cet Essai a été déjà publié par M. Buchon qui
l'a inséré dans le second volume de sa traduction de
l'*Histoire des Sciences morales* de M. Dugald-Stewart.
Nous avons cru ne pouvoir mieux faire que de le
reproduire ici presque textuellement.

nature de la matière, sans en contester la réalité. Mais bientôt, s'écartant de cette discussion, il aborde deux questions de psychologie qu'il approfondit avec son talent ordinaire, et dont il fait sortir d'importants résultats.

En attaquant l'idéalisme de Berkeley, Reid n'avait pas voulu combattre les raisonnements qui servent à établir ce système; car ces raisonnements sont d'une rigueur parfaite, et les conclusions auxquelles ils conduisent, d'une vérité incontestable, si l'on admet le principe sur lequel ils sont fondés. Il s'était donc attaché à démontrer la fausseté de ce principe, et sans chercher à démontrer de nouvelles preuves l'existence du monde matériel, il l'avait présentée comme un fait qu'il est impossible à notre intelligence de ne pas admettre, et qu'on ne pourrait ébranler ou soutenir qu'avec des raisonnements qui ne surpasseraient point en certitude la chose même en question.

Quoique sage et conforme à la méthode expérimentale, cette énonciation du fait a semblé incomplète à M. Dugald-Stewart, qui a voulu prouver que cette loi de notre constitution qui nous fait croire invinciblement à l'existence du monde physique, est postérieure à cette autre loi, en vertu de laquelle nous avons une confiance ferme et inébranlable dans la stabilité de l'ordre de l'univers. Si nous entreprenions d'examiner ici les observations et les raisonnements qui ont conduit l'auteur à ce résultat, il faudrait, ou nous borner à une inutile redite, ou nous engager dans une discussion que nous ne voulons ni ne pouvons entreprendre ; le lecteur jugera.

La seconde section de ce même chapitre signale une inadvertance grave dans la doctrine de Reid, relativement aux qualités de la matière, que Locke avait, comme l'on sait, divisées en qualités premières et en qualités secondes. Reid adopta cette classification, sans remarquer, à ce qu'il semble, qu'elle avait autorisé les conclusions de Hume et de Berkeley. Pour prévenir ces conséquences erronées, M. Stewart propose d'ajouter une nouvelle division à celle de Locke; et de distinguer les propriétés mathématiques de la matière, de ce qu'on appelle les premières qualités. Les unes, telles que la *figure* et l'*étendue* se présentant à notre esprit comme des faits nécessaires dont nous ne saurions dépouiller la notion, alors même que nous supposons l'anéantissement du monde extérieur; et les autres, comme la dureté, la rudesse etc., n'étant pour nous que les causes inconnues de certaines sensations.

Dans les deux articles qui suivent,

l'auteur examine les modifications que les philosophes français et anglais ont apportées à la doctrine de Locke sur l'origine de nos connaissances ; et il montre comment cette doctrine mal interprétée en France par Condillac et d'autres métaphysiciens, a pris entre les mains des philosophes anglais le caractère d'un grossier sensualisme, par l'alliance forcée des rêveries physiologiques avec des vérités que la conscience seule peut révéler à l'observation.

Enfin, le cinquième Essai a pour but de combattre quelques opinions de Horne-Tooke sur le langage, et M. Dugald-Stewart y établit contre cet ingénieux philologue, 1.° que la nécessité où se trouve l'homme de se servir de mots qui expriment des notions sensibles pour représenter des faits purement intellectuels, ne prouve aucunement que nous n'ayons d'autres idées que celles de la matière ; 2.° qu'il est absurde de prétendre condamner dans le langage, l'emploi des métaphores que l'usage a consacrées, et de vouloir, à l'aide de la critique et de l'étymologie, ramener chaque mot à la signification primitive et littérale qu'il avait reçue dans la langue à laquelle il appartient.

Ainsi que nous venons de le dire, nous ne voulons point entrer dans de plus longs développements sur la marche et l'ensemble de ces différentes discussions ; c'est dans la lecture de l'ouvrage même qu'il convient de puiser les faits sur lesquels M. Stewart se fonde pour attaquer des opinions qu'il a jugées contraires à la vérité.

Ce que nous avons rapporté suffit néanmoins pour faire comprendre que les Essais philosophiques sont le complément nécessaire des travaux précédents de l'auteur; qu'ils se rattachent à la pensée qui a constamment dominé l'école à laquelle il appartient. Cette école eut pour but d'arracher l'étude de l'esprit humain aux vues systématiques, étroites et conséquemment fausses des hommes qui, s'étant déclarés les partisans de l'expérience, en méconnurent toute l'étendue, et la faussèrent dès le premier pas; et elle sut accepter la méthode d'observation dans toute sa plénitude et toutes ses conséquences. Les ouvrages qui se présentent à nous empreints de cet esprit, ne peuvent que mériter notre confiance, et rendre les plus grands services au temps où nous vivons. Les progrès futurs de la philosophie, nous paraissant dépendre spécialement d'une grande habitude d'observation intérieure, c'est un devoir pour ceux qui sont pénétrés de cette vérité de faire tous leurs efforts pour répandre les ouvrages des hommes qui sont entrés franchement dans cette route, et y ont déjà obtenu les plus éclatants succès.

ESSAIS PHILOSOPHIQUES.

DISCOURS PRÉLIMINAIRE.

CHAPITRE PREMIER.

L'objet principal de cette dissertation, est de rectifier quelques erreurs accréditées sur la Philosophie de l'Esprit Humain. J'ai déjà traité ce même sujet avec assez de détail, dans l'Introduction d'un autre ouvrage (1) ; mais différentes publications qui ont paru depuis cette époque, me portent à croire qu'il ne sera pas sans utilité de reprendre ici cette question.

Parmi les observations qu'on va lire, il en est un petit nombre qui se rapportent directement aux matières contenues dans ce

(1) Elém. de la Phil. de l'Esp. Hum., T. I, p. 3 et suiv.

volume. Les autres sont les préliminaires d'une suite de dissertations que nous espérons pouvoir offrir un jour au public.

1. Dans le cours de l'ouvrage dont je viens de parler, et qui n'est pas étranger, peut-être, à ceux qui liront ces Essais, j'ai eu souvent occasion de faire observer que « comme les
» notions que nous avons de la matière et
» de l'esprit sont purement *relatives*, comme
» nous ne connaissons l'une que par ses qua-
» lités sensibles, telles que l'étendue, la figure
» et la solidité; l'autre, par des opérations
» telles que la sensation, la pensée et la vo-
» lonté, nous pouvons dire avec assurance
» que la matière et l'esprit, *considérés comme*
» *objets de notre étude*, sont essentiellement
» différents. En effet, la science de la ma-
» tière s'appuie en dernière analyse sur les
» phénomènes qui frappent nos sens, et celle
» de l'esprit, sur les phénomènes que la con-
» science nous atteste. Au lieu donc de re-
» procher au matérialisme la fausseté de ses
» conclusions, il serait plus juste de dire que
» le but auquel il tend n'est rien moins que
» philosophique. C'est pour n'avoir pas com-
» pris l'étendue et les limites d'une véritable
» science, qu'on s'est jeté dans un tel sys-
» tême; puisque la difficulté qu'il fait profes-

» sion de résoudre est évidemment inaccessible à toutes nos facultés. Certainement,
» prétendre expliquer la nature du principe
» qui sent, qui pense et qui veut, en disant
» que c'est une substance matérielle ou le
» résultat de l'organisation, c'est se payer
» de mots, c'est oublier que nous ne connaissons la matière et l'esprit que par les
» qualités sous lesquelles ils se manifestent,
» et que l'essence de l'une et de l'autre se
» dérobe également à nos efforts » (1).

En développant cette même idée, j'ai tâché de faire voir que cette branche de la philosophie devait s'arrêter aux conclusions dont l'observation et l'expérience forment la base inébranlable. Aussi, dans mes recherches, me suis-je uniquement proposé de déterminer, en premier lieu, toutes les Lois de notre Constitution, *toutes celles, du moins, que peut nous découvrir l'observation des faits attestés par la conscience*, puis, de prendre ces lois comme des principes, pour expliquer synthétiquement les phénomènes les plus compliqués de l'entendement humain. Tel est le plan d'après lequel j'ai traité de l'association des idées, de la mémoire, de l'imagination

---

(1) Elém. de la Phil. de l'Esp. Hum. T. I, p. 6.

et des autres facultés intellectuelles (1) : j'ai suivi, autant qu'il m'a été possible de le faire, l'exemple de ces écrivains qui ont cultivé l'étude de la philosophie naturelle avec le plus éclatant succès. Si on ne peut absolument regarder comme de pures hypothèses et de véritables rêveries les théories des physiologistes, qui, au moyen des vibrations des nerfs et des modifications du sensorium, prétendent expliquer les différentes opérations de notre esprit, du moins ne peuvent-elles paraître, même à leurs plus ardents défenseurs, environnées de la même évidence que ces conclusions dont l'examen est si facile à tout homme qui peut exercer sa faculté de réfléchir; et dès-lors il devient indispensable, pour la clarté de la science, de ne point ranger sous un même nom deux classes si différentes de procédés. Pour moi, je déclare, sans hésiter, que je regarde le problème physiologique dont il s'agit, comme un de ceux dont la nature s'est réservé l'éternel secret; et, quoi que l'on puisse attendre des découvertes futures, je ne serai contredit par aucun juge compétent et de bonne foi, en affirmant que ce problème a trompé jusqu'à nos jours tous les efforts tentés pour le résoudre. Je ne trouve dans ces ro-

---

(1) Voyez les Éléments de la Phil. etc.

mans métaphysiques ni hauteur de vues, ni intérêt d'exécution, malgré tout l'appui que leur a prêté le talent de Hartley, de Priestley et de Darwin. On n'y rencontre ni ce charme sévère de la vérité, ni cette grâce séduisante dont l'imagination unie au goût sait embellir la fiction. Les éloges excessifs que j'avais entendu prodiguer à ces ouvrages, m'engagèrent à en recommencer l'étude à plusieurs reprises; je pouvais être sous l'influence d'un injuste préjugé contre la nouvelle méthode philosophique si répandue aujourd'hui en Angleterre; mais, quoique ce genre de méditations ait pour moi le plus grand attrait, je n'ai jamais recueilli de ma persévérance que le regret d'avoir perdu mes efforts et mon temps sur un travail aussi infructueux qu'aride.

Et Locke lui-même, bien qu'il se livre quelquefois à des conjectures presque semblables à celles de Hartley et de Darwin, Locke semble avoir parfaitement senti combien de pareilles spéculations sont étrangères à la véritable Philosophie de l'Esprit Humain. Voici comme il s'exprime dans le second paragraphe de l'Introduction de son Essai : « Comme je me
» propose de faire des recherches sur l'ori-
» gine, la certitude et l'étendue des connais-
» sances humaines, ainsi que sur les bases et

« les degrés divers de la croyance, de l'opi-
» nion et de l'assentiment, je ne veux pas me
» jeter en ce moment dans des considérations
» ontologiques sur l'Esprit, ni me fatiguer à
» chercher en quoi consiste son essence; par
» quels mouvements de nos esprits ou par
» quelle modification de notre corps nous
» obtenons, au moyen de nos organes, une
» sensation ou une idée de notre entende-
» ment; et si toutes ces idées, ou quelques-
» unes seulement d'entre elles, tirent leur
» origine de la matière. Ces questions peu-
» vent être curieuses, intéressantes; mais j'é-
» viterai de les aborder, parce qu'elles m'é-
» carteraient de la route que je me suis
» proposé de parcourir. » On ne saurait trop
regretter que Locke ne soit pas toujours resté
fidèle à un plan aussi sage.

Je me flatte que la manière dont je m'exprime ici relativement aux théories communes
des physiologistes sur les causes des phénomènes intellectuels, ne fera point conclure
que j'aie élevé le moindre doute sur la liaison
intime de ces phénomènes avec ceux de l'organisation. Le grand principe que j'ai à cœur
d'établir, c'est que tous les systèmes qu'on a
imaginés jusqu'à ce jour sur cette question,
sont entièrement dénués de preuves; et, ce

qu'il y a de plus fâcheux, qu'ils sont de nature à ne pouvoir être confirmés ni réfutés par les documents de l'expérience. Ce qui prouve encore que jamais je n'ai perdu de vue cette dépendance naturelle des opérations de l'esprit par rapport à l'état normal de l'organisation physique, c'est qu'ayant occasion de parler, il y a plusieurs années, de cette union de l'ame et du corps, je la signalai comme un des points les plus intéressants à examiner dans la théorie de la nature humaine (1).

Ce qui m'engage à prévenir le lecteur contre toute méprise sur ma pensée à cet égard, c'est le passage suivant que je lis dans un ouvrage imprimé depuis peu: « Nous ne pouvons pas
» absolument déterminer, dit M. Belsham,
» quelle est cette modification du cerveau,
» qui, dans la constitution de l'homme, pro-
» duit la mémoire : l'hypothèse des *vibra-*
» *tions* demeure encore la plus probable. C'est
» en vain qu'on objecte que lors même qu'on
» pourrait démontrer l'existence des impres-
» sions dans le cerveau, le fait de la mémoire
» n'en serait pas moins inexplicable ; car
» l'unique but de cette hypothèse est de faire
» un pas de plus dans l'investigation du lien

---

(1) Elém. de la Phil. etc. T. 1, p. 18.

» qui unit les objets extérieurs aux senti-
» ments de l'esprit. » — « Il est curieux d'ob-
» server, continue le même écrivain, que le
» Dr Reid, après avoir fait quelques objections
» contre les hypothèses communes, est forcé
» d'admettre que plusieurs faits palpables
» nous portent à conclure que la mémoire
» dépend d'un état particulier du cerveau. »

Je ne ferai que deux remarques sur ce qu'on vient de lire. D'abord M. Belsham, malgré toute sa prédilection pour la théorie des Vibrations de Hartley, confesse nettement «que » nous ne pouvons point absolument déter- » miner quelle est cette modification du cer- » veau, qui, dans la constitution de l'homme, » produit la mémoire, » et encore « que la » théorie des Vibrations, bien que préférable » à beaucoup d'autres, n'est pourtant qu'une » hypothèse. » Secondement, après cet aveu si formel, il se plaît à faire entendre que les adversaires de cette hypothèse sont conduits par leurs propres principes à nier que la mémoire *dépende en aucune façon* de l'état du cerveau. Pour moi, je cherche inutilement encore à concevoir comment on peut accuser le Dr Reid d'inconséquence, parce qu'après avoir élevé des objections contre les théories vulgaires, il admet que la mémoire est soumise à une disposition particulière du cerveau. Assurément, je voudrais savoir quel philosophe ancien ou moderne a jamais soutenu que la mémoire n'avait rien à craindre des effets produits sur cet organe par l'intempérance, une maladie, la vieillesse et tous les accidents qui troublent le mécanisme du corps. Mais la conséquence philosophique de cet aveu n'est pas que l'hypothèse de Hartley ou celle de M. Belsham soient nécessairement vraies; il en résulte seulement que nous devons laisser de côté les conjectures, pour nous borner à enregistrer tous les faits qui peuvent nous conduire, en temps convenable, aux seules conclusions satisfaisantes qu'il nous sera jamais donné d'établir sur la liaison de l'esprit et du corps, c'est-à-dire, à la découverte de quelques-unes des lois générales qui président à cette union.

En présentant ces aperçus rapides sur la métaphysique physiologique du jour, je dois faire observer en même temps que, si je la combats, c'est uniquement parce qu'elle entraîne une dépense stérile de travail et d'esprit sur des questions que l'homme est inhabile à résoudre; et non pas que je considère les théories auxquelles elle a donné naissance, comme redoutables pour les doctrines que je professe. Les faits que je veux constater reposent sur leur propre évidence ; et quand on arriverait à démontrer l'existence des *esprits animaux* de Descartes, ou des *Vibrations* de Hartley, cette évidence n'en recevrait pas la plus légère atteinte; comme elle ne tirerait pas le plus léger accroissement de forces du discrédit où ces deux hypothèses pourraient tomber un jour. Le caractère distinctif de la *science inductive de l'Esprit* est de s'abstenir de toute spéculation sur la nature et l'essence de ce même esprit, et de borner son attention aux phénomènes dont tout homme, qui veut exercer les facultés de son entendement, peut se donner le spectacle. A cet égard, elle s'éloigne donc également de ces discussions pneumatologiques sur le siége de l'ame, et sur l'impossibilité de ses rapports avec l'Espace ou le Temps, de ces discussions, dis-je, qui ont exercé si long-temps la subtilité des scolastiques; et des hypothèses physiologiques sur les conditions nécessaires aux opérations intellectuelles, dont on a fait tant de bruit dans le siècle dernier. Elle diffère des unes, comme les recherches de Galilée sur les lois du mouvement différaient des disputes des anciens sophistes sur l'existence et la nature de ce phénomène; elle est aux autres, ce qu'étaient les conclusions de Newton sur la loi de la gravitation, à la *question* qu'il élevait sur l'*éther* invisible dont cette loi *pouvait* n'être qu'un résultat. Nous remarquerons en passant que si les disciples de Newton s'accordent unanimement sur les conclusions physiques de leur maître, la divergence de leurs sentiments sur la vraisemblance de la *question* dont nous venons de parler, montre évidemment combien la science inductive est en sûreté contre les écarts de l'imagination dans ces régions inaccessibles à la raison humaine. Quelle que soit donc notre opinion sur la cause inconnue, physique ou immatérielle, de la gravitation, nos raisonnements n'en seront pas moins justes, si nous admettons seulement ce fait général, qu'en vertu d'une certaine loi, les corps tendent à s'approcher les uns des autres avec une force qui varie selon leurs distances mutuelles. Il en est précisément de même de ces conclusions sur l'esprit humain, auxquelles nous conduit naturellement la méthode d'induction. Elles sont à elles-mêmes leur base solide et inébranlable ; et, comme je l'ai remarqué ailleurs (1), elles s'arrangent également des systèmes métaphysiques des maté-

---

(1) Elém. de la Phil. de l'Esp. Hum. T. I, p. 12.

rialistes et de ceux des partisans de Berkeley (1).

II. A l'hypothèse physiologique de l'école de Hartley se rattache intimement la théorie de l'Association des idées; principe fécond, à l'aide duquel ils prétendent expliquer synthétiquement tous les phénomènes de l'esprit. Dans les remarques que Priestley a faites sur les recherches de Reid, on aperçoit l'intention de jeter du ridicule, au moyen de ce qu'il appelle le catalogue des Principes Instinctifs

---

(1) L'hypothèse qui admet l'existence d'un fluide contenu dans les nerfs qui servent à le conduire du cerveau jusqu'aux extrémités du corps, est extrêmement ancienne et présente plus d'analogie avec notre constitution que la théorie qui lui a succédé. Nous pouvons juger combien elle était généralement répandue, par cette expression, *les esprits animaux*, employée si ordinairement dans la conversation pour désigner la cause inconnue qui donne à l'esprit de la vigueur et de la gaîté. Aucun terme nouveau n'a pu encore la remplacer convenablement. Le Dr Alexandre Monro, médecin observateur plein de réserve et de jugement, parle de ces esprits, comme d'un fait presque incontestable : « L'existence d'un » fluide contenu dans les cavités des nerfs est démontrée, pour » ainsi dire, jusqu'à l'évidence. » (Voy. quelques-unes de ses observations publiées dans l'Anatomie de Cheselden.)

L'hypothèse des Vibrations fut développée pour la première fois dans les écrits du Dr W. Briggs. C'est-là que Newton avait puisé ses connaissances anatomiques; et l'on voit clairement dans ses Questions, qu'il se pénétra aussi de quelques-unes des théories physiologiques de son maître.

de Reid, sur l'application de la Logique inductive à ces phénomènes. Je ne veux point examiner pour l'instant si cette Table est fidèlement extraite de l'ouvrage de Reid (1) ; mais en supposant que les douze Principes énumérés par Priestley aient été donnés effectivement par son adversaire comme des *principes instinctifs* ou des *lois générales de notre nature*, on ne voit là aucune raison de juger absurde cette énumération, quand Reid lui-même a spécifié le sens dans lequel il voulait qu'on entendît ses conclusions.

« Nous appelons Lois de la nature les phé-
» nomènes les plus généraux que nous puis-
» sions saisir. Ainsi les lois de la nature ne
» sont autre chose que les faits les plus géné-
» raux sous lesquels sont compris une quan-
» tité considérable de faits particuliers. S'il
» nous arrive quelquefois de donner le nom
» de loi à un phénomène général que l'ob-
» servation rapportera plus tard à une loi
» plus générale encore, *le mal ne sera pas*
» *grand.* Ce qu'il y a de plus général reçoit
» le nom de loi quand on le découvre, et

---

(1) Le lecteur pourra en juger par la note (**) que j'ai placée à la fin du volume.

» renferme dans sa compréhension ce qui est
» moins général que lui » (1).

Dans un autre endroit de son ouvrage on retrouve la même remarque : « Qui pour-
» rait, à l'aide d'un fil si délicat, se flatter de
» parcourir les détours compliqués de ce laby-
» rinthe? Mais en nous arrêtant lorsque nous
» ne pourrons plus avancer, en nous mettant
» bien en possession du terrain que nous
» aurons parcouru, *nous n'aurons pas lieu*
» *de nous plaindre*; un esprit plus vigou-
» reux reculera plus tard les limites de nos
» recherches » (2).

Pour répondre à ces réflexions, Priestley prétend que « la persuasion d'avoir atteint
» les premiers principes est manifestement un
» obstacle à toute recherche ultérieure, et
» rend par cela même un fort mauvais service
» à la philosophie. Ne serait-ce pas, continue-
» t-il, un sujet de mortification pour le D^r
» Reid, et j'en appelle à sa conscience, si,
» après tout ce qu'il a écrit, on pouvait dé-
» montrer, à la grande satisfaction de tout le
» monde, que tous les principes instinctifs

---

(1) Reid's Inquiry, p. 223, 3e éd.
(2) Ib. p. 9.

» de la Table précédente sont réellement ac-
» quis, et ne doivent être regardés que comme
» différentes modifications de ce principe de
» *l'association des idées*, connu depuis si long-
» temps ? »

Quant à la vraisemblance de cette supposition, je n'ajouterai rien à ce que j'ai dit sur le même sujet dans la Philosophie de l'Esprit Humain. « Dans toutes les sciences, les dé-
» couvertes ont procédé successivement des
» lois de la nature les moins générales à celles
» qui le sont davantage ; et il serait véritable-
» ment singulier qu'on pût ramener tout d'un
» coup à un principe universel les faits psy-
» chologiques, lorsque, il y a peu d'années
» encore, cette science était au berceau, et que
» sans cesse elle est entravée dans sa marche
» par des obstacles qui lui sont particu-
» liers (1). »

Comme les lois du monde intellectuel semblent parfaitement analogues à celles que nous présentent les phénomènes de la nature physique ; comme aussi, dans toutes nos recherches philosophiques, les progrès de l'esprit peuvent être contrariés par une disposition à

---

(1) Elém. de la Phil. etc. T. II, p. 188.

généraliser trop promptement, le passage suivant que j'emprunte à un chimiste du premier mérite, répandra quelques lumières sur le but que nous nous proposons d'atteindre, et confirmera la justesse de plusieurs observations précédentes.

« Depuis quinze ou vingt ans on a découvert de nouveaux métaux et de nouvelles terres. A ces découvertes s'attachent des noms recommandables; les expériences sont décisives; et refuser de les admettre, c'est renverser à l'instant l'édifice entier de la chimie. Cependant les auteurs eux-mêmes de ces découvertes sont dans l'impuissance de décider si les substances qu'ils nous présentent sont des corps simples, ou bien des composés qu'on n'a pu ramener encore aux éléments qui les constituent; et le mérite de leurs observations serait toujours incontestable, quand des expériences ultérieures prouveraient qu'ils se sont trompés sur la simplicité de ces substances. Cette remarque ne doit pas s'appliquer seulement aux découvertes les plus récentes, mais encore aux terres et aux métaux qui nous sont depuis long-temps familiers. Dans les âges obscurs de la chimie, on voulait rivaliser avec la nature, et l'on regardait géné-

» ralement comme un corps simple, la
» substance que les adeptes de cette époque
» travaillaient à produire. Dans un siècle
» plus éclairé, nous avons étendu nos recher-
» ches, et multiplié le nombre des éléments.
» Les derniers efforts seront employés à sim-
» plifier; on reconnaîtra par une observation
» plus sévère de la nature le petit nombre
» de matériaux primitifs qui ont servi à la
» création de toutes les merveilles qui frap-
» pent nos regards et nous remplissent d'ad-
» miration » (1).

En comparant les opinions des alchimistes avec celles de Lavoisier et de ses disciples, j'avais souvent été frappé de l'analogie qui existe entre l'histoire de la chimie et celle de la philosophie de l'esprit humain; mais cette observation m'a paru plus importante encore depuis la lecture d'un ouvrage de M. de Gérando. Ce philosophe judicieux a remarqué cette même ressemblance, et s'en est également servi pour combattre les fausses prétentions et les généralisations prématurées de quelques métaphysiciens modernes.

---

(1) Recherches sur la nature d'une substance métallique, vendue dernièrement à Londres comme un nouveau métal sous le nom de Palladium. Par Rich. Chenevix, Esqr.

2

« Il a fallu toutes les nouvelles découvertes
» de la chimie, et l'éclat dont elles ont été
» accompagnées, pour arracher les esprits à
» la recherche d'un élément unique et pri-
» mitif des corps, recherche renouvelée dans
» tous les siècles avec une persévérance infa-
» tigable, quoique toujours sans aucun fruit.
» Combien nos chimistes actuels avec leurs
» honorables travaux, eussent paru de petits
» esprits aux premiers physiciens, par cela
» seul qu'ils admettent près de quarante
» principes indivisés des corps! Quelle pitié
» l'alchimiste ne concevrait-il pas pour leur
» nomenclature!

» Or, la philosophie a aussi ses alchimistes;
» elle en a eu dans tous les temps, et même
» parmi les meilleurs esprits. Ce sont ceux
» qui veulent à tout prix trouver le principe
» unique de toute science. Ce sont ceux qui
» veulent recomposer de toutes pièces l'or pur
» de la vérité » (1).

Entre les alchimistes de la science de l'esprit
humain, la première place appartient sans
contredit au Docteur Hartley. Non content de
vouloir expliquer tous les phénomènes de

---

(1) Histoire comparée, etc. T. II, p. 481, 1re éd.

notre nature par le seul principe de l'*Association* combiné avec l'hypothèse d'un fluide invisible qui imprime des vibrations à la substance médullaire du cerveau et aux nerfs, il s'abandonne à son imagination qui lui découvre dans les âges futurs une époque « où
» tous les genres d'évidence et de recherche
» seront revêtus des formes mathématiques ;
» où les dix catégories d'Aristote et les qua-
» rante *genres primitifs* de l'évêque Wilkins se-
» ront ramenés à la seule notion de Quantité ;
» tellement que les mathématiques et la lo-
» gique, l'histoire naturelle et politique, la
» philosophie naturelle et toutes les philo-
» sophies du monde se rencontreront sur
» tous leurs points. » Quand je ne connaîtrais que ce seul passage de Hartley, ce serait pour moi une preuve suffisante du peu de sagesse de son jugement.

Et c'est pourtant sur des assertions aussi légères et aussi hasardées, sur la hauteur prétendue de ses vues métaphysiques, que les admirateurs les plus distingués de Hartley font reposer son mérite distinctif. La plupart d'entre eux, ceux du moins avec lesquels il m'est arrivé de m'entretenir, mettent sa doctrine physiologique beaucoup au-dessous des merveilles qu'il a su tirer du principe d'Association. Je ferai à ce sujet quelques remarques pour lesquelles je réclame l'attention du lecteur.

III. Depuis Bacon, presque tous les théoristes les plus renommés ont voulu s'illustrer en mettant tout leur esprit à déduire une grande variété de phénomènes particuliers de quelque principe ou loi générale déjà connue des philosophes. Pour y parvenir, ils se sont trouvés fréquemment dans la nécessité de donner aux faits une interprétation fausse, quelquefois même de les dénaturer entièrement. Cette méthode a mis le plus grand obstacle aux progrès des connaissances expérimentales; quoique nous devions convenir aussi, du moins pour la physique, qu'elle a donné lieu quelquefois à des conclusions plus justes. Le plan qu'a suivi Hartley s'en écarte beaucoup, et présente une exécution bien plus facile. Les généralisations qu'il tente sont purement dans les *mots*, et la forme spécieuse qu'il leur donne, vient de ce qu'il prête au sens des termes les plus ordinaires une latitude incroyable. C'est ainsi qu'après nous avoir dit que tous nos sentiments intérieurs, excepté nos sensations, peuvent s'appeler *idées*; après avoir attaché au mot *association* une signification à-peu-près aussi vague, il paraît s'être flatté d'avoir ramené à une loi unique tous les phénomènes, intellectuels et moraux de l'esprit humain. Quel avantage devons-nous attendre d'une découverte prétendue, qui se renferme dans les définitions arbitraires qui servent à l'auteur de point de départ? Je n'en aperçois aucun, il faut le dire; mais je vois clairement, d'un autre côté, que le résultat d'une telle marche est de bouleverser le langage ordinaire, et de retarder ainsi l'avancement d'une science dont les progrès dépendent éminemment d'une précision rigoureuse dans l'expression (1).

Je ferai remarquer ici combien ces mots

---

(1) Sous le titre d'*Association*, Hartley comprend toute connexion possible entre nos pensées, soit que cette connexion vienne de notre constitution naturelle ou de circonstances fortuites, soit qu'elle dérive de nos facultés rationnelles. Il va jusqu'à rapporter à la même loi générale l'assentiment que nous donnons à cette proposition, *deux fois deux font quatre*. « Ce qui fait, dit-il, qu'un homme affirme la vérité de cette proposition, *deux fois deux font quatre*, c'est la coïncidence exacte de l'idée palpable de deux fois deux avec celle de quatre, conformément à l'impression que différents objets ont laissée dans son esprit. Nous voyons à chaque instant que deux fois deux et quatre sont deux noms différents qui expriment une même impression. C'est une simple association qui nous fait appliquer le nom de vérité, la définition de vérité, ou le sentiment intérieur de vérité, à cette coïncidence. » HARTLEY, On Man, vol. I, p. 325.

association des idées, qui figurent si souvent et dans les ouvrages de Hartley, et dans ceux de tous les métaphysiciens de l'Angleterre, se sont éloignés de l'acception que Locke leur avait donnée constamment dans son Essai. Dans le chapitre fort court, mais excellent qu'il a écrit sur cette matière, les observations qu'il présente n'ont rapport qu'à « ces liai-
» sons d'idées formées par le hasard, de telle
» sorte que celles qui n'ont aucune connexion
» naturelle viennent à s'unir si intimement
» dans l'esprit de certaines personnes, qu'il
» est fort difficile de les séparer. Aussitôt que
» l'une se présente à l'entendement, celle qui
» lui est associée y paraît avec elle. » Il insiste, comme il le dit lui-même, sur ce sujet,
« afin que ceux qui ont des enfants ou qui
» sont chargés de leur éducation, voient par-là
» que c'est une chose bien digne de leurs
» soins que d'observer avec attention et de pré-
» venir soigneusement cette irrégulière liaison
» d'idées dans l'esprit des jeunes gens. C'est,
» ajoute t-il, le temps le plus susceptible des
» impressions durables; et quoique les per-
» sonnes raisonnables fassent réflexion à celles
» qui se rapportent à la santé et au corps,
» pour les combattre, je suis pourtant fort
» tenté de croire qu'il s'en faut bien qu'on ait
» pris un soin convenable de celles qui se

» rapportent plus particulièrement à l'ame, et
» qui se terminent à l'entendement ou aux
» passions; ou plutôt, ces sortes d'impres-
» sions qui se rapportent purement à l'en-
» tendement, ont été, je pense, entièrement
» négligées par la plus grande partie des
» hommes » (1).

Il est évident, d'après cela, que Locke comprenait sous le titre d'*Association d'idées*, celles que j'ai distinguées dans mon premier ouvrage par l'épithète de *fortuites*. Il appelle *Connexions Naturelles* toutes les alliances qui naissent de la nature et de la constitution de l'homme, et auxquelles j'ai donné, dans ces Essais, le nom général d'*Associations Universelles*; et il prétend que l'exercice le plus digne de la raison est de les reconnaître et de les constater dans leur union. Si les successeurs de ce philosophe avaient suivi plus fidèlement ce précepte, ils auraient évité bien des erreurs, bien des subtilités fausses dans lesquelles ils sont tombés. Hume fut le premier qui s'en écarta en donnant au mot *Association* un sens beaucoup moins restreint. En effet, il comprenait sous ce terme toutes les différentes liaisons ou affinités, soit natu-

---

(1) Essai sur l'Ent. Hum. L. II, c. 23, de la trad. de Coste.

relles, soit fortuites, qui existent entre nos idées; il devançait même les conclusions de Hartley, en représentant le principe d'union entre nos idées simples comme une sorte d'*attraction* qui dominait aussi généralement dans le monde intellectuel que dans le monde physique (1).

Mais comme il est trop tard aujourd'hui pour combattre cette fâcheuse innovation, tout ce que nous pouvons faire est de limiter le sens du mot *association*, quand il peut y avoir équivoque, en lui adjoignant quelques adjectifs qualificatifs, tels que ceux dont j'ai parlé ci-dessus. Ainsi, dans mes Essais, j'ai conservé à ce mot l'acception étendue que lui a donnée M. Hume, parce que l'usage établi semblait l'exiger, et que ce terme est sans doute le plus familier au plus grand nombre de mes lecteurs; seulement j'ai fait en sorte qu'ils ne confondissent pas les deux classes si différentes de *connexions*, que Hume a rangées sans distinction sous le même titre. Quant à la phraséologie de Hartley, le vague qu'elle présente est absolument incompatible avec les notions précises de nos opérations intellectuelles, et avec tout ce qui tient au rai-

---

(1) Treatise of Human Nature. Vol. I, p. 30.

sonnement logique sur l'Esprit Humain. Ces deux circonstances ont eu probablement la plus grande part au succès de son ouvrage dans une classe très-nombreuse de lecteurs (1).

Pour nous, et malgré le ridicule qu'on essaiera peut-être de jeter sur la timidité de nos recherches, nous nous ferons toujours gloire de marcher sur les traces de ces interprètes fidèles de la nature, qui, dédaignant de prétendre, par de vaines conjectures, au mérite de la sagacité, se bornent modestement à s'élever par degrés des faits particuliers aux lois générales. On me pardonnera donc, je l'espère, si, en suivant à cet égard l'exemple de l'école newtonienne, je laisse voir, d'un autre côté, quelque sollicitude à séparer la Philosophie de l'Esprit Humain de ces frivoles accessoires de la science scolastique avec lesquels elle se trouve confondue dans l'opinion commune. Pour y parvenir, je me suis efforcé ailleurs (a) d'expliquer, avec toute la clarté convenable, ce que je considérais comme l'objet véritable de la Philosophie; mais quelques éclaircissements, présentés sous une forme

---

(1) Voy. dans les Elém. de la Phil. etc., le chapitre qui traite de l'Association des Idées. T. II, p. 1.

(a) Elém. de la Phil. etc. Introd. part. 1.

historique, serviront peut-être à répandre sur cette question plus de lumière que tous les raisonnements abstraits.

IV. Un fait digne de remarque, c'est que la Philosophie de l'Esprit, qu'on a considérée dans ces derniers temps comme l'objet de recherches purement métaphysiques, formait une division des sciences physiques, dans l'ancienne énumération des connaissances humaines. En appréciant le mérite de ceux qui, les premiers, ont arrêté cette classification, nous pouvons accorder quelque chose au hasard; mais ce qui montre évidemment qu'elle est conforme en elle-même aux vues d'une logique profonde et lumineuse, c'est que les mots Matière et Esprit représentent les deux grandes divisions qui nous frappent dans la nature; et que nous ne pouvons faire de progrès dans l'étude de l'une ou de l'autre qu'en examinant avec soin les phénomènes particuliers, pour les rapporter rigoureusement ensuite aux lois ou règles générales dont ils dépendent. C'est ce qui a fait que plusieurs écrivains modernes du premier mérite ont sanctionné formellement cette classification depuis long-temps oubliée, de préférence à celle qui domine généralement dans l'Europe moderne.

« L'ancienne philosophie grecque, dit
» Smith, se partageait en trois branches prin-
» cipales : la physique ou la philosophie natu-
» relle; l'éthique ou la philosophie morale,
» et la logique. » — « Cette division générale,
» continue-t-il, est parfaitement conforme à
» la nature des choses. » Il fait ensuite cette
observation que « comme l'esprit humain,
» quelle qu'en soit l'essence, fait partie du
» grand système de l'univers, et que de cette
» partie naissent les résultats les plus im-
» portants, tout ce qu'on enseignait sur sa
» nature dans les écoles anciennes de la Grèce,
» faisait partie du système de la Physique (1).

Locke, dans le dernier chapitre de son Essai, a établi aussi entre les objets de notre entendement une division parfaitement semblable, qu'il jugeait à la fois et plus générale et plus naturelle. Il donne à la première branche de la science le nom de Φυσική; à la seconde celui de Πρακτική; et à la troisième celui de Σημειωτική ou Λογική. Mais il nous avertit que sous le nom de Φυσική ou philosophie naturelle, il comprend la connaissance de la matière et celle des esprits; parce que la fin que se propose cette branche de la science est la vérité

---

(1) Wealth of Nations. Vol. III.

spéculative, et que par conséquent elle revendique tout ce qui est pour les facultés humaines un sujet de spéculation.

A ces autorités nous joindrons celle du Docteur Campbell, qui, après avoir dit que « l'expérience est le principal organe de la » vérité en physiologie, » déclare que « par » ce terme il n'entend pas seulement l'histoire » naturelle, l'astronomie, la géographie, la » mécanique, l'optique, l'hydrostatique, la » météorologie, la médecine, la chimie; mais » aussi la théologie naturelle et la psychologie » que les philosophes ont séparées, dit-il, de » la physiologie, sans aucun motif raisonnable. » — « L'esprit, ajoute-t-il, peut, » aussi bien que le corps, être compris sous » la notion d'objet naturel; car les philo» sophes ne peuvent en acquérir la connais» sance que par la même voie, celle de l'ob» servation et de l'expérience. »

Tous ceux qui ont étudié l'histoire littéraire savent comment la philosophie de l'esprit humain est devenue une branche de la métaphysique, et s'est trouvée confondue avec les sciences frivoles que l'on désigne ordinairement par ce même nom. J'ajouterai cependant, pour l'instruction du lecteur, que le mot *métaphysique* ne remonte pas plus haut que la publication des ouvrages d'Aristote par Andronicus de Rhodes, l'un des savants dans les mains desquels tombèrent les manuscrits de ce philosophe, lorsque Sylla les eut emportés d'Athènes à Rome. On rapporte qu'Andronicus trouvant dans ces manuscrits cinq livres qui ne portaient aucun titre particulier, les distingua par ces mots, τὰ μετὰ τὰ φυσικά, soit pour marquer la place que leur avait assignée Aristote lui-même, puisqu'ils venaient immédiatement après la physique, soit pour désigner le rang dans lequel on devait les étudier.

Quelle que soit d'ailleurs la diversité des sujets traités dans ces différents livres, les péripatéticiens semblent les avoir rapportés à une même science, dont le grand objet, suivant eux, était, premièrement, les attributs communs à la matière et à l'esprit ; secondement, les êtres distincts de la matière, Dieu spécialement et les esprits inférieurs qui présidaient aux révolutions du monde physique. Les péripatéticiens de l'église chrétienne s'étaient formé de la métaphysique une idée à-peu-près semblable. Ils la divisaient en deux branches, dont l'une, appelée Ontologie, traitait de l'être en général ; et l'autre, connue sous le nom de Théologie naturelle, s'occupait de Dieu et des anges. A ces deux classes les scolastiques ajoutèrent la philosophie de l'esprit, en tant qu'elle a rapport à une substance immatérielle, et ils la distinguèrent par le titre de Pneumatologie.

On croira sans peine que cette division de la théologie naturelle et de la philosophie de l'esprit humain ne devait guère assurer le succès de ces deux sciences. Bientôt on les étudia comme on faisait l'ontologie, la plus vide et la plus absurde de toutes les spéculations qui ont jamais occupé les facultés de l'homme. Le mépris dans lequel les scolastiques sont tombés depuis cette époque n'a pas encore réparé tout le mal. Au contraire, comme on s'en tient généralement encore à leur division des objets de la métaphysique, il en résulte que ceux qui sont portés d'inclination vers ces sortes d'études, penchent souvent à croire que la philosophie de l'esprit se rapproche plutôt de l'ontologie que de la physique générale; tandis que, même après les travaux importants de Bacon, de Locke et de ses successeurs sur cette matière, l'opinion publique l'enveloppe dans une proscription commune avec la plupart de ces discussions auxquelles elle donne indistinctement le nom de *métaphysique*.

Ce qui m'a entraîné dans ces détails, c'est moins l'intention de substituer des termes nouveaux à ceux de *métaphysique* et de *physique* dont l'usage est maintenant établi, que le désir de me défendre contre le reproche d'affectation et de singularité qu'on pourrait m'adresser, parce que je reviens fréquemment sur l'analogie qui existe entre la science inductive de l'esprit et celle de la matière. Les efforts qui ont été faits par des écrivains de mérite pour disputer à la première une affinité si honorable, serviront d'excuse à la longueur des discussions dans lesquelles je viens d'entrer, et m'autoriseront à présenter encore quelques remarques sur les raisonnements qu'on a opposés à l'importance de cette philosophie. Pour moi, je déclare que plus je réfléchis sur cette question, plus l'analogie me semble exacte et frappante.

CHAPITRE SECOND.

Quand je me présentai pour la première fois devant le public en qualité d'auteur, je résolus de ne jamais entrer en controverse pour défendre mes opinions; mais de les abandonner à leur propre évidence, et de les laisser ainsi se maintenir ou tomber d'elles-mêmes. Le plan d'investigation que j'avais suivi avec persévérance, m'assurait que les fautes qui pourraient se trouver dans l'exécution de mon ouvrage, ne lui seraient point aussi fatales que si j'eusse offert tout un système, élevé sur des hypothèses gratuites, ou fondé sur des définitions arbitraires. Et même, convaincu que, dans la vérité, tout s'enchaîne et s'accorde, je me flattais que la découverte des erreurs qui me seraient échappées servirait à répandre de nouvelles lumières sur les recherches que j'aurais poursuivies avec plus de bonheur. C'est ainsi qu'en rectifiant une méprise légère dans une histoire authentique, en rattachant la chaîne interrompue des faits, en faisant disparaître des contradictions apparentes, on dissipe toute espèce de doute sur l'exactitude et la fidélité du reste de la narration.

Je me trouvais d'ailleurs confirmé dans cette espérance par une phrase de Bacon, que je croyais pouvoir m'appliquer sans encourir le reproche de présomption : « *Nos autem,*
» *si quâ in re vel malè credidimus, vel obdor-*
» *mivimus et minùs attendimus, vel defe-*
» *cimus n vià et inquisitionem abrupimus ;*
» *nihilo minùs* IIS MODIS RES NUDAS ET APER-
» TAS EXHIBEMUS, *ut et errores nostri notari*
» *et separari possint ; atque etiam ut facilis*
» *et expedita sit laborum nostrorum con-*
» *tinuatio.* »

Toutefois, comme cette sécurité sur le sort de mes opinions particulières dépendait chez moi d'une conviction profonde de l'importance des questions que je traitais, et de la bonté du plan que j'avais suivi, je ne pouvais rester insensible à la critique, lorsqu'elle attaquait l'une ou l'autre de ces deux bases fondamentales. J'avais songé à quelques-unes de ces difficultés, et je me serais fait un devoir de les prévenir dans mon premier ouvrage, si je n'eusse craint de sembler prolixe, en élevant des objections tout exprès pour les réfuter. J'attendis donc qu'elles me fussent adressées par un autre, et

3

surtout par un écrivain dont les talents pussent attirer les regards du public sur une question qui importait si fort au succès de mes études favorites. Un excellent article de la revue d'Edimbourg m'a fourni l'occasion de remplir cette tâche ; et je m'efforcerai de détruire, en y répondant, et les objections que j'avais prévues, et celles qui, je l'avoue, ne s'étaient point encore présentées à moi (1).

Les critiques qui me sont personnelles dans cet article sont exprimées avec une délicatesse, et accompagnées d'expressions flatteuses qui me font un devoir de la reconnaissance envers l'auteur qui m'est inconnu. Quant aux remarques plus générales et plus importantes sur l'utilité pratique de mes études, j'ai peu sujet de me plaindre, en considérant qu'elles s'adressent également à des hommes tels que Locke, Condillac et Reid, et plus particulièrement encore au père de la philosophie expérimentale. Les observations suivantes serviront à montrer jusqu'à quel point celles de mes opinions dont on a contesté la justesse s'accordent avec l'esprit

---

(1) Edimbourg Review. T. III, p. 269 et suiv.

général du *Novum Organum*. Je chercherai bien moins à y défendre mes propres idées, qu'à rectifier une interprétation fausse, selon moi, des doctrines de Bacon.

On nous dit : « la philosophie inductive,
» celle qui procède par l'exacte observation
» des faits, peut s'appliquer à deux classes
» différentes de phénomènes. La première se
» compose de ceux qui peuvent être le sujet
» de l'expérience personnelle, quand les
» substances sont actuellement à la dispo-
» sition de l'observateur, et que celui-ci peut
» faire usage de son jugement et de son in-
» dustrie pour combiner ces matériaux de
» manière à mettre en évidence leurs pro-
» priétés et leurs rapports les plus secrets. La
» seconde comprend les phénomènes qui se
» présentent dans les substances placées hors
» de notre sphère, dont nous ne pouvons gé-
» néralement pas déranger l'ordre et la succes-
» sion, et qui ne nous permettent guère que
» de recueillir et de constater les lois qui
» semblent les régir. Ces substances ne sont
» pas l'objet de l'*expérimentation*, mais de
» l'*observation* ; et la connaissance que nous
» pouvons en acquérir par un examen attentif
» de leurs variations, n'est pas de nature à
» étendre l'empire que nous pourrions avoir

» sur elles à d'autres égards. C'est surtout dans
» le premier de ces deux ordres de phénomè-
» nes, dans la *philosophie purement expé-
» rimentale,* qu'ont été faites ces magnifiques
» découvertes qui ont élevé un si vaste tro-
» phée au génie prophétique de Bacon. L'As-
» tronomie de Newton ne fait point exception
» à cette remarque générale; car les savants
» qui l'avaient précédé avaient obtenu tout
» ce que la simple observation peut découvrir
» sur les mouvements des corps célestes; et la
» loi de la gravitation qu'il appliqua ensuite
» au système planétaire, avait d'abord été
» calculée d'après des expériences dont les
» sujets étaient à son entière disposition.

» Il est difficile de nier que Bacon n'ait
» exclusivement dirigé l'attention de ses par-
» tisans sur ce genre d'expérimentation. Sa
» maxime fondamentale est que *savoir c'est*
» *pouvoir;* et le grand problème qu'il cherche
» constamment à résoudre, c'est de quelle
» manière nous pouvons pénétrer assez avant
» dans la nature d'une substance ou d'une
» propriété pour la modifier ensuite selon
» nos désirs. C'est pour cela que le *Novum*
» *Organum* contient une foule de règles et
» d'exemples relatifs à l'art des expériences;
» et le principal avantage que Bacon semble

» avoir espéré du progrès de ces recherches,
» paraît consister dans l'accroissement de la
» domination de l'homme sur le monde maté-
» riel. Aussi les préceptes qu'il donne, offrent
» bien peu d'applications au simple observa-
» teur, si ce n'est quand ils lui prescrivent la
» réserve; et l'on voit à peine quelle récom-
» pense ils promettent à ses travaux. Il est bien
» évident que nous ne pouvons retirer aucun
» profit *direct* des observations les plus exactes,
» lorsqu'elles portent sur des phénomènes
» qui ne sauraient être soumis à l'analyse; et
» que, pour l'utilité qui en résultera plus tard,
» nous serons bien moins redevables à l'ob-
» servateur lui-même qu'à ceux qui en auront
» découvert l'application. Ce qui paraît égale-
» ment manifeste, c'est que l'art même de l'ob-
» servation n'a pas de grands progrès à espérer.
» Vigilance et attention, c'est tout ce qu'on
» peut demander à un observateur; et bien
» qu'une exposition méthodique soit très-pro-
» pre à faciliter aux autres l'étude des faits qui
» ont été recueillis, on ne voit pas comment
» une nouvelle méthode employée pour décrire
» ces mêmes faits, pourrait servir à nous les
» faire mieux connaître. Les faits que nous ne
» pouvons ni modifier ni diriger à notre gré
» ne peuvent être qu'un sujet d'observation,
» et l'observation se borne à nous apprendre

» qu'ils existent, et que leur succession paraît
» dépendre de certaines lois générales.

» Dans la philosophie expérimentale, pro-
» prement dite, la puissance s'accroît avec la
» science; car celle-ci dérive nécessairement
» d'un arrangement libre de matériaux, dont
» nous pouvons disposer toujours également ;
» mais dans la philosophie de l'observation
» nous n'obtenons que des jouissances pour
» notre curiosité. Ensuite, l'expérimentation
» nous dévoile d'une manière assez exacte les
» causes des phénomènes que nous produi-
» sons, en diversifiant les circonstances dont
» ils dépendent; tandis que dans les sujets
» de pure observation nous sommes presque
» toujours réduits aux conjectures quand
» nous assignons des causes, puisque nous
» n'avons aucun moyen de séparer les phé-
» nomènes qui précèdent; et que c'est par
» analogie seulement que nous pouvons déci-
» der auquel d'entre eux on doit attribuer
» les effets qui suivent. »

Comme tout ce passage tend à rabaisser l'importance d'une branche considérable de la physique, aussi bien que de la science de l'esprit, la discussion qu'il provoque intéresse également deux ordres de philosophes; et je me crois dispensé, par conséquent, de toute excuse, soit pour la longueur de la citation, soit pour l'étendue de l'examen que je me propose d'en faire ici. Je me contenterai de rappeler à mes lecteurs que dans les remarques qui vont suivre, je plaide à la fois la cause de l'école de Locke, et celle des astronomes tels que Tycho-Brahé, Kepler, Galilée, Copernic.

J'admettrai volontiers que c'est à une *expérimentation* judicieuse que la physique moderne doit la plus grande partie de ses découvertes. Je conviendrai encore que ce qui distingue les recherches des disciples de Bacon, de celles des écoles anciennes, c'est plutôt un heureux emploi de ce grand moyen d'investigation, qu'un perfectionnement dans l'art d'observer les apparences de l'univers, telles qu'elles se présentent à nous. Les cycles astronomiques que nous avons reçus de l'antiquité la plus reculée, les faits si nombreux d'histoire naturelle qu'Aristote et Pline nous ont transmis dans leurs ouvrages, la description si exacte des phénomènes morbides, que les médecins grecs ont léguée à la postérité, justifient pleinement la remarque faite, il y a déjà long-temps, par un médecin moderne, que « si les anciens n'étaient point accou-

» tumés à interroger la nature, du moins ils
» écoutaient sa voix avec une persévérante
» attention (1). »

Pour mieux constater encore l'utilité des expériences, on peut observer que les progrès d'une science particulière dépendent de l'adresse et du génie de l'homme, selon qu'elle offre à son industrie un champ plus ou moins vaste pour y surprendre les secrets de la nature. D'où vient qu'aujourd'hui encore, la médecine nous offre tant d'incertitudes ? N'est-ce pas qu'indépendamment des difficultés qu'elle rencontre sur sa route, comme toutes les sciences physiques, elle doit, plus qu'aucune d'elles, son avancement au hasard? Depuis le siècle d'Hippocrate, on répète toujours : *experimentum periculosum, judicium difficile.*

Mais en faisant cette concession à l'art des expériences, comme à l'instrument le plus utile dont nous puissions nous aider dans l'étude de la Nature; en accordant, sans restriction, des avantages particuliers aux sciences dans lesquelles nous pouvons en faire usage, on me permettra, je crois, d'ajouter

---

(1) Van Doeveren.

que je ne saurais découvrir le plus léger rapport entre les prémisses et la conclusion qu'on en a voulu tirer. La différence qui existe entre l'expérimentation et l'observation, consiste uniquement dans la rapidité relative avec laquelle elles font leurs découvertes, ou plutôt, dans la facilité relative avec laquelle nous manions ces deux instruments de recherche en poursuivant la vérité. Les découvertes auxquelles elles conduisent sont tellement de la même nature, qu'on peut prononcer avec assurance que tout ce qui sera reconnu vrai pour l'une des deux, le sera également pour l'autre. Ajoutons aussi que le plus beau titre de gloire d'un philosophe est d'avoir obtenu de ses recherches des résultats heureux, dans ces divisions de la science où les expériences sont presque impossibles à faire; où nous sommes réduits à recueillir et à combiner avec précaution une multitude d'observations fortuites, pour découvrir les lois de la nature.

Aucun astronome, que je sache, ne s'est encore flatté que l'observation des lois qui président aux phénomènes célestes pût lui donner la moindre puissance sur les objets de ses études. Mais les découvertes astronomiques n'ont-elles pas agrandi notre empire sur la scène où nous devons jouer le rôle principal? Sont-elles restées inutiles aux progrès de la géographie et de la chronologie; n'ont-elles pas rendu le monde entier tributaire de l'homme en dirigeant sa course incertaine sur l'immensité des mers? Il est évident, au moins, que malgré les expériences qui ont fourni à Newton des données importantes, la découverte de la loi de la gravitation n'a rien ajouté à la puissance de l'homme, dont l'utilité ne rentre dans le même principe général que celle des observations de Kepler et de Tycho-Brahé. Le système planétaire n'en reste pas moins inaccessible à notre action; et le seul avantage que nous ayons obtenu, c'est qu'en procédant synthétiquement de la théorie de la gravitation, nous avons déterminé avec une précision qu'on n'aurait jamais pu attendre de l'observation toute seule, divers éléments astronomiques de la plus haute utilité.

Il est hors de doute, « que pour les divers
» avantages qu'on a retirés de l'Astronomie et
» de plusieurs autres sciences, nous sommes
» moins redevables à l'observateur lui-même,
» qu'à ceux qui ont fait une application heu-
» reuse de ses recherches; » mais ne pourrait-on pas dire la même chose des connaissances que nous tirons *directement* de l'expérimen-

tation? et à quel titre l'empirique se placerait-il au-dessus de l'observateur?

Ajoutons encore que si les découvertes astronomiques ne donnent à l'homme aucune action *mécanique* sur le ciel, semblable à celle qu'il exerce sur le feu, sur l'eau, sur la vapeur, sur les forces des animaux et autres agents physiques, la cause en est dans la distance et la grandeur des corps dont s'occupe l'astronome; et ces deux circonstances ne peuvent constituer une différence fondamentale entre les sciences d'observation, et celles qui s'appuient sur les expériences. On peut même demander auquel de ces deux moyens de découvertes nous devons principalement la connaissance des agents physiques dont nous venons de parler tout-à-l'heure.

Non, l'astronome ne saurait agir sur les mouvements dont il étudie les lois; mais, comme je l'ai déjà fait entendre, il peut s'enorgueillir d'avoir accru par ses efforts la puissance de l'homme sur tout ce qui l'entoure. Il serait trop long d'énumérer tous les services que ses travaux ont rendus à la pratique. Je me contenterai de répéter ici une remarque aussi frappante qu'elle est ancienne : c'est à la connaissance des phénomènes célestes que l'homme doit toutes les notions exactes qu'il a pu acquérir sur la surface du globe. Est-il donc une preuve plus satisfaisante, plus irrécusable de l'universalité de la maxime de Bacon, *savoir c'est pouvoir*, qu'un fait qui nous découvre les services éminents qu'a rendus à l'homme, dans la conquête du monde, une science, qui semble, au premier coup d'œil, avoir pour unique but de satisfaire une curiosité de spéculation, et qui, dans son enfance, amusait les loisirs des pasteurs de la Chaldée.

Voyons maintenant comment on applique à l'Esprit Humain ces considérations préliminaires. « La science de la métaphysique repose
» sur l'observation et nullement sur les expé-
» riences ; par conséquent tous les raisonne-
» ments que nous faisons sur l'Esprit, se
» rapportent à l'observation commune à tous
» les hommes, et non pas à quelques expé-
» riences particulières dont l'inventeur seul
» possède le secret. Ici donc toute la phi-
» losophie se réduit à l'observation pure et
» simple, et la plus grande partie des lois éta-
» blies par Bacon sur l'induction expérimen-
» tale reste évidemment sans autorité. *As-*
» *surément en métaphysique savoir n'est pas*
» *pouvoir;* et loin de songer à produire, au

» moyen d'une expérimentation rigoureuse,
» de nouveaux phénomènes pour expliquer
» les anciens, le philosophe le plus labo-
» rieux doit se contenter d'enregistrer et
» de coordonner des apparences dont il ne
» peut ni rendre compte, ni déranger les
» rapports. »

A l'appui de ces réflexions on ajoute : « Nos
» sentiments, nos perceptions et nos sou-
» venirs ne sont pas déterminés par une vo-
» lonté spéciale de notre part, et nous
» n'avons évidemment aucun pouvoir sur
» le mécanisme qui exécute ces fonctions.
» Nous pouvons, il est vrai, décrire et dis-
» tinguer ces opérations de l'esprit avec plus
» ou moins d'attention, plus ou moins
» d'exactitude; mais jamais nous ne saurions
» en faire des sujets d'expériences, ni trouver
» le moyen d'en modifier la nature. Dé-
» composerons-nous des perceptions dans un
» creuset, des sensations avec un prisme;
» parviendra-t-on à produire une combinai-
» son de pensées ou d'émotions que la na-
» ture n'ait pas données à l'homme ? Il n'est
» pas de métaphysicien qui s'attende à dé-
» couvrir par l'analyse une faculté nouvelle,
» ou à développer dans l'esprit une nouvelle
» sensation, comme un chimiste découvre

» une terre ou un métal inconnu jusqu'à lui :
» jamais on n'a cru que la synthèse pût ré-
» véler une organisation intellectuelle diffé-
» rente de toutes les autres. »

Comme ce raisonnement est fondé sur la supposition que l'observation considérée comme source de puissance et de science pratique est moins utile que la voie des expériences, je n'ajouterai rien à ce qui a déjà été dit pour le réfuter. Quand il serait vrai que nous devons à l'observation seule tout ce que nous savons sur l'esprit, on aurait tort d'en conclure que la Philosophie de l'Esprit offre moins d'utilité que la Physique. Sans doute, il y a dans l'étude de la première de plus grandes difficultés à vaincre; mais cette considération ne peut être un motif de rabaisser l'importance des conclusions qu'elle nous livre.

Mais je demanderai s'il est même bien vrai, aussi généralement vrai que le prétend l'écrivain dont je combats l'opinion, que « la science » de la métaphysique, » c'est-à-dire, comme il l'entend, la philosophie de l'Esprit Humain, « repose sur l'observation et aucunement sur » les expériences. » Il me semble que cette proposition est insoutenable, même en ce qui concerne nos *perceptions*, quoique ce soit l'exemple le plus spécieux que le critique ait pu citer en sa faveur. Sans doute qu'à la lettre nous ne pouvons pas les décomposer dans un creuset ; mais cette opération ne serait-elle pas praticable au moyen de procédés qui seraient assortis à la nature du sujet ? On en voit une preuve irrécusable dans la théorie de la Vision telle que l'a donnée Berkeley, et plus spécialement dans son analyse des moyens par lesquels l'expérience nous fait juger de la distance et de la grandeur des objets. C'est au moins là un *essai* de décomposition expérimentale ; essai non moins heureux qu'original à mon avis, et auquel pourtant il manque bien des conditions pour être tout-à-fait satisfaisant. On pourrait produire encore à l'appui de cette vérité, les recherches ultérieures de Smith, Jurine, Porterfield, Reid et autres, sur les phénomènes de la Vision qui se rattachent immédiatement à la Philosophie de l'Esprit. Mais les travaux de nos devanciers ne se sont point arrêtés à cette seule classe de perceptions. Tracer une ligne entre les perceptions originales et les perceptions acquises dont nous sommes redevables à quelques-uns de nos sens, comme l'ouïe et le toucher, est un problème intéressant et difficile à la fois ; et la solution de ce problème n'obtiendrait pas aujourd'hui un seul moment d'attention, si elle n'était fondée sur des expériences.

Je me suis borné dans tout ce que je viens de dire, aux recherches de la philosophie inductive sur nos perceptions; parce que l'auteur de l'article s'est borné lui-même à cette classe de faits. Cependant ceux qui voudront approfondir cette matière, reconnaîtront combien est étendu le domaine de l'expérimentation dans la science de l'esprit, en observant l'usage qu'on a fait de cet organe d'investigation pour analyser des phénomènes liés à quelques-unes de nos facultés intellectuelles; ceux, par exemple, de l'Attention, de l'Association, de l'Habitude en général, de la Mémoire, de l'Imagination, et par-dessus tout, les phénomènes que présente l'emploi du langage considéré comme instrument de la pensée et du raisonnement.

La vie entière du Philosophe qui s'est proposé un but, n'est qu'une longue suite d'expériences sur ses propres facultés; et la supériorité d'esprit dont il fait preuve en les appliquant avec sagacité, vient surtout des règles générales dont jamais peut-être il ne s'est rendu compte *expressément* à lui-même, mais qu'il a déduites de ces expériences.

Ces expériences, il faut en convenir, ne s'exécutent point à l'aide d'instruments tels que le prisme ou le creuset ; mais on les obtient au moyen d'un appareil plus convenable au laboratoire intellectuel qui en est le théâtre. J'espère confirmer ces remarques par quelques nouveaux éclaircissements, quand j'examinerai dans la seconde Partie de cet ouvrage, le procédé selon lequel se forme graduellement la faculté du Goût (1).

Quant à l'esprit de nos semblables, il est incontestable que nous avons bien rarement les moyens de le soumettre à des expériences formelles et préméditées ; mais ici les exceptions viennent se ranger en foule à côté de l'assertion générale que je combats. Quel est donc l'objet de l'Éducation, quand elle est dirigée par des vues systématiques et judicieuses ? n'est-ce pas une application pratique des règles que nous ont fournies des expériences personnelles ou étrangères sur les moyens les plus propres à développer ou à cultiver les facultés intellectuelles et les principes moraux ? Je n'attache que peu d'impor-

---

(1) La traduction de la seconde Partie de cet ouvrage, qui traite du Beau et des Facultés qui s'y rapportent, paraîtra à une époque peu éloignée. N. D. T.

tance, en comparaison, à ces faits si rares et si précieux pour notre curiosité; je veux parler des aveugles et des sourds, quand on les a mis en état de rendre compte de leurs perceptions, de leurs sentiments et de leurs habitudes particulières de penser. Je n'excepte pas même les cas les plus extraordinaires, tels que celui du jeune homme dont Cheselden a rapporté l'histoire, qui, en décrivant avec intelligence et simplicité les premières impressions que lui avait fait éprouver ce monde visible, fit preuve dans cette description si remarquable par sa clarté, d'une facilité d'observation et de réflexion qui ne s'était jamais vue en pareille circonstance.

Mais si la Philosophie de l'Esprit Humain ne peut faire qu'un petit nombre d'expériences sur les esprits de nos semblables, elle trouve dans la vie de l'homme un vaste champ d'observations à recueillir sur les phénomènes intellectuels et moraux, dont l'étude approfondie peut nous donner des conclusions non moins satisfaisantes que si nous avions les *expériences* à notre disposition. Ici, la différence entre ces deux sources de savoir est toute dans le nom qui les distingue : la première livre spontanément à l'activité de l'intelligence des résultats parfaitement *semblables* à ceux que la seconde demanderait à des procédés plus faciles et plus prompts, si elle en avait les moyens. A peine même pourrait-on imaginer une expérience que n'ait pas encore tentée la main de la Nature, lorsqu'elle déploie dans l'inépuisable variété des caractères et des inclinations de l'homme, une quantité prodigieuse d'effets divers qui résultent de la combinaison de ces facultés et de ces principes élémentaires dont tout homme porte en lui la conscience. La société sauvage et les différentes phases de la civilisation; toutes les vocations; toutes les professions, soit libérales, soit mécaniques; le paysan qu'enveloppent les préjugés; l'homme factice de la mode; les nuances infinies de caractère qui se succèdent de l'enfance à la vieillesse; les prodiges enfantés par l'art dans toutes les parties de notre domaine; les lois, le gouvernement, le commerce et la religion; mais, par-dessus tout, ces trésors de la pensée humaine dont nos bibliothèques sont les dépositaires, n'est-ce pas là une vaste expérimentation de la Nature, qui, pour notre instruction, a disposé sur une échelle immense les rangs divers des facultés intellectuelles de l'homme, et nous montre ainsi l'influence toute-puissante de l'Éducation sur le développement de son esprit ?

« Il n'est pas de métaphysicien, nous
» dit-on, qui s'attende à découvrir par l'ana-
» lyse une faculté nouvelle, ni à développer
» dans l'esprit une nouvelle sensation, comme
» un chimiste découvre une terre ou un
» métal inconnu jusqu'à lui. » Mais on voit aisément que cette réflexion peut s'appliquer aussi bien à l'anatomie du corps qu'à celle de l'esprit. Après tous les documents que les Physiologistes ont puisés dans l'observation et les expériences, on n'a trouvé encore aucun nouvel organe d'action ou de plaisir, aucun moyen d'ajouter une coudée à la taille de l'homme, et il ne s'ensuit pas que leurs recherches soient inutiles. En étendant les connaissances de l'homme sur sa propre structure, ils ont accru sa puissance; mais sous certains rapports seulement qu'ils avaient eux-mêmes annoncés. Ainsi ils lui ont offert des secours contre les accidents qui compromettent sa santé et sa vie; ils lui ont rendu des forces qu'une maladie avait affaiblies ou détruites; ou bien ils ont ouvert les yeux de l'aveugle et les oreilles du sourd, en éveillant les facultés de perception qui

sommeillaient en eux. N'oublions pas non plus qu'ils ont fait servir l'optique et la mécanique à agrandir le domaine de ces sens et à en prolonger la durée.

Si nous examinons maintenant les résultats qu'on obtient de l'anatomie de l'esprit, nous trouverons que cette dernière science a tout l'avantage dans le parallèle. Tout ce que la médecine a fait jusqu'ici pour augmenter les forces corporelles de l'homme, pour remédier aux maladies qui l'assiègent, ou pour prolonger ses jours, peut-il soutenir un moment de comparaison avec les prodiges opérés par l'éducation dans le développement de nos facultés intellectuelles, de nos habitudes morales, de nos principes sensitifs, et dans la révélation d'une foule de jouissances intérieures ? On aurait tort d'objecter ici que l'éducation n'appartient pas à la philosophie de l'esprit humain. Produit-elle de salutaires effets, elle les doit à ces principes de notre nature que l'expérience des siècles a soumis à l'observation générale. Suit-elle une marche incertaine et funeste, c'est qu'elle se laisse égarer par des erreurs de spéculation et des préjugés qui ne peuvent trouver de remède que dans les notions plus exactes de la philosophie de l'esprit. L'éducation ne deviendrait-elle pas nécessairement plus systématique et mieux éclairée par un examen plus rigoureux, une intelligence plus approfondie des opérations qu'elle prétend diriger? On doit se souvenir que les progrès rapides de la médecine ne datent que de l'époque où l'on a regardé l'anatomie comme une introduction indispensable à cette science. Il est douteux qu'Hippocrate ait jamais disséqué un cadavre; et l'on assure que Galien entreprit le voyage d'Alexandrie, uniquement pour voir un squelette.

Ce qu'il y a de curieux, c'est que l'objection que nous examinons en ce moment est implicitement la même que celle qu'adressait Socrate aux philosophes naturalistes de son temps. « En parlant, dit Xénophon, de ces observa-
» teurs qui s'occupent de la nature des phéno-
» mènes dont la Divinité seule est cause, il
» demandait si, comme ces artistes qui se
» sentent capables d'exercer leur talent pour
» leur usage particulier ou celui de qui bon
» leur semble, ces philosophes qui scrutent les
» choses divines, se croyaient en état, quand
» ils avaient reconnu les *causes* de tous les
» phénomènes, de déterminer à leur gré les
» vents et la pluie, les variations de l'at-
» mosphère, ou toute espèce de changement

» semblable; ou bien s'ils se contentaient de
» la simple connaissance de ces faits, sans se
» livrer à ces chimériques prétentions. C'est
» ainsi qu'il considérait ces sortes de re-
» cherches. Pour lui, le sujet de ses con-
» versations était l'homme, et ce qui a rap-
» port à l'homme (1). »

En citant ce passage, j'ai voulu faire remarquer principalement que le scepticisme qui s'arrête de nos jours à la philosophie de l'esprit, s'attachait autrefois plus particulièrement aux théories dont le but était d'expliquer les phénomènes du monde matériel. On voit suffisamment, par l'exposé des études de Socrate,

---

(1) Ἐσκόπει δὲ περὶ αὐτῶν καὶ τάδε· ἆρ', ὥσπερ οἱ τἀνθρώπεια μανθάνοντες ἡγοῦνται τοῦθ' ὅ τι ἂν μάθωσιν, ἑαυτοῖς τε καὶ τῶν ἄλλων ὅτῳ ἂν βούλωνται, ποιήσειν· οὕτω καὶ οἱ τὰ θεῖα ζητοῦντες νομίζουσιν, ἐπειδὰν γνῶσιν αἷς ἀνάγκαις ἕκαστα γίγνεται, ποιήσειν, ὅταν βούλωνται, καὶ ἀνέμους, καὶ ὕδατα, καὶ ὥρας, καὶ ὅτου δ' ἂν ἄλλου δέωνται τῶν τοιούτων· ἢ τοιοῦτο μὲν οὐδὲν οὐδ' ἐλπίζουσιν, ἀρκεῖ δ' αὐτοῖς γνῶναι μόνον, ᾗ τῶν τοιούτων ἕκαστα γίνεται. Περὶ μὲν οὖν τῶν ταῦτα πραγματευομένων τοιαῦτα ἔλεγεν. Αὐτὸς δὲ περὶ τῶν ἀνθρωπείων ἀεὶ διελέγετο, κ. τ. ἑ.

Xen. Mem. L. i.

dans le premier chapitre des Entretiens mémorables, que son zèle pour l'avancement de la morale ne l'empêchait pas d'être un sceptique déterminé sur tout ce que nous appelons aujourd'hui sciences physiques. Et véritablement, ce fait paraîtra moins étrange, si l'on songe aux questions oiseuses sur lesquelles roulaient toutes les recherches des philosophes naturalistes, comme nous l'apprend le même écrivain. Après les découvertes physiques qui ont immortalisé les deux derniers siècles, le scepticisme de cet homme parfaitement sage a de quoi nous surprendre au premier coup-d'œil; mais n'est-ce pas cela même qui doit faire espérer à ceux qui cultivent la philosophie de l'esprit, qu'un jour peut encore venir, où l'opinion publique accordera à leurs travaux toute l'estime qui leur est due?

Cependant ce n'est pas sur de simples possibilités *dans l'avenir* que je fonde mon opinion à cet égard. Malgré l'obscurité et l'incertitude qui enveloppent encore différentes questions relatives à notre constitution intellectuelle, je n'hésite point, dans l'état même d'imperfection où se trouve aujourd'hui la science de l'esprit, à la placer, comme source de puissance et de bonheur pour l'homme, à côté de ces découvertes qui ont immortalisé les noms de Boyle et de Newton. Cette assertion ne paraîtra ni extravagante ni paradoxale, si l'on veut comparer les observations suivantes de Bacon avec le présent inestimable qu'il a fait lui-même à la postérité.

« *Non abs re fuerit, tria hominum ambi-*
» *tionis genera et quasi gradus distinguere.*
» *Primum eorum, qui propriam potentiam*
» *in patriâ suâ amplificare cupiunt; quod*
» *genus vulgare est et degener. Secundum*
» *eorum qui patriæ potentiam et imperium*
» *inter humanum genus amplificare nituntur:*
» *illud plus certè habet dignitatis, cupidita-*
» *tis haud minus. Quod si quis humani ge-*
» *neris ipsius potentiam et imperium in*
» *rerum universitatem instaurare et amplifi-*
» *care conetur; ea procul dubio ambitio,*
» *si modo ista vocanda sit, reliquis et senior*
» *est et angustior. Hominis autem imperium*
» *in res, in solis artibus et scientiis ponitur.*
» NATURÆ ENIM NON IMPERATUR NISI PARENDO. »

« *Præterea, si unius alicujus particularis*
» *inventi utilitas ita homines affecerit, ut*
» *eum, qui genus humanum universum be-*
» *neficio aliquo devincire potuerit, homine*

» *majorem putaverit, quanto celsius videbi-*
» *tur, tale aliquid invenire, per quod alia*
» *omnia expedite inveniri possint* (1). »

Pour diminuer la gloire philosophique de Bacon, on a quelquefois énuméré les découvertes importantes qui ont été faites depuis la publication du *Novum Organum*, par des hommes qui n'avaient jamais lu cet ouvrage, et qui n'en soupçonnaient pas même l'existence. Je n'ai aucune envie de contester la vérité de cette observation; car, en l'admettant avec tous ses détails, on la jugera bien peu décisive, si l'on considère attentivement la marche lente et indirecte que suit l'influence d'un écrivain tel que Bacon, pour descendre jusque dans les classes les moins élevées des penseurs. D'abord, son action ne peut franchir un cercle étroit de spéculatifs, qui joignent à une intelligence libre de tous préjugés, de rares dispositions pour suivre des raisonnements abstraits et généraux; bientôt, cette petite classe de lecteurs applique dans ses recherches les règles logiques que le raisonnement a établies : voilà l'exemple donné; et dès-lors cet

---

(1) L'exemple de M. Dugald-Stewart nous a imposé la loi de conserver ici le texte même de Bacon, pour ne point affaiblir dans une traduction l'imposante autorité de ses paroles. N. D. T.

exemple peut être imité par mille individus qui n'auront jamais entendu parler des règles, et qui sont incapables de comprendre les principes sur lesquels elles se fondent. C'est ainsi que l'influence toute-puissante de la philosophie de l'esprit sur les sciences et les arts qui en dépendent, échappe aux regards de ces hommes superficiels, qui s'arrêtent toujours à la cause prochaine, et qui oublient que dans le monde intellectuel comme dans le monde sensible, tout résultat d'un travail partagé doit rentrer, en dernière analyse, dans l'unité du plan que le mécanicien avait conçu.

Assurément il n'entre pas dans ma pensée de prêter au savant et ingénieux écrivain qui a donné lieu à ces remarques, l'intention de rabaisser le mérite de Bacon. Il reconnaît hautement l'action qu'ont exercée les ouvrages de ce philosophe sur les progrès qu'on a faits depuis dans la science expérimentale. Je dirai pourtant que, selon moi, il eût été plus conséquent de soutenir la proposition contraire. Comment peut-il, en effet, dans l'opinion qu'il professe, contester l'utilité pratique de la philosophie de l'esprit, dont les progrès sont le but que s'est évidemment proposé Bacon, depuis le commencement jusqu'à la fin de son ouvrage ? Si l'on répond ici que la philosophie de l'esprit humain désigne une science différente de ce qu'on appelle communément la métaphysique, je suis prêt à souscrire à la justesse de cette distinction; et j'exprimerai seulement le regret de voir qu'après tous les efforts que j'ai faits pour l'établir, on profite, dans un ou deux passages de cet article, de l'inexactitude du langage populaire pour décréditer, au moyen d'une dénomination impropre, une branche des plus importantes et des plus négligées dans les connaissances humaines.

On peut comprendre par divers passages du *Novum Organum*, à quelle partie de la science Bacon lui-même rapportait les spéculations contenues dans cet ouvrage. Il y en a un surtout, qui mérite d'être remarqué, en ce qu'il y avertit expressément les lecteurs de ne pas conclure de la multiplicité des exemples qu'il a choisis dans la Physique, qu'il se soit proposé spécialement de les instruire sur les phénomènes de la matière; puisque, au contraire, sa pensée fondamentale a été d'établir, d'après les lois de l'esprit humain, des règles capables de les guider dans la recherche de la vérité.

« *Illud verò monendum, nos in hoc nostro*

» *organo tractare logicam, non philoso-*
» *phiam. Sed cùm logica nostra doceat in-*
» *tellectum, et erudiat ad hoc, ut non tenui-*
» *bus mentis quasi claviculis, rerum abs-*
» *tracta captet et prenset (ut logica vulgaris);*
» *sed naturam reverà persecet, et corporum*
» *virtutes et actus, eorumque leges in ma-*
» *teriâ determinatas inveniat; ità ut non*
» *solùm* ex naturâ mentis, *sed* ex naturâ
» rerum *quoque hæc scientia emanet : mi-*
» *rari non est, si ubique naturalibus con-*
» *templationibus et experimentis, ad exem-*
» *pla artis nostræ, conspersa fuerit et il-*
» *lustrata.* »

Ce texte nous montre évidemment que par le mot *philosophie*, Bacon entend les divisions particulières de l'étude de la nature, et les distingue de cette branche si importante de la philosophie de l'esprit, de cette science qui les embrasse toutes, et à laquelle elles doivent leurs progrès. C'est elle qu'il désigne ailleurs par le nom de *Philosophia prima;* et il se sert d'une allusion aussi heureuse que magnifique, pour exprimer la dignité et l'importance pratique qui l'élèvent au-dessus des autres.

« *Alius error est, quòd post singulas scien-*

» *tias et artes suas in classes distributas,*
» *mox à plerisque universali rerum cogni-*
» *tioni et* philosophiæ primæ *renunciatur;*
» *quod quidem profectui doctrinarum ini-*
» *micissimum est. Prospectationes fiunt à*
» *turribus, aut locis præaltis, et impossibile*
» *est, ut quis exploret remotiores interiores-*
» *que scientiæ alicujus partes, si stet super*
» *plano ejusdem scientiæ, neque altioris*
» *scientiæ veluti speculum conscendat.* »

On n'a pu lire avec un peu d'attention les divers ouvrages que j'ai publiés, sans être convaincu que la philosophie de Bacon dirigeait ma pensée, quand je m'arrêtais sur l'importance de la philosophie de l'esprit humain. Je me contenterai ici de renvoyer aux développements par lesquels j'ai voulu démontrer l'utilité de cette étude (1). Les espérances extravagantes que l'on m'accuse d'avoir formées sur les avantages qu'on pouvait attendre des progrès de cette science, ne sont autre chose, comme on le verra, que la conviction bien motivée de tout ce qu'on peut encore accomplir pour accélérer les progrès de l'esprit, en poursuivant l'entreprise que Bacon a si heureusement

---

(1) Voy. Eléments de la Phil. etc. Introd.

commencée : et cette prétention paraîtra sans doute bien légitime, si l'on veut considérer quelle était l'imperfection des sciences physiques au moment où il essayait de tracer les règles qui devraient nous servir de guides dans les recherches philosophiques.

Mais ce n'est pas seulement comme moyen de progrès dans la physique, que la science de l'esprit est importante. Elle est elle-même un objet d'étude intéressant et utile ; et tient par des nœuds plus intimes qu'on ne le croit communément, à tous les arts qui font la stabilité, la gloire et le bonheur d'une société civilisée.

J'en appelle aux écrits de Bacon pour décider si cette assertion est conforme à ses vues ; et s'il est vrai, comme on l'a dit, « que le prin-
» cipal avantage qu'il espérait tirer de ses re-
» cherches, était d'agrandir la domination
» de l'homme sur le monde matériel. » Quelque parti qu'on prenne sur ce point, il faudra toujours convenir, non seulement, que toutes les fois qu'il a occasion de parler de la science de l'esprit, ses observations sont justes et profondes, mais encore que tous ses ouvrages philosophiques nous offrent un exemple continuel de la méthode qu'on devrait suivre dans

cette étude. Chez lui, point d'hypothèses sur l'essence de l'ame, ou la nature du lien qui l'unit au corps; ce sont toujours des conclusions importantes sur l'entendement humain : conclusions tirées au moyen d'une induction sévère, *de ces phénomènes de la pensée*, que tout homme peut se constater à lui-même en portant sa réflexion sur les faits de sa conscience. Ainsi, quoique l'on puisse soutenir que l'avancement de la philosophie de l'esprit n'était qu'un objet secondaire dans le plan général de Bacon, on ne saurait pourtant disconvenir que c'est à la justesse étonnante de ses vues sur cette matière, que nous devons le bienfait de tant de secours scientifiques.

Mais écoutons Bacon lui-même, et jugeons sur ses propres paroles s'il prétendait borner exclusivement au monde matériel l'utilité de son ouvrage; ou plutôt s'il n'a pas cru en même temps qu'on pût l'appliquer aux recherches analytiques sur les facultés intellectuelles ou les principes actifs de l'esprit.

« *Etiam dubitabit quispiam potiùs quàm*
» *objiciet ; utrùm nos de naturali tantùm phi-*
» *losophiâ, an etiam de scientiis reliquis,*
» *logicis, ethicis, politicis, secundùm viam*
» *nostram perficiendis loquamur. At nos certè*

» *de universis hæc, quæ dicta sunt, intelligi-*
» *mus : atque quemadmodùm vulgaris logi-*
» *ca, quæ gerit res per syllogismum, non*
» *tantùm ad naturales, sed ad omnes scien-*
» *tias pertinet; ità et nostra, quæ procedit*
» *per inductionem, omnia complectitur. Tam*
» *enim historiam et tabulas inveniendi confi-*
» *cimus de* irâ, metu *et* verecundiâ, *et simi-*
» *libus; ac etiam de exemplis rerum civilium;*
» *nec minùs de motibus mentalibus* memoriæ,
» compositionis *et* divisionis, judicii, *et re-*
» *liquorum; quàm de* calido, *et* frigido, *aut*
» luce, *aut* vegetatione, *aut similibus..*»

Quoique les écrits de Bacon aient opéré dans la Physique une révolution bien plus remarquable que dans les études dont l'objet est l'esprit humain, on ne saurait pourtant disconvenir qu'ils n'aient introduit d'importantes améliorations dans la science de l'esprit et dans quelques branches qui s'y rapportent, telles que la jurisprudence naturelle, l'économie politique, la critique et la morale, qui naissent des mêmes racines, ou plutôt, qui sont les branches de ce grand arbre dont la science de l'esprit forme le tronc. La vérité de cette assertion se trouvera établie plus tard sur des preuves irrécusables.

5

Je ne cherche point à nier que nos conclusions sur les principes et les lois de la constitution humaine ne diffèrent à beaucoup d'égards des découvertes en physique ; je ne disputerai pas même sur les termes avec ceux qui prétendent que le mot *découvertes* ne peut s'appliquer à ces conclusions. Je me contenterai de faire remarquer que cette critique dont je veux bien admettre la justesse, ne doit nous empêcher, sous aucun rapport, d'apprécier l'importance pratique de ces conclusions, ni diminuer à nos yeux le mérite des écrivains auxquels nous en sommes redevables. Dans les *Aphorismes* de Bacon, il n'y a pas une seule découverte selon le sens qu'on a dernièrement attaché à ce mot ; mais quelle découverte a jamais contribué avec un égal succès au bonheur et à la puissance de l'espèce humaine (1) ?

---

(1) D'Alembert fut un des premiers qui établirent cette précision minutieuse dans l'emploi du mot *découverte*. Il y a un passage où il semble exclure les *découvertes* du domaine des mathématiques et de la métaphysique ; et cela lors même qu'il s'agit de *l'évidence parfaite* à laquelle on veut arriver dans *ces deux* sciences.

« La réflexion, en partant des idées directes, peut suivre
» deux routes différentes : ou elle compare les qualités des
» corps, et alors, d'abstractions en abstractions, elle arrive
» aux notions les plus simples, celles de *quantité ;* ou bien
» elle se reporte sur ces opérations mêmes qui ont servi à
» la formation des idées, et remonte ainsi aux éléments de

En développant ses objections contre la science de l'esprit, le critique d'Édimbourg fait observer « qu'il résulte nécessairement de la
» nature même du sujet, que les hommes
» doivent connaître dans la pratique toutes les
» fonctions et toutes les qualités de l'esprit,
» avec les lois qui paraissent le gouverner. Cha-
» cun sait parfaitement ce que c'est que per-
» cevoir et sentir, se ressouvenir, imaginer et
» croire; et bien qu'on puisse ne pas toujours
» faire usage de ces termes avec une exactitude
» bien précise, il n'est pas possible de supposer
» que personne au monde ignore les faits qu'ils
» représentent. Ces lois mêmes de la pensée,
» ces liaisons des opérations intellectuelles,
» qu'on exprime moins communément dans
» le discours, semblent universellement con-
» nues; et l'on s'aperçoit qu'elles dirigent les
» actions de ceux mêmes qui n'ont jamais songé
» à les énoncer dans une proposition abstraite.
» Des hommes à qui l'on n'a jamais appris
» que la mémoire dépend de l'attention, con-
» centrent pourtant tous les efforts de cette fa-

» la *métaphysique*. Ces deux sciences, la *géométrie* et la *mé-*
» *taphysique*, quoique analogues entre elles, sont les deux
» termes extrêmes et opposés de nos connaissances. Entre
» elles est un monde immense, *l'abîme des incertitudes et le*
» *théâtre des découvertes*. » Disc. prélim. de l'Encycl.

« culté sur les objets dont ils veulent garder le souvenir, et lorsqu'ils oublient une chose, ils reconnaissent qu'ils n'y ont pas fait assez d'attention. Un valet qui n'a jamais entendu parler de l'association des idées, fait manger au bruit de la trompette le cheval qu'il destine à la guerre; et l'artiste ignorant qui dresse des éléphants et des chiens, n'agit qu'en vertu du même principe qu'il a compris. »

Ce raisonnement, si je ne me trompe, nous conduit un peu plus loin que n'a voulu le faire l'auteur; car les exemples familiers sur lesquels il s'appuie s'adressent plus directement encore à la physique proprement dite qu'à la science de l'esprit. Le sauvage ignore absolument que la force de gravité va toujours en croissant, et cependant il ne manque pas de se placer sur un lieu élevé pour augmenter l'effet d'un projectile : jamais on ne lui a parlé de la troisième loi du mouvement décrite par Newton; et il l'applique à son usage, lorsqu'il repousse le rivage avec une perche pour lancer son canot à la mer. Sa fronde est aussi une démonstration expérimentale de la théorie des forces centrifuges. « Ce valet qui fait manger au son de la trompette le cheval destiné à la guerre, » sans avoir jamais lu ce qu'ont écrit Locke ou Hume sur les lois de l'association, pourrait, avec plus de raison encore, se vanter de n'avoir pas eu besoin d'ouvrir Borelli pour donner à son cheval ses différentes allures. Il pourrait dire qu'en l'exerçant à la longe, il présente une application des forces centrifuges et du centre de gravité ; application que l'on connaissait dans les manéges long-temps avant que Newton eût développé dans ses Principes la théorie de ces phénomènes. Il n'est pas jusqu'aux opérations du cheval qu'il instruit, qui ne supposent dans cet animal une connaissance de ces mêmes lois physiques; quand, par exemple, il proportionne avec une exactitude mathématique l'obliquité de son corps au cercle qu'il décrit en galopant. Dans le fait de l'homme et dans celui de l'animal, cette connaissance pratique a été gravée par la main de la Nature même sur les organes des sens extérieurs ; mais cela n'empêche pas qu'il ne soit utile de développer les théorêmes généraux renfermés dans ces applications particulières, et de les combiner sous une forme systématique pour notre instruction et celle des autres. La pneumatique perd-elle de son importance quand on a remarqué que les effets du vide, de l'élasticité et de la compression de l'air, par lesquels on explique les phénomènes les plus intéressants qu'elle présente, se retrouvent dans le procédé instinctif qui préside à notre premier souffle, et s'observent sur la bouche de l'enfant qui presse le sein maternel?

Quand un ignorant écuyer du Cirque, debout et dansant sur la croupe de son cheval qui galope, jette en l'air une orange qu'il reçoit à la pointe d'une épée, il nous manifeste quelques vérités physiques qui se rattachent aux conclusions les plus abstraites de la science. Pour ne rien dire ici de la force centrifuge et du centre de gravité, la seule expérience de l'orange nous offre une preuve si palpable de la composition des forces, qu'elle aurait fourni à Copernic une réponse péremptoire, pour détruire toutes les difficultés que lui proposaient ses adversaires contre le mouvement du globe.

Il y a dans les opérations des manufactures et des arts une quantité prodigieuse de principes scientifiques qu'on n'y soupçonne même pas : et Boyle déclarait hautement qu'il avait appris moins de choses dans tous les ouvrages qu'il avait lus, que dans les boutiques des marchands.

Ne voit-on pas chaque jour les plus hautes vérités de la mécanique se réduire en applications dans la classe la plus ignorante du peuple? Ne remarque-t-on même pas chez des artisans grossiers une grande supériorité de promptitude et d'adresse dans quelques circonstances où le mécanicien le plus profond chercherait en vain à tirer parti de sa science ? Le philosophe qui, pour la première fois, se met en mer, ne peut revenir de son étonnement quand il voit un simple mousse appliquer des théorèmes toujours associés dans la tête des savants avec des figures et des formules mathématiques. Il reste confus de son inhabileté à faire usage de ces théorêmes, lorsqu'il essaie de manier les cordages ou de diriger le vaisseau ; et cependant serait-il raisonnable d'en conclure qu'en étudiant la composition et la décomposition des forces, il a fait une acquisition stérile et sans valeur?

La conséquence que l'on peut tirer de ces considérations et autres semblables, est si bien exprimée dans le passage suivant, que je le transcrirai ici sans y ajouter aucune réflexion. Sir Josué Reynolds l'a extrait d'un auteur sans renom, et l'a mis au frontispice de ses discours académiques, pour servir d'apologie aux recherches qu'il a faites sur quelques principes de la peinture.

« *Omnia ferè quæ præceptis continentur,*
» *ab ingeniosis hominibus fiunt; sed casu*
» *quodam magis quàm scientiâ. Ideòque*
» *doctrina et animadversio adhibenda est,*
» *ut ea quæ interdùm sine ratione nobis oc-*
» *currunt, semper in nostrâ potestate sint,*
» *et quoties res postulaverit, à nobis ex præ-*
» *parato adhibeantur.* »

Il est presque inutile de faire remarquer que cette observation s'applique parfaitement à ces mêmes doctrines de la science philosophique qui ont donné lieu à toute cette discussion. Ceux qui savent que l'éducation se réduit à-peu-près à diriger habilement les deux facultés d'*attention* et d'*association*, conviendront sans peine qu'on pourrait, en éveillant la vigilance des parents et des maîtres sur ces deux principes importants de notre constitution, rendre plus systématiques les opérations de cet art, et en assurer le succès. N'a-t-on pas déjà obtenu sur cette matière des conclusions dont l'application pourrait être mieux dirigée pour augmenter les puissances intellectuelles de l'homme, avancer son perfectionnement moral, et faire briller sur son entendement cette lumière pure et inaltérable, sans laquelle la raison elle-même ne peut presque rien pour notre science ou notre bonheur? Les faits réellement curieux qu'on a cités à propos de l'éducation des chevaux de guerre et des éléphants, ne sont qu'une preuve de plus en faveur de l'universalité de cette proposition : « savoir c'est pouvoir. » Ils démontrent que l'empire de l'homme sur la force aveugle des animaux est en proportion, non pas de sa force physique, mais de l'expérience qu'il acquiert sur leurs constitutions relatives. Ces faits nous offrent, par conséquent, le commentaire le plus instructif de cette maxime de Bacon, que « *nous ne pouvons asservir la Nature qu'en obéissant à ses lois;* » et on en ferait presque des apologues dont la morale s'adresserait aux instituteurs de la Jeunesse, et aux législateurs des Nations.

Il faut bien convenir que dans les meilleurs ouvrages qui ont paru sur la science de l'esprit, la réfutation des erreurs des scolastiques occupe beaucoup de place, et quelquefois même aux dépens de l'intérêt. En conséquence, on a proclamé avec un air de triomphe, comme un fait qui, depuis Reid, « paraît être généralement reconnu dans ce » qui regarde la *perception* et quelques autres » fonctions primitives de l'esprit, que la philosophie ne conduit à rien, et que les rai-

» sonnements les plus profonds nous ramè-
» nent aux opinions et à l'ignorance du vul-
» gaire. » Si par le mot de *philosophie*, on
entend ici la théorie de la perception, telle
qu'on la retrouvait partout avant Reid, cette
réflexion est parfaitement juste. Mais je ne
puis l'admettre comme fondée en raison, si
elle tend à mettre en doute l'utilité de cette
philosophie par laquelle la doctrine dont je
parle s'est vue détrônée, après avoir régné
dans les écoles pendant plus de deux mille ans;
après avoir égaré, il n'y a pas plus d'un siècle
encore, les méditations de Locke, de Clarke et
de Newton. Pour frayer un chemin aux recherches des modernes sur la mécanique, il
fallait commencer par ruiner les *qualités oc-
cultes*, et *l'horreur de la nature pour le vide*,
et toutes ces futilités inventées par les scolastiques pour rendre raison de tous les phénomènes. Au moyen d'hypothèses consacrées
par la coutume et enracinées dans le langage,
une obscurité fatigante avait si long-temps enveloppé toutes les théories relatives à l'esprit
humain, qu'on devait sentir la nécessité
d'un travail préliminaire pour déblayer les
décombres métaphysiques amoncelés par les
écoles anciennes et tout le moyen âge. Ce qui
fait le plus grand honneur au zèle et à la
sagacité de Locke et de Reid, c'est d'avoir

consacré une si grande partie de leurs ouvrages à un travail pénible, mais impérieusement exigé. Ce qu'a dit le dernier de ces deux philosophes, en parlant de la doctrine de son illustre prédécesseur sur les *définitions*, est également applicable à toutes les parties de l'Essai sur l'entendement humain, et à la plupart des discussions qui se rencontrent dans ses propres ouvrages. « Cet article est » excellent, moins encore pour les connais- » sances qu'il nous procure, que parce qu'il » nous fait sentir notre ignorance, et nous » montre que la plupart des dogmes dans les- » quels les hommes de spéculation ont ad- » miré une philosophie profonde, ne sont » que l'absence du savoir déguisée par des » mots vides de sens. »

On ne doit pas non plus oublier que le scepticisme de Hume relativement à l'existence de l'esprit et de la matière, n'a, pour ainsi dire, d'autre appui que cette même hypothèse sur la perception, que Reid a si victorieusement combattue. Or, ce scepticisme n'a-t-il pas ébranlé toutes les croyances du genre humain? et s'il a exercé, comme on ne le niera pas sans doute, une influence très-étendue, pourra-t-on ne pas reconnaître qu'il était utile de dégager la raison humaine d'un tel labyrinthe?

Ce n'est pas, après tout, sur cette considération, ni sur quelqu'autre de même nature, que je veux insister particulièrement ici. Le point de vue sur lequel je désire spécialement arrêter l'attention de mes lecteurs, c'est le rapport intime qui unit la science de l'esprit à la direction générale de l'entendement. Je veux montrer aussi qu'en facilitant l'analyse de toutes les combinaisons fortuites de l'imagination, elle tend évidemment à rompre le charme de ces associations d'idées, contre lesquelles vient échouer la force des raisonnemens les plus solides.

J'ai toujours été persuadé que le vice fondamental de la doctrine d'Aristote, et de presque tous ceux qui ont écrit après lui sur la logique, était de s'arrêter entièrement au raisonnement ou à la faculté discursive, au lieu de chercher à développer les différentes parties de notre nature. Je dirai même qu'en adoptant pour un moment l'idée si étroite qu'ils s'étaient formée de l'objet de leur étude, il serait encore indispensable de faire un recensement plus complet de nos facultés intellectuelles; parce que c'est dans les détails de notre constitution qui paraissent, au premier coup d'œil, avoir le moins de rapport avec nos opinions spéculatives, que se cachent les sources de nos plus dangereuses erreurs. Je me contenterai de nommer ici, l'*Association des idées*, l'*Imagination*, l'*Imitation*; l'emploi du *langage comme étant le grand instrument de la pensée*, et les *Habitudes artificielles de Jugement*, imposées à l'homme par les principes et les usages qui ont dirigé son éducation.

Si cette remarque est bien fondée, il en résulte évidemment que pour obtenir un système de logique tout à la fois exact et étendu, il faut nécessairement commencer par considérer notre nature comme un grand tout, et l'embrasser dans un coup d'œil. Ce principe fondamental était un de ceux que j'avais le plus à cœur d'établir quand j'entrepris mes recherches sur l'Esprit Humain; et j'espère que si je parviens jamais à exécuter mon plan, cette esquisse pourra, malgré son imperfection, faciliter à une main plus habile l'accomplissement de cette grande entreprise (1).

Si mes loisirs et ma santé me permettent de rédiger par écrit des spéculations qui ont long-

---

(1) M. Farcy, ancien élève de l'Ecole Normale, vient de publier la traduction de l'important ouvrage dont M. D. Stewart annonce ici le projet. N. D. T.

temps occupé ma pensée, je m'efforcerai de mettre dans un plus grand jour les défauts de nos systèmes ordinaires de logique, en les considérant dans leur application aux doctrines fondamentales de la morale; en examinant surtout quelle importance on doit accorder, dans des recherches de cette nature, à nos sentiments ou émotions morales. Je me montrerai sévère contre les raisonnements spéculatifs qui mènent à des conclusions évoltantes; et je sanctionnerai en même temps ces décisions de l'entendement qui réunissent en leur faveur les suffrages du cœur et de l'esprit.

D'après les maximes dominantes de la philosophie moderne, on a tellement voulu isoler le *raisonnement* du sentiment, que loin de confirmer les jugements de l'intelligence avec lesquels il est d'accord, le sentiment ne sert qu'à rendre suspectes dans l'opinion commune toutes les conclusions auxquelles il prête la teinte la plus légère de sensibilité ou d'enthousiasme.

Cette idée, bien approfondie, fournira, si je ne me trompe, de nouvelles vues sur la *Logique de la Morale;* et je me plais à l'énoncer ici dans l'espoir qu'elle tournera la curiosité de quelques-uns de mes lecteurs sur un point de recherche qui doit les conduire, selon moi, aux résultats les plus intéressants pour leur propre bonheur.

Quant à la Logique en général, telle que je la conçois du moins, c'est un art encore au berceau; et il serait aussi impossible de déterminer les limites du développement auquel il peut atteindre, que d'assigner des bornes aux connaissances humaines. Ici particulièrement l'aphorisme de Bacon est applicable dans toute son étendue : « *Certò sciant homines,* » *artes inveniendi solidas et veras adolescere et* » *incrementa sumere cum ipsis inventis.* » En attendant, c'est un devoir pour tous ceux qui se consacrent aux travaux scientifiques, de recueillir soigneusement toutes les règles générales, toutes les méthodes qui peuvent s'offrir à eux dans le cours de leurs études, comme autant de matériaux qui seront plus tard réunis et coordonnés systématiquement. Aujourd'hui même on pourrait rassembler une foule de documents utiles répandus çà et là dans les ouvrages de nos prédécesseurs anciens et modernes; et peut-être il serait difficile de rendre à la philosophie un service plus important que de réunir ces rayons épars, et de s'en servir pour explorer des régions encore peu connues de nos jours (1). On peut attendre beaucoup d'un pareil travail, soit pour diriger les études des autres, soit pour guider notre propre entendement. C'est ainsi que le trésor des principes logiques s'enrichissant peu-à-peu, mais sans interruption, de toutes les découvertes particulières qu'on réunira en ordre à des intervalles de temps convenables, la science ira toujours se perfectionnant dans la succession des âges. Parler, dans l'état présent du monde, d'un système complet de logique, si l'on entend par ce mot un art différent de la logique des écoles, c'est montrer qu'on ignore et l'objet qu'elle se propose, et la marche progressive de l'esprit humain : c'est faire preuve surtout d'une estime inconsidérée pour les résultats que les logiciens ont obtenus jusqu'ici, et qui sont si peu de chose au prix de ce qu'ils ont laissé à faire à leurs successeurs.

Toutefois, en m'engageant dans ces recherches, je n'avais pas uniquement en vue l'avancement de la logique. Ma première et ma principale pensée était de jeter un coup d'œil

---

(1) Il y a, pour les personnes qui veulent étudier la Logique des Mathématiques, une très-grande quantité d'observations importantes à recueillir dans les ouvrages de d'Alembert, et dans les discours que plusieurs écrivains français ont placés en tête de leurs ouvrages mathématiques.

aussi vaste qu'il me serait possible sur la constitution humaine, pour montrer combien nos plans ordinaires d'éducation sont bornés en comparaison de ce nombre de facultés diverses qui distinguent notre espèce dans la nature. La culture de la raison, par rapport à l'acquisition de la vérité, n'est pour les individus qu'un moyen, le plus important, si l'on veut, de perfectionnement et de bonheur; et je ne m'en occupe aussi fréquemment dans mon travail que par la seule considération de cette importance relative.

Pour la dernière fois je le répèterai avant de finir cette dissertation : l'anéantissement d'un seul préjugé a souvent eu des conséquences plus heureuses et plus étendues que n'en aurait produit une acquisition positive pour la science. Telle est la condition de l'homme, qu'un philosophe doit passer nécessairement la plus grande partie de sa vie à désapprendre les erreurs de la multitude et la prétendue sagesse des écoles. Le plus grand service qu'il puisse rendre à ses semblables, et le plus noble empire qu'il puisse exercer sur eux, c'est de leur communiquer les lumières qu'il a puisées dans ses propres méditations; et d'encourager, par son exemple, la raison humaine à briser ses fers.

En considérant l'immensité des vues d'Aristote et la grandeur de ses succès, on a comparé son ambition à celle d'Alexandre, qui asservit la terre. Cette comparaison me semble exacte; mais comment alors ne pas apprécier les efforts de ceux qui levèrent d'abord l'étendard de la révolte, et portèrent les premiers coups à ce despotisme universel? Alexandre avait à peine fermé les yeux, que ses principaux officiers se partagèrent l'empire; tandis que la domination qu'avait fondée Aristote, traversa vingt siècles avec toute sa puissance; et, aujourd'hui même qu'elle est déchue de son ancienne grandeur, un petit nombre de vétérans fidèles, retranchés dans les derniers asyles qui leur restent, portent encore, au nom de leur maître, un orgueilleux défi à toutes les forces de la raison humaine. Il n'y a qu'un observateur attentif qui puisse découvrir dans cet affranchissement lent et progressif de l'esprit de l'homme, les moyens cachés par lesquels s'opère un si glorieux résultat. Ils ressemblent, ces moyens, dans leur effort silencieux, mais irrésistible, à ces racines qui pénètrent dans les crevasses d'un vieil édifice dont elles préparent la ruine, et qu'elles feront écrouler avec le temps.

Comme il est rarement aisé, dans des questions de cette nature, de constater l'effet des travaux d'un individu avec la même précision qui nous permet, dans les sciences physiques, de nommer les inventeurs de la *pompe à feu* et du *paratonnerre*, on ne doit pas s'étonner que la multitude fasse si peu d'attention à l'influence exercée sur le monde moral par les esprits supérieurs; mais il faut qu'un observateur soit bien aveugle, pour ne point apercevoir l'immensité des proportions dans lesquelles les principes spéculatifs, vrais ou erronés, ont modifié la condition présente de l'homme, et ne pas reconnaître le rapport intime qui unit la morale et le bonheur de la vie privée, aussi bien que l'ordre de la société politique, au résultat définitif de la lutte qui s'est engagée entre la vraie et la fausse philosophie.

ESSAIS PHILOSOPHIQUES.

PREMIER ESSAI [1].

DE L'OPINION DE LOCKE RELATIVEMENT A L'ORIGINE DE NOS IDÉES, ET DE SON INFLUENCE SUR LES DOCTRINES DE QUELQUES-UNS DE SES SUCCESSEURS.

CHAPITRE PREMIER.

Observations préliminaires.

QUAND on veut faire des recherches sur les phénomènes intellectuels, il est d'une grande importance de se rappeler sans cesse que si notre connaissance du monde matériel nous

---

[1] Traduit par M. BUCHON.

vient entièrement par l'intermédiaire des sens extérieurs, notre connaissance de l'esprit humain nous vient du sens intime. De même qu'on ne saurait donner par des mots aucune notion des couleurs ni des sons à un être aveugle ou sourd; de même aussi celui qui n'a la conscience intime, ni de la sensation, ni de la mémoire, ni de l'imagination, ni du plaisir, ni de la peine, ni de l'espoir, ni de la crainte, ni de l'amour, ni de la haine, ne peut, par aucune description, se faire l'idée de la valeur de ces mots. Tous expriment des idées ou notions simples parfaitement familières à tous ceux qui peuvent réfléchir sur eux-mêmes, et qui ne peuvent manquer de s'obscurcir par les efforts mêmes que l'on fait pour en donner la définition (1).

Divers écrivains ont montré que les habitudes d'inattention aux opérations de leur propre esprit que les hommes contractent dès leur jeunesse, sont les obstacles les plus puissants aux progrès des recherches sur la théorie de la nature humaine. Ils ont remarqué aussi qu'on ne pouvait triompher de ces habitudes que par l'industrie la plus obstinée, et en accoutumant sa pensée à se tourner d'elle-même

---

(1) Voy. Note A.

à volonté sur les phénomènes du monde intérieur, effort qui n'est aisé pour personne, et impossible à beaucoup. « *Magni est ingenii*, » dit Cicéron, *revocare mentem à sensibus*, » *et cogitationem à consuetudine abducere.* » Il y aurait peut-être quelque objection à faire à cette pensée ainsi exprimée, la faculté décrite ici par Cicéron n'ayant que peu de rapport avec le génie dans l'acception ordinaire du mot ; mais on ne peut nier que cette faculté ne suppose une capacité de méditation patiente et abstraite, qui n'est accordée qu'à bien peu de monde.

Locke et ses disciples ont, avec beaucoup de justesse, donné à cette faculté de diriger avec fermeté et exactitude son attention sur les phénomènes de la pensée, le nom de réflexion. Ce mot est justement dans le même rapport avec le *sens intime* que l'*observation* l'est avec la *perception*. La première nous fournit les faits qui forment la seule base solide de la science de l'esprit humain, comme la dernière devient le fondement sur lequel est posé tout l'édifice de la philosophie naturelle (1).

---

(1) La langue française n'a pas, pour exprimer le mot anglais *consciousness*, d'autre mot que *conscience*, qui est fré-

Quant à l'exercice du pouvoir de la réflexion, le précepte suivant d'un écrivain hors de mode est si judicieux, et les avis qu'il suggère sont d'une si grande importance dans les recherches que nous allons faire, que je ne balance pas à le présenter ici; bien qu'il ne soit pas lié d'une manière tout-à-fait immédiate avec le sujet de cet Essai.

« Quand je dis affirmation, négation, désir, contentement, ennui, appréhension, doute, certitude, estimer, approuver, blâmer, excuser, condamner, j'entends ce que je dis, et je ne prononce pas des mots destitués de sens: cependant je ne me présente point ce dont je parle sous aucune image et sous aucune forme corporelles. La puissance que nous avons de penser ainsi s'appelle l'entendement ou la faculté intellectuelle.

» A la vérité, dans le temps même que l'en-

---

quemment employé aussi comme synonyme de *sens moral* : ainsi on peut également dire, *l'homme a la conscience de sa liberté*, et *un homme de conscience*. De là l'obscurité qui se rencontre parfois dans les raisonnements des meilleurs métaphysiciens français. C'est probablement afin de s'exprimer d'une manière plus distincte qu'on a fait depuis peu tant d'usage de la circonlocution, *le sens intime*, *le sentiment intérieur*, phrases qui paraissent encore moins précises que le mot auquel on les a substituées.

» tendement pur s'exerce et s'applique sur ses
» idées, l'imagination se met de la partie et
» présente aussi ses images et ses fantômes;
» mais, bien loin de nous aider par ses soins,
» elle ne fait que nous retarder et nous trou-
» bler. Vous souhaitez de savoir ce que c'est
» que la pensée ; rentrez en vous-même;
» rendez-vous attentif sur vous-même : votre
» pensée, qui est un acte qui se connaît,
» vous manifeste elle-même ce qu'elle est;
» elle est précisément ce que vous sentez qui
» se passe en vous lorsque vous pensez ; car
» tout ce que vous ne sentez point et que vous
» n'apercevez point, certainement n'est pas
» pensée et ne doit pas porter ce nom. Arrê-
» tez-vous là : vous êtes instruit. Mais l'imagi-
» nation ne s'y arrête pas, et pour répondre au
» désir que nous avons de connaître la pensée,
» elle nous présente je ne sais quel feu, je ne
» sais quelle vapeur, je ne sais quels coups
» forts, actifs et fort minces : et à quoi abou-
» tit tout cela, si ce n'est à détourner notre
» attention de ce que la pensée est, pour
» l'arrêter sur ce qu'elle n'est pas » (1)?

La croyance qui accompagne le sens intime,

---

(1) Crousaz. Logique ou Système de réflexions, etc. T. I,
p. 1. Amst. 1726.

quant à ce qui concerne *l'existence actuelle* des phénomènes qui lui sont appropriés, a été communément regardée comme moins sujette à produire de fausses interprétations qu'aucun autre des principes que les philosophes sont accoutumés à regarder comme des axiomes incontestables dans la formation de leurs systêmes métaphysiques. Aucun philosophe, quelque sceptique qu'il fût, même parmi ceux qui ont mis en question l'existence réelle de l'esprit et de la matière, n'a jusqu'ici émis de doute à cet égard; et cependant le fait est que cette croyance n'est pas établie sur une base plus solide que celle sur laquelle se fonde notre croyance dans l'existence des objets extérieurs, ou notre conviction que les autres hommes possèdent des pouvoirs intellectuels et des facultés semblables à ceux que nous avons la conscience de posséder nous-mêmes. Dans tous ces cas, le seul motif que nous puissions alléguer pour notre croyance, c'est qu'elle forme une partie nécessaire de notre constitution; et que, quelle que soit la facilité avec laquelle les métaphysiciens puissent embarrasser notre jugement sur ce point, il nous est impossible de nous en séparer un instant, dès que nous sommes appelés à employer notre raison, soit sur les affaires de la vie, soit sur les recherches scientifiques. Tant que nous sommes soumis à l'influence de nos appétits, de nos passions et de nos affections, ou même d'une vive ardeur pour les recherches, toutes les difficultés qui embarrassaient notre jugement dans la retraite du cabinet, s'évanouissent bien vîte en présence des principes essentiels de la constitution humaine.

D'après la doctrine commune à nos meilleurs philosophes, c'est par l'évidence du *sens intime* que nous sommes assurés de notre propre existence. Cette proposition, établie ainsi, n'est cependant pas exactement vraie; car notre propre existence n'est pas un objet direct ou immédiat du sentiment intérieur, dans le sens strict et logique du mot. Nous avons la conscience de la sensation, de la pensée, du désir, de la volition; mais nous n'avons pas la conscience de l'existence de l'esprit lui-même, et en nous supposant même créés avec l'usage parfait de toutes les capacités qui appartiennent à la nature humaine, il ne nous serait pas possible d'arriver à cette connaissance, si jamais aucune impression n'avait été produite sur nos sens extérieurs. Au moment où, par suite d'une telle impression, une sensation est excitée en nous, nous apprenons deux faits à la fois, l'existence de la sensation et l'existence de notre propre individu comme être sentant;

en d'autres mots, le premier exercice de mon sens intime implique une croyance nécessaire non-seulement dans l'existence actuelle de ce qui est senti, mais dans l'existence actuelle de ce qui sent et pense, ou, pour m'exprimer encore en termes plus clairs, l'existence actuelle de cet être désigné par les mots *je* et *moi*. Toutefois, et conformément à l'interprétation rigoureuse du mot, ce n'est que du premier de ces faits que nous pouvons avoir, à proprement parler, une conviction intime. Le second ne nous est connu que par un acte de l'entendement, *postérieur* à la sensation, mais si intimement *uni* à celle-ci, qu'il n'est pas étonnant que nous rapportions à une même origine la croyance que nous avons à tous les deux.

Si cette distinction est juste, le célèbre enthymème de Descartes, *cogito, ergò sum*, ne mérite certainement pas tout le ridicule dont ont voulu l'accabler tous ces écrivains qui ont conclu de là que l'auteur voulait démontrer sa propre existence par un syllogisme. Il me semble plus probable que son intention principale était d'appeler l'attention de ses lecteurs sur une circonstance qui, il faut l'avouer, n'est pas indigne d'être rapportée dans l'histoire de l'Esprit Humain; je veux dire l'impossibilité que nous puissions jamais acquérir la conviction de notre propre existence, sans que notre faculté de penser n'ait été éveillée par quelque sensation produite dans notre esprit (1).

Comme la croyance de notre existence actuelle accompagne nécessairement tout acte du sens intime, ainsi, d'après une comparaison des sensations et des idées dont nous avons actuellement la conscience avec celles que nous nous rappelons avoir eues autrefois, nous acquérons une conviction irrésistible de notre *identité personnelle*. Malgré les étranges difficultés qu'on a élevées sur ce sujet, je ne puis concevoir aucune conviction plus complète, aucune vérité plus intelligible pour tous ceux dont l'intelligence n'a pas été obscurcie par des spéculations métaphysiques. Les objections fondées sur le changement de substance dans certains objets matériels auxquels nous continuons d'appliquer le même nom, ne sont évidemment pas applicables à la question relative à l'identité de la même personne, ou du même être sentant. *Identité* et *même* étant employés

---

(1) En parcourant de nouveau les *Méditations* de Descartes, je ne sais si je n'ai pas poussé l'apologie que je fais de lui, plus loin que ses propres expressions ne le comportent. Je pense toutefois encore que c'est la remarque que je lui ai attribuée qui donna d'abord cette direction à ses idées.

ici dans des sens différents, j'avoue bien qu'il m'est impossible de donner une définition logique de ce mot quand on l'applique aux personnes; mais je ne puis pas définir davantage ce que c'est que la sensation, la mémoire, la volition et l'existence même; et si quelqu'un séduit par de telles subtilités scolastiques, allait conclure que la *personnalité n'étant pas une chose permanente, mais transitoire*, il n'a pas d'intérêt à faire de provisions pour le lendemain, je ne connais aucun argument qui puisse le tirer de son erreur.

Mais quoique ce soit par le témoignage du sens intime et par la mémoire que nous pouvons nous assurer que notre être est le *même*, il n'est nullement exact de dire avec Locke que le sentiment intérieur constitue l'identité personnelle. Cette doctrine, ainsi que le remarque Butler (1), implique, par une conséquence naturelle, qu'on n'a existé que pendant le temps qu'on a commis les actions que la mémoire vous rappelle, qu'on n'a fait réellement que ce sur quoi se porte la réflexion. « On » serait tenté de regarder comme un axiome, » ajoute le même auteur, que le sentiment in-

---

(1) Voyez la *Dissertation* sur l'identité personnelle dans l'*Analogie* de Butler.

» térieur de l'identité personnelle présuppose
» en effet l'identité personnelle, mais qu'il ne
» la constitue pas plus que dans tout autre cas
» la connaissance d'une vérité ne constitue
» l'existence de la vérité qui en est l'objet. »
Il est manifeste que pour qu'une vérité devienne l'objet de notre connaissance, il faut qu'elle existe d'abord.

En donnant mon assentiment parfait à la substance de ces remarques importantes et ingénieuses sur la doctrine de Locke, je crois nécessaire de dire que le langage de Butler est bien loin d'être tout-à-fait exact. Il parle de *notre sentiment intérieur d'identité personnelle*, tandis qu'en y réfléchissant un seul instant, il doit paraître évident, même à ceux qui attribuent *immédiatement* au sentiment intérieur notre croyance dans notre existence actuelle, qu'outre la connaissance de notre existence actuelle, la croyance à notre *identité personnelle* suppose d'avance l'exercice de la *mémoire* et l'idée du *temps*.

En lisant les considérations que je présenterai dans le chapitre suivant, on sera convaincu de l'importance qu'il y a à donner une attention scrupuleuse à la distinction existante entre les phénomènes qui sont les objets immédiats de notre sens intime, et les notions et vérités nécessaires que ces phénomènes suggèrent à notre pensée. Je prie seulement mes lecteurs de se rappeler que ce qui donne uniquement de l'importance à cette distinction, c'est la réfutation palpable qu'on y trouve de la théorie généralement admise sur l'origine de nos connaissances, et non pas la différence qui existe entre les deux classes de vérités, quant à ce qui concerne leur évidence.

CHAPITRE SECOND.

Incompatibilité des conséquences présentées dans le chapitre précédent avec la théorie de Locke sur l'origine des idées.

On a déjà remarqué que c'est du sentiment intérieur, ou plutôt de la réflexion, que nous tirons toutes nos notions des facultés et des opérations de l'esprit; et qu'en analysant ces notions, nous devons arriver tôt ou tard à certaines notions ou idées simples que nous n'avons moyen de faire connaître aux autres qu'en enseignant à ceux auxquels nos raisonnements s'adressent, comment ils doivent s'y prendre pour diriger exactement leur attention sur ce qui se passe dans leur esprit. Ces phénomènes intellectuels forment les sujets directs et propres du sens intime, et les *seuls* même auxquels on puisse, à proprement parler, donner ce nom.

Il n'en faut cependant pas conclure que les sujets propres du *sens intime*, à entendre cette expression comme nous venons de l'expliquer, embrassent toutes les notions ou idées simples sur lesquelles s'exerce la science de l'esprit; bien moins encore, comme l'ont imaginé quelques philosophes, qu'ils embrassent tous les éléments dans lesquels on peut en dernier résultat analyser toute connaissance humaine. Sans parler des notions d'étendue et de figure, par exemple, qui toutes deux accompagnent nécessairement quelques-unes de nos perceptions extérieures, et n'ont certes aucune *ressemblance* avec celles dont nous avons la conscience intime, il y en a un grand nombre d'autres tellement liées à nos diverses facultés intellectuelles, qu'on peut justement regarder l'exercice de la faculté comme une condition préliminaire indispensable pour pouvoir rendre compte de la première origine de la notion qu'on en a. Ainsi un esprit privé de la faculté de la *mémoire* n'aurait certainement jamais pu former les idées de *temps*, de *mouvement* ou d'*identité personnelle* ; idées qui, de l'aveu de tous, sont du nombre des plus familières de celles que nous avons, et qu'on ne peut, par aucun effort de subtilité logique, faire remonter au *sens intime*. De la même manière, sans la faculté de l'*abstraction*, nous n'aurions jamais pu nous former l'idée des *nombres*, ni même des *lignes*, des *surfaces* et des *solides*, tels qu'ils sont considérés par le mathématicien ; il ne nous aurait pas été plus possible de comprendre le sens de mots tels que *classes* ou *espèces*, ni aucune des *parties du discours*. Les noms propres seuls auraient été intelligibles. Sans la faculté de *raisonnement* ou d'*intelligence*, il est clair aussi qu'aucun commentaire possible ne nous eût révélé le sens des mots *vérité*, *certitude*, *probabilité*, *théorème*, *prémisses*, *conséquence*, ni d'aucun de ceux qui expriment les diverses espèces de *relations* qui sont l'objet de nos connaissances. Dans de tels cas, tout ce qu'on peut dire, c'est que l'exercice d'une faculté particulière nous fournit *l'occasion* dans laquelle, d'après les lois de notre constitution, certaines notions simples se présentent à nos idées. Et tout ce que nous pouvons faire pour remonter à l'origine d'une notion particulière, c'est de fixer la nature de l'*occasion* dans laquelle elle s'est la première fois présentée à notre esprit.

Les conséquences que nous tirons de la sorte sur l'origine de nos idées forment ce qu'on pourrait appeler le *premier chapitre* de l'histoire naturelle de l'esprit humain. Elles sont en même temps la seule base solide d'une logique raisonnable et surtout de cette branche de la logique à laquelle se rapporte la théorie de l'évidence. Dans l'ordre des recherches, cependant, elles *présupposent* nécessairement une analyse exacte des facultés de l'esprit humain. Je ne connais aucun écrivain sur la logique qui ait présenté cette considération à laquelle je prie mes lecteurs de donner une attention scrupuleuse avant de prononcer sur le plan que j'ai suivi dans la distribution de mes recherches philosophiques.

Si les remarques précédentes sont justes, elles détruisent un principe fondamental de la philosophie de Locke, principe regardé par la plupart de ses successeurs comme une vérité démontrée, et que Hume n'a fait que déguiser un peu pour en faire la base de toutes ses théories de scepticisme. Il me semble que les doctrines de ces deux illustres écrivains, quant à ce qui concerne l'origine de nos idées, aboutissent à dire que le *sens intime* est la source exclusive de toutes nos connaissances. Leur langage, et particulièrement celui de Locke, semble, il est vrai, supposer l'opinion contraire, mais on peut voir par leurs commentaires que c'était évidemment là leur idée. Je tâcherai d'expliquer, avec autant de clarté et de concision qu'il me sera possible, mes raisons pour penser ainsi.

« Supposons, dit Locke (1), qu'au commencement l'ame est ce qu'on appelle *une table rase*, vide de tous caractères, sans aucune idée, quelle qu'elle soit. Comment vient-elle à recevoir des idées ? Par quel moyen en acquiert-elle cette prodigieuse quantité que l'imagination de l'homme, toujours agissante et sans bornes, lui présente avec une variété presque infinie ? Où puise-t-elle tous ces matériaux qui sont comme le fond de tous ses raisonnements et de toutes ses connaissances ? A cela je réponds en un mot, dans *l'expérience*. C'est là le fondement de toutes nos connaissances, et c'est de là qu'elles tirent leur première origine. Les observations que nous faisons sur les objets extérieurs et sensibles, ou sur les opérations intérieures de notre ame, que nous apercevons et sur lesquelles nous réfléchissons nous-mêmes, fournissent à notre esprit les matériaux de toutes ses pensées. Ce sont là les deux sources d'où découlent toutes les idées que nous avons ou que nous pouvons avoir naturellement.

« Et premièrement, nos sens, étant frappés

---

(1) Essai sur l'Entendement Humain, l. II, ch. 1, § 2, 3.

» par certains objets extérieurs, font entrer
» dans notre ame plusieurs perceptions dis-
» tinctes des choses, selon les diverses
» manières dont ces objets agissent sur nos
» sens. C'est ainsi que nous acquérons les
» idées que nous avons du *blanc*, du *jaune*,
» du *chaud*, du *froid*, du *dur*, du *mou*, du
» *doux*, de l'*amer*, et de tout ce que nous
» appelons *qualités sensibles*. Nos sens, dis-je,
» font entrer toutes ces idées dans notre
» ame, par où j'entends qu'ils font passer
» des objets extérieurs dans l'ame, ce qui y
» produit ces sortes de *perceptions*; et comme
» cette grande source de la plupart des
» idées que nous avons dépend entièrement
» de nos sens, et se communique à l'en-
» tendement par leur moyen, je l'appelle
» SENSATION. »

« L'autre source d'où l'entendement vient
» à recevoir des idées, c'est *la perception*
» *des opérations de notre ame sur les idées*
» *qu'elle a reçues par les sens*; opérations
» qui, devenant l'objet des réflexions de
» l'ame, produisent dans l'entendement une
» autre espèce d'idées, que les objets exté-
» rieurs n'auraient pu lui fournir; telles
» que sont les idées de ce qu'on appelle
» *apercevoir*, *penser*, *douter*, *croire*, *rai-*
» *sonner*, *connaître*, *vouloir*, et toutes les

» différentes actions de notre ame, de l'exis-
» tence desquelles étant pleinement con-
» vaincus, parce que nous les trouvons en
» nous-mêmes, nous recevons par leur moyen
» des idées aussi distinctes que celles que
» les corps produisent en nous lorsqu'ils
» viennent à frapper nos sens. C'est là une
» source d'idées que chaque homme a tou-
» jours en lui-même ; et quoique cette
» faculté ne soit pas un sens, parce qu'elle
» n'a rien à faire avec les objets extérieurs,
» elle en approche beaucoup, et le nom de
» *sens intérieur* ne lui conviendrait pas mal ;
» mais comme j'appelle l'autre source de nos
» idées *sensation*, je nommerai celle-ci ré-
» FLEXION, parce que l'ame ne reçoit par son
» moyen que les idées qu'elle acquiert en
» réfléchissant sur ses propres opérations.
» Ce sont là, à mon avis, les seuls principes
» d'où toutes nos idées tirent leur origine ;
» savoir, les choses extérieures et matérielles,
» qui sont les objets de la *sensation* ; et les
» opérations de notre esprit, qui sont les
» objets de la *réflexion*.

« Lorsque l'entendement a une fois reçu
» ces idées simples (1), il a la puissance de
» les répéter, de les comparer, de les unir

---

(1) Locke, lh. l. II, ch. 2, § 2.

» ensemble avec une variété presque infinie,
» et de former, par ce moyen, de nouvelles
» idées complexes, selon qu'il le trouve à
» propos ; mais il n'est pas au pouvoir des
» esprits les plus sublimes et les plus vastes,
» quelque vivacité et quelque fertilité qu'ils
» puissent avoir, de former dans leur en-
» tendement aucune nouvelle idée simple
» qui ne vienne par l'une de ces deux voies
» que je viens d'indiquer ; et il n'y a aucune
» force dans l'entendement qui soit capable
» de détruire celles qui y sont déjà. L'empire
» que l'homme a sur ce petit monde, je
» veux dire sur son propre entendement,
» est le même que celui qu'il exerce dans
» ce grand monde d'êtres visibles. Comme
» toute la puissance que nous avons sur
» ce monde matériel, ménagée avec tout
» l'art et toute l'adresse imaginables, ne
» s'étend dans le fond qu'à composer et à
» diviser les matériaux qui sont à notre dis-
» position ; sans qu'il soit en notre pouvoir
» de faire la moindre particule de nouvelle
» matière, ou de détruire un seul atome de
» celle qui existe déjà, de même nous ne
» pouvons pas former dans notre entende-
» ment aucune idée simple qui ne nous
» vienne par les objets extérieurs à la fa-
» veur des sens, ou par les réflexions que

» nous faisons sur les propres opérations
» de notre esprit. C'est ce que chacun peut
» éprouver par lui-même; et pour moi,
» je serais bien aise que quelqu'un voulût
» essayer de se donner l'idée de quelque
» goût dont son palais n'eût jamais été
» frappé, ou de se former l'idée d'une odeur
» qu'il n'eût jamais sentie; et lorsqu'il pourra
» le faire, j'en conclurai tout aussitôt qu'un
» aveugle a des idées des couleurs, et un
» sourd des notions distinctes des sons. »

Jusqu'ici, il y a peu de choses à dire contre l'assertion de Locke; car, malgré quelques expressions hasardées, on peut croire qu'il prétend seulement dire que les premières *occasions* qui provoquent l'esprit à l'exercice de ses diverses facultés et à l'acquisition des idées simples, qui forment les éléments de toutes ses connaissances, nous sont fournies, soit par l'impression faite sur nos sens extérieurs, soit par les phénomènes de la sensation et de la pensée, dont nous avons la conscience. A prendre les mots dans ce sens, j'ai déjà dit (1) non-seulement que j'adhérais entièrement à cette doctrine, mais j'ai même admis comme exacte la généralisation em-

---

(1) Philosophie de l'Esprit Humain, chap. I, sect. 4.

ployée par la plupart de ses disciples actuels, que toutes les occasions dans lesquelles nos facultés ont été exercées et les éléments de nos connaissances acquis, nous ont été fournies, ou immédiatement, ou en dernière analyse, par l'intermédiaire des sens. Cette généralisation est en effet une conséquence naturelle et nécessaire de l'assertion de Locke, l'esprit étant d'abord incontestablement excité à l'exercice du sens intime et de la réflexion par les impressions venues de dehors (1).

Les commentaires donnés par Locke, dans différentes parties de son Essai, sur ce principe cardinal de son système, prouvent incontestablement qu'il y attachait un sens bien plus important que celui que je viens de lui donner, et que, d'après la signification qu'il donnait aux mots dont il s'est servi, la sensation et la réflexion, selon lui, ne fournissaient pas seulement *les occasions qui suggèrent à l'entendement* les diverses modifications simples ou élémentaires de la pensée, auxquelles il donne le nom d'idées simples, mais fournissent aussi directement et immédiatement ces idées à l'esprit dans le sens le plus littéral du mot; de manière qu'il n'y a pas dans l'esprit une seule idée

---

(1) Voy. Phil. de l'Esp. Hum., ch. I, sect. 4.

simple qui ne soit, ou le sujet propre du sens intime, telles sont par exemple les idées que l'esprit forme de ses propres opérations; ou une copie de quelque qualité perçue par nos sens extérieurs. Il paraît de plus que Locke regardait ces copies ou images comme les objets immédiats de la pensée, et pensait que c'était par leur intervention que nous obtenions toutes nos connaissances du monde matériel. C'est pour cette raison que, comme je l'ai déjà dit, son principe fondamental me semble se résoudre à la supposition que *le sens intime est la source exclusive de toutes nos idées* (1).

Afin qu'on ne me soupçonne pas de mal interpréter Locke, je citerai textuellement quelques passages de lui.

---

(1) Le docteur Reid, à la fin de ses Recherches, fait une remarque à-peu-près semblable:

« Quand on affirme, dit-il, que toutes nos idées sont ou » des idées de sensations ou des idées de réflexion, tout ce » qu'on veut dire c'est que les hommes ne pensent et ne peu- » vent penser à rien autre chose qu'aux opérations de leur » propre esprit. » Rech. sur l'Entend. Hum. d'après les principes du sens commun.

Dans quelques endroits, Locke parle des idées des choses matérielles comme étant placées *dans le cerveau*; mais sa manière ordinaire de s'exprimer les suppose dans *l'esprit*, et en fait conséquemment les objets immédiats de notre sens intime.

« Ce que l'on doit considérer après cela,
» c'est la manière dont les corps produisent
» des idées en nous : il est visible, du moins
» autant que nous pouvons le concevoir,
» que c'est uniquement par *impulsion*.

« Si donc les objets extérieurs ne s'unis-
» sent pas immédiatement à l'ame lors-
» qu'ils y excitent des idées, et que cepen-
» dant nous apercevions ces qualités origi-
» nelles dans ceux de ces objets qui viennent
» à tomber sous nos sens, il est visible qu'il
» doit y avoir dans les objets extérieurs un
» certain mouvement qui, agissant sur cer-
» taines parties de notre corps, est continué,
» par le moyen des nerfs ou des esprits
» animaux, jusqu'au cerveau, ou au siège
» de nos sensations, pour exciter là, dans
» notre esprit, les idées particulières que
» nous avons de ces premières qualités.
» Ainsi, puisque l'étendue, la figure, le
» nombre, et le mouvement des corps qui
» sont d'une grosseur propre à frapper nos
» yeux peuvent être aperçus par la vue à
» une certaine distance, il est évident que
» certains petits corps imperceptibles doivent
» venir, de l'objet que nous regardons, jus-
» qu'aux yeux, et par là communiquer au
» cerveau certains mouvements qui produi-

» sent en nous les idées que nous avons de
» ces différentes qualités (1).

Quelques phrases plus loin, M. Locke, après avoir d'abord établi la distinction entre les qualités primaires et secondaires de la matière, continue ainsi :

« Il est aisé, je pense, de tirer de là cette
» conclusion, que les idées des premières qua-
» lités des corps *ressemblent* à ces qualités et
» que les *exemplaires* de ces idées existent
» réellement dans les corps ; mais que les idées
» produites en nous par les secondes qualités
» ne leur ressemblent en aucune manière, et
» qu'il n'y a rien dans ces corps mêmes qui
» ait de la conformité avec ces idées (2). »

Si l'on veut savoir quelle idée Locke attachait au mot *ressembler* appliqué à nos idées de qualités premières, on peut l'apprendre par la différence qu'il établit dans le para-

---

(1) Essai sur l'Entendement Humain, l. II, chap. VIII, § 11 et 12.

(2) Essai sur l'Ent. Hum. l. II, chap. VIII, § 15. Les exemples de qualités premières, citées par Locke, sont la solidité, l'étendue, la figure, le mouvement ou le repos et le nombre.

graphe suivant, entre ces idées et nos idées de qualités secondaires.

« On dit le feu est chaud et lumineux, » la neige blanche et froide, et la manne » blanche et douce, à cause des différentes » idées que ces corps produisent en nous ; » et l'on croit communément que ces qua- » lités sont la même chose dans ces corps que » ce que ces idées sont en nous, en sorte qu'il » y ait une parfaite ressemblance entre ces » qualités et ces idées, *telle qu'entre un corps* » *et son image représentée dans un miroir.* » On le croit, dis-je, si fortement, que qui » voudroit dire le contraire passeroit pour » extravagant dans l'esprit de la plupart » des hommes » (1).

« Je ne prétends pas, dit Locke dans un » autre chapitre (2), enseigner mais chercher » la vérité. C'est pourquoi je ne puis m'em- » pêcher de déclarer encore une fois que » les sensations extérieures et intérieures » sont les seules voies par où je puis voir que » la connaissance entre dans l'entendement

---

(1) Essai sur l'Entend. Hum. l. II, ch. VIII, § 16.
(2) Essai sur l'Entend. Hum. l. II, ch. XI, § 17.

» humain. Ce sont là, dis-je, autant que je
» puis m'en apercevoir, les seuls passages
» par lesquels la lumière entre dans cette
» chambre obscure; car à mon avis, l'en-
» tendement ne ressemble pas mal à un ca-
» binet entièrement obscur qui n'aurait
» que quelques petites ouvertures pour lais-
» ser entrer par dehors les images extérieures
» et visibles, ou, pour ainsi dire, les idées des
» choses, de sorte que si ces images, venant
» à se peindre dans ce cabinet obscur, pou-
» vaient y rester et y être placées en ordre,
» en sorte qu'on pût les trouver dans l'occa-
» sion, il y aurait une grande ressemblance
» entre ce cabinet et l'entendement humain,
» par rapport à tous les objets de la vue et
» aux idées qu'ils excitent dans l'esprit. »

J'ai multiplié ces citations pour répondre
à ceux qui allèguent qu'en se servant ici du
mot ressemblance, comme par mégarde,
Locke était bien loin d'y attacher la signification qu'on lui suppose, et qu'il ne pouvait songer à le prendre dans son sens littéral. Sur ce point je laisse mes lecteurs le
juger d'après ses propres expressions, et me
contenterai de remarquer que, si on veut
considérer ces expressions comme le moins
du monde métaphoriques ou figurées, les plus

importantes conséquences tirées par lui ou ses successeurs de sa célèbre théorie sur l'origine des idées, ne sont rien autre chose en effet qu'un jeu de mots.

J'avoue que je ne vois aucun motif valable pour supposer que Locke ne pensait pas que nos idées des qualités premières sont réellement des ressemblances ou des copies de ces qualités, lorsque nous savons d'une manière certaine que jusqu'à nos jours ç'a été là la doctrine universellement adoptée depuis Aristote. Leibnitz lui-même, tout en rejetant la supposition que ces idées entrassent dans l'esprit par l'intermédiaire des sens extérieurs, n'émet aucun doute sur leur ressemblance avec les archétypes qu'elles nous font concevoir. Il considérait l'ame comme un *miroir vivant* de l'univers entier, et possédant en soi les idées confuses ou imparfaites de toutes les modifications des choses extérieures présentes, passées ou futures; c'est-à-dire qu'il conservait cette partie de la doctrine scolastique la plus évidemment absurde et inintelligible, savoir, que nous ne pouvons avoir aucune pensée à moins que l'original ou la copie ne soit en effet dans notre esprit et ne devienne l'objet immédiat du sens intime. La vérité est que tous ces philosophes ont été égarés par un vain désir d'expliquer les causes incompréhensibles des phénomènes dont nous avons la conscience intime dans les actes simples de penser, de percevoir et de connaître; et qu'ils semblent tous avoir imaginé qu'ils avaient beaucoup fait pour la solution de ces problèmes, en supposant que, dans tout acte de la pensée, il existe dans l'esprit quelque *image* ou *idée* distincte de l'esprit lui-même, et par l'intermédiaire de laquelle l'esprit entre en communication avec les objets absents ou éloignés. La plus grande différence entre ces systèmes consiste seulement en ce que, tandis que la plupart des philosophes antérieurs à Locke avaient supposé l'esprit originairement pourvu d'une certaine portion de ces provisions futures, indépendamment de toute communication avec le monde matériel, l'opinion générale, depuis Locke, a été que toutes nos idées simples, à l'exception de celles que la faculté de réflexion recueille des phénomènes de la pensée, sont des images ou représentations de certains archétypes extérieurs sur lesquels se sont exercés nos divers organes de la sensation; et que c'est de tous ces matériaux amassés dans le dépôt de l'entendement que se forment tous les objets possibles des connaissances humaines. « Chose étrange! dit » Voltaire, nous ne savons pas comment » la terre produit un brin d'herbe, comment une femme fait un enfant, et on » croit savoir comment nous faisons des » idées » (1).

Qu'importe toutefois que Locke ait réellement attaché à ses expressions un sens différent, s'il est prouvé que celui que je leur donne coïncide exactement avec l'interprétation qu'en font les plus distingués de ses disciples? Les remarques que je vais offrir dans le chapitre qui suit, mettront mes lecteurs en état de prononcer sur l'exactitude de mon assertion (2).

---

(1) Voyez dans le volume de Voltaire sur les découvertes de Newton, le chapitre intitulé *de l'Ame et des Idées.*

(2) Note B.

CHAPITRE TROISIÈME.

Influence de l'opinion de Locke concernant l'origine de nos idées, sur les recherches de plusieurs écrivains distingués qui lui ont succédé, et particulièrement sur celles de Berkeley et de Hume.

« Nous ne percevons rien autre chose, dit l'évêque Berkeley, que nos perceptions et nos idées. Il est évident pour tous ceux qui jettent un coup d'œil sur les objets des connaissances humaines, que ce sont des idées ou imprimées actuellement sur les sens (1), ou perçues par une attention dirigée sur les passions ou opérations de l'esprit (2), ou enfin, formées par le secours de la mémoire et de l'imagination, qui compose, divise, ou représente exactement les idées originairement perçues de l'une des deux manières précédentes (3). Que sont la lumière

---

(1) Idées de sensation.
(2) Idées de réflexion.
(3) Principes des connaissances humaines, section 1.

et les couleurs, dit-il dans un autre endroit, que sont l'étendue et les figures, qu'est-ce enfin que toutes les choses que nous voyons et que nous sentons, sinon autant de sensations, de notions, d'idées et d'impressions faites sur les sens? Et est-il possible, même par la pensée, d'en séparer aucune de la perception elle-même? Faire un tel essai ne serait-il pas vouloir séparer une chose d'elle-même » (1)?

Aucune expression ne peut prouver plus clairement que, d'après l'interprétation donnée par Berkeley du langage de Locke, il pensait que son système sur l'origine de nos idées supposait nécessairement que les objets immédiats des connaissances humaines existent dans l'esprit même, et sont aussi bien une attribution directe du sens intime que nos sensations de froid et de chaud, de plaisir ou de peine.

Le grand principe de M. Hume relativement à l'origine de nos idées, principe qui, comme je l'ai déjà dit, n'est que celui de Locke sous une nouvelle forme, exprime la

---

(1) Principes des connaissances humaines, section 5.

même doctrine, avec plus de concision, mais de manière à ce qu'on puisse moins s'y méprendre encore.

« Toutes nos idées ne sont que des copies de nos impressions, ou, en d'autres mots, il nous est impossible de penser à une chose que nous ne l'ayons précédemment *sentie* (1), soit à l'aide de nos sens extérieurs, soit à l'aide de notre sens intime » (2).

Ailleurs il dit encore : « Rien ne peut être *présent dans l'esprit*, si ce n'est une image ou une perception. Les sens sont seulement les canaux qui servent à transporter ces *images* sans pouvoir produire eux-mêmes aucune communication immédiate entre l'esprit et l'objet » (3).

La manière dont ces ingénieux écrivains, dans leur célèbre argument contre l'existence du monde matériel, appuient sur le

---

(1) Le mot *senti* soit qu'on l'emploie ici dans un sens littéral ou figuré, ne peut s'appliquer évidemment qu'au sujet immédiat du sens intime.

(2) De l'idée de liaison nécessaire, partie 7.

(3) Essai sur la philosophie académique ou sceptique.

mot *ressemblance* tel qu'il est employé par Locke pour exprimer la conformité entre nos idées des qualités premières et des archétypes supposés, prouve qu'ils l'entendaient dans un sens littéral. Cet argument auquel Hume donne son assentiment est ainsi exprimé par Berkeley :

« Quant aux sens, nous n'obtenons par leur moyen que la connaissance de nos sensations, de nos idées, ou de ces choses, quel que soit leur nom, qui sont immédiatement perçues par les sens. Mais ils ne nous informent pas qu'il existe indépendamment de l'esprit, ou sans être perçues, des choses semblables à celles qui sont perçues (1). Au contraire, comme il n'existe de notion et de pensée que dans un être pensant, il ne peut y avoir de sensation que dans un être sentant. La sensation est l'acte d'un être sentant. Son essence est d'être sentie. Rien ne peut *ressembler* à une sensation, qu'une sensation semblable dans le même esprit ou dans tout autre. Penser qu'aucune propriété d'une chose inanimée ressemble à une sensation est une

---

(1) Principes des connaissances humaines, sect. 18.

absurdité et une contradiction dans les termes ».

J'ai déjà remarqué combien cette exposition de l'origine de nos idées donnée par Locke, Berkeley et Hume, était inconciliable avec quelques conclusions auxquelles nous avions été amenés dans le commencement de cette discussion, les conclusions, par exemple, relatives à l'origine de nos notions sur notre propre existence et sur notre *identité personnelle*. Aucune de ces deux notions n'est dérivée immédiatement du sens intime; elles ne sont, non plus, ni l'une ni l'autre, des copies d'aucune chose dont l'esprit humain ait jamais eu la conscience. Aussi M. Hume, conséquent à ses principes, a-t-il rejeté toute croyance, non-seulement à l'existence du monde matériel, mais à l'esprit humain et à toute autre chose que les impressions et les idées. J'examinerai dans un autre Essai la solidité de son raisonnement sur cet article, et celle des arguments de Berkeley contre l'existence de la matière; mais je puis affirmer que tous deux ont procédé rigoureusement d'après la théorie de Locke. Pour le moment, je me contenterai de conclure de ce qui a été rapporté que, d'après l'interprétation la plus probable donnée par Locke lui-même de ses expressions, et d'après la signification incontestable que leur ont donnée Berkeley et Hume, son analyse de l'origine de nos idées revient à dire que nous n'avons pas d'autres connaissances que celles qui nous viennent à l'instant même de notre sens intime, ou ont été amassées dans notre esprit comme une *copie* de choses dont nous avons eu la conscience dans quelque occasion précédente.

Les philosophes de toute espèce s'étant fait aujourd'hui une habitude de renvoyer constamment à la *sensation* et à la *réflexion*, comme les sources de nos idées, et cette expression ayant été comprise d'une manière si différente, il devient essentiellement nécessaire, dans l'examen de tout système particulier, de s'assurer non-seulement dans quel sens précis l'auteur a adopté ce principe très-indéfini et très-ambigu, mais encore s'il a adhéré uniformément à cette même interprétation dans tout le cours de ses raisonnements. En considérant cette proposition sous un de ses sens, celui qui est opposé aux idées innées de Descartes, j'ai déjà dit qu'elle me paraissait exprimer une vérité d'une haute importance dans la science de l'esprit humain; et c'est probablement sous cette acception qu'elle aura été si promptement et si généralement admise par les philosophes modernes. Le grand malheur a été que la plupart, après avoir adopté la proposition sous la forme la plus raisonnable, se sont, en étudiant ensuite les diverses applications que Locke en a faites, habitués, même à leur insu, à regarder comme une partie essentielle de cette proposition le préjugé scolastique avec lequel elle se trouvait confondue dans son imagination, et qui, depuis lui, a contribué plus qu'aucune autre erreur à égarer ses successeurs dans leurs recherches.

Afin d'éclairer davantage encore ce sujet si abstrait, j'ajouterai, aux citations que j'ai déjà faites, deux courts extraits du docteur Hutcheson, philosophe qui n'était nullement aveugle aux défauts de Locke, mais qui adhérait implicitement à toute son opinion sur l'origine de nos idées, dans le sens le plus contestable qu'elle puisse admettre.

« Toutes nos idées, ou tous les matériaux de notre raisonnement et de notre jugement, nous viennent par quelque faculté immédiate de perception intérieure ou extérieure que nous pouvons appeler sens. Le raisonnement et l'intelligence semblent ne faire naître aucune espèce nouvelle d'idées, mais uniquement découvrir et discerner les rapports entre les idées reçues. » Hutcheson explique ensuite par un autre passage de ses ouvrages toute l'extension qu'il donnait lui-même à cette proposition. Il y remarque avec beaucoup de perspicacité que « l'étendue, la figure, le mouvement et le repos semblent plus proprement des idées qui accompagnent les sensations de la vue et du toucher, que les sensations réelles d'aucun de ces sens. » L'exception faite par Hutcheson à l'égard des idées particulières énumérées ici, offre un commentaire suffisant du sens qu'il donnait au principe de Locke dans son application la plus générale. A en juger par la précaution et l'espèce de doute avec lesquels il l'émet, il est plus que probable qu'il regardait cette exception comme à-peu-près unique.

On aurait pu croire qu'après avoir eu le mérite de remarquer le premier cette particularité relativement à nos idées d'étendue, de figure, de mouvement et de repos, Hutcheson aurait été amené à conjecturer que le principe de Locke devait être entendu avec la même latitude pour les autres objets de nos connaissances; mais je ne me rappelle rien dans ses ouvrages qui autorise à croire qu'il ait conçu un tel doute. Il ne paraît pas même s'être aperçu de l'importance de la critique qu'il avait émise comme par hasard. Le fait est, comme je le ferai voir dans un autre Essai, qu'il avait découvert d'avance les exemples auxquels Reid en appela ensuite comme devant lui fournir un *experimentum crucis* à l'appui de ses propres raisonnements contre la théorie idéale. La conclusion qui se rapporte le plus directement à notre sujet actuel est l'assertion du docteur Hutcheson, assertion parfaitement conforme à la doctrine de Locke. « Toutes nos idées ou tous les matériaux de notre raisonnement sont reçus par certains *sens* intérieurs ou extérieurs. Le raisonnement ou l'intelligence ne peuvent faire naître aucune espèce d'idées, mais uniquement discerner les rapports entre les idées reçues. »

Les différentes conclusions auxquelles nous avons été amenés dans la première partie de ce chapitre, et celles surtout qui se rapportent aux *idées* simples renfermées dans certains jugements intuitifs de l'esprit, présentent des objections insurmontables à cette assertion. Ainsi une vérité intuitivement évidente, c'est que les sensations dont j'ai maintenant la conscience et toutes celles dont je conserve le souvenir, appartiennent à un seul et même être, que j'appelle *moi;* voici un jugement intuitif qui embrasse l'idée simple d'*identité personnelle*. De la même manière, les changements dans l'état de mon esprit, et dont j'ai la conscience, aussi bien que ceux que j'aperçois dans le monde extérieur, m'impriment la conviction que quelque *cause* doit les avoir produits; voici encore un jugement intuitif qui embrasse l'idée simple de *causalité*. A ces exemples on peut en ajouter plusieurs autres tirés de nos idées de *temps*, de *nombre*, de *vérité*, de *certitude*, de *probabilité*, qui sont toutes du ressort d'un esprit intelligent, et prennent nécessairement naissance dans l'esprit humain quand on l'emploie à l'exercice de ses différentes facultés. Prétendre donc avec Cudworth et avec quelques philosophes grecs que la raison ou l'entendement est une source d'idées nouvelles, n'est pas une manière de parler si déraisonnable qu'elle peut le paraître au premier aperçu à ceux dont l'érudition ne s'étend pas au-delà de l'Essai de Locke. Suivant le système qu'on y enseigne, les sens nous fournissent ces idées, et la raison aperçoit leurs rapports ou différences; mais la vérité est que ce que Locke appelle *rapports* ou *différences* n'est souvent rien autre chose que les idées simples qu'on ne peut soumettre à l'analyse, et qu'on doit, d'après la doctrine de Locke lui-même, rapporter à la *raison* (1).

Ces observations semblent justifier la remarque suivante, faite depuis long-temps par le savant et ingénieux Harris : « Quoique les objets sensibles soient le *medium* destiné à éveiller l'énergie, elle-même n'est pas plus *contenue dans les sens* que l'explosion d'un canon dans l'étincelle qui l'a produite » (2).

L'explication de la même vérité donnée par Cudworth, dans son style simple et sans ornements, à-peu-près un siècle plus tôt, est aussi exacte que profondément philosophique, et présente en même temps un aperçu si heureusement conçu des dons caractéristiques ou capacités de l'intelligence humaine, en opposition avec le ministère subordonné des sens, que les impressions qu'on en retire ont quelque chose de la sublimité des plus nobles descriptions poétiques. « L'esprit perçoit dans les objets exté-
» rieurs deux fois autant de choses que les
» sens en représentent. C'est ainsi qu'un

---

(1) Le Dr Price fait la même observation dans sa *Revue des principales questions et des difficultés*, etc., p. 49, 2º éd.

(2) Hermès, liv. III, ch. 4.

» homme instruit trouve plus de choses
» dans un bon livre que ne fait un igno-
» rant ou un sot. Aux yeux de tous deux,
» ce livre offre bien les mêmes caractères,
» mais, dans ces caractères, l'un découvre
» le ciel, la terre, le soleil, et les étoiles;
» il y lit les théories les plus profondes
» de la Géométrie; il y apprend une grande
» quantité de nouvelles connaissances, et
» admire la sagesse de celui qui l'a écrit;
» tandis que l'autre n'y voit rien que des
» traits noirs tracés sur du papier blanc » (1).

On trouve dans les œuvres de Leibnitz divers passages tout-à-fait semblables dans leur esprit à ceux que je viens de citer. Je choisis l'un de ces passages de préférence aux autres, parce qu'on y voit avec quelle facilité et quelle clarté il avoit aperçu dans Locke le point vulnérable de sa philosophie, contre lequel sont dirigés tous les raisonnemens précédents.

« Il y a, dit-il, dans *l'Essai* de Locke
» quelques particularités développées avec
» beaucoup de bonheur; mais, à tout pren-

---

(1) Traité sur l'immuable Moralité, l. IV, ch. 2, p. 54 de la traduction latine de Mosheim, in-f°.

» dre, il s'est largement écarté de son but,
» et il n'a pas conçu une juste idée de la
» nature de la *vérité* et de l'*esprit humain*.
» Il ne semble pas non plus avoir assez
» compris que les idées d'existence, d'iden-
» tité personnelle, de vérité et plusieurs
» autres, sont pour ainsi dire, dans un
» sens, *innées* dans l'esprit, puisqu'elles sont
» nécessairement développées par l'exercice
» des facultés. En d'autres termes, quand nous
» affirmons qu'*il n'y a rien dans l'intelli-*
» *gence qui n'ait été auparavant dans les*
» *sens*, nous devons toujours sous-enten-
» dre, excepté l'intelligence elle-même et
» les idées simples, nécessairement compri-
» ses dans l'exercice de nos opérations in-
» tellectuelles » (1).

En citant ces remarques sur Locke je ne

---

(1) Comme dans ce paragraphe je me suis un peu écarté de l'expression littérale de Leibnitz afin de le faire mieux comprendre, je crois utile de donner ici le texte lui-même :

« *In Lockio sunt quædam particularia non malè exposita;*
» *sed in summâ longè aberravit à januâ, nec naturam mentis*
» *veritatisque intellexit. Idem non satis animadvertit ideas*
» *entis, substantiæ, unius et ejusdem, veri, boni aliasque*
» *multas, menti nostræ ideò* INNATAS *esse, quia ipsa innata est*
» *sibi, et in se ipsâ hæc omnia deprehendit. Nempè, nihil est in*
» *intellectu, quod non fuerit in sensu, nisi ipse intellectus.* »
Tom. V, p. 355. (Ed. Dutens.)

voudrais pas qu'on crût que j'approuve l'emploi fait ici par Leibnitz du mot *inné*; je le crois exposé, à quelques égards, aux mêmes objections que les *idées innées* de Descartes.

Dans ces deux auteurs, cette expression semble signifier non seulement que les idées ont une existence distincte séparée de la faculté de penser, mais que *quelques idées au moins* forment une partie de l'*approvisionnement primitif* de l'esprit, et lui présentent des trésors de connaissances qu'il n'a qu'à examiner avec une méditation profonde pour arriver aux plus sublimes vérités. La même remarque peut s'appliquer à certaines doctrines que M. Harris a liées avec un passage déjà cité de son Hermès, aussi bien qu'aux spéculations du docteur Price sur l'origine de nos idées, dans sa *Revue des principales questions et difficultés de la morale*. Ces deux philosophes profonds et de bonne foi comprenaient parfaitement bien les fonctions limitées des sens ; mais, semblables à tant d'autres écrivains, ils ont mêlé à leur exposition de ce fait important des expressions et des notions hypothétiques, bien faites pour imposer à un lecteur irréfléchi, par une explication spécieuse d'un mystère placé au-delà de la portée des facultés humaines (1). On ne saurait trop se mettre en garde contre la supposition que tous ces différents philosophes semblent avoir adoptée de l'existence des *idées* latentes dans l'esprit avant tout exercice des sens, supposition qui rentre de fort près dans l'ancien système platonique de la réminiscence de l'ame. Mais, quant aux arguments de l'*Essai sur l'entendement humain* qui ont engagé les partisans de Locke à ridiculiser l'expression d'*idées innées*, je dois avouer que ces arguments ne me semblent pas fort concluants, surtout quand on se rappelle que Locke lui-même, aussi bien que Descartes, avait donné sa sanction expresse à la théorie idéale. Si on rejette cette théorie, et qu'on fasse du mot *idée* un synonyme exact de *pensée* ou *notion*, l'expression *idée innée* devient plus admissible ; elle revient, seulement dans une forme un peu moins claire,

---

(1) Mon opinion sur ce mélange de faits et d'hypothèses s'expliquera plus tard par deux citations des notes de M. Harris, qui eut le mérite d'exposer clairement et exactement les théories des deux auteurs sans vouloir, ainsi que l'ont fait leurs disciples modernes, cacher leur absurdité par une forme d'expression qui ne fait que les indiquer d'une manière indistincte et obscure à l'imagination. Voyez ces citations, note C.

9

à la proposition suivante que j'ai moi-même essayé de prouver : « Il y a beaucoup de nos » notions les plus familières, et qu'il est » impossible de soumettre à l'analyse, qui » se rapportent à des choses dans lesquelles » on ne peut trouver aucune ressemblance » ni avec les qualités sensibles de la matière, » ni avec les opérations mentales qui sont » l'objet direct du sens intime. Quoique les » sens puissent suggérer les premières occa- » sions où ces notions se présentent à l'enten- » dement, on ne peut cependant les faire re- » monter ni à la sensation ni à la réflexion, » comme sources premières, dans l'acception » donnée par Locke à ces mots » (1).

---

(1) L'opinion de d'Alembert à ce sujet, quoiqu'elle ne soit pas uniformément maintenue dans toutes ses recherches philosophiques, paraît coïncider constamment avec la mienne.

« Les idées innées, dit-il, sont une chimère que l'expé- » rience réprouve ; mais la manière dont nous acquérons » des sensations et des idées réfléchies, quoique prouvée par » la même expérience, n'est pas moins incompréhensible. » (Élém. de Phil., article *Métaphysique*.)

On pourrait aisément montrer, d'après divers autres passages des écrits de d'Alembert, que, par la *manière dont nous acquérons des sensations*, il veut dire ici *la manière dont nous acquérons notre connaissance des qualités premières de la matière*; et que cette chose incompréhensible à laquelle il fait allusion se rapporte à la difficulté de concevoir comment les sensations qui sont les sujets propres du *sens intime* peuvent

Il importe peu de savoir l'époque précise à laquelle ces idées prennent naissance dans notre esprit, pourvu qu'on puisse prouver que par une loi de notre constitution elles y prennent naissance aussitôt que les occasions convenables se présentent. On peut dire la même chose de ce que Locke appelle *principes pratiques innés*, aussi bien que de ce que d'autres écrivains ont appelé *affections innées* de la nature humaine. L'existence de ces deux ordres d'idées a été affirmée par les uns et niée par les autres, sans qu'aucun se doutât que la discussion ne roulait sur rien autre chose que sur le sens différent d'un mot.

---

suggérer la connaissance des choses extérieures avec lesquelles elles n'ont aucune ressemblance.

CHAPITRE QUATRIÈME.

Continuation du même sujet (1).

Lord Shaftesbury remarqua de bonne heure les jeux de mots de Locke sur le mot *inné*. « C'est un mot, dit-il, sur lequel

---

(1) Si quelques-uns de mes lecteurs trouvaient que je passe trop brusquement et sans assez de liaison apparente, de la question relative à l'origine de nos idées, à la question relative à la constitution morale de la nature humaine, je leur rappellerais que je ne fais que me conformer en cela à l'arrangement adopté par Locke; dans son argument élaboré contre les idées innées, l'usage indéfini qu'il fait du mot *idée* est la source principale de cette confusion qui se fait remarquer dans toute cette discussion. M. Hume remarque avec beaucoup de justesse à ce sujet que « le mot d'*idée* est pris dans un sens très-vague par Locke, qui lui fait signifier perception, sensation et passion, aussi bien que pensée. Or, ajoute-t-il, je voudrais bien savoir ce qu'on peut entendre en disant que l'amour propre, le ressentiment des injures, et le penchant réciproque entre les deux sexes, ne sont point *innés*. »

Le passage suivant, qui fait partie de la même note, ressemble beaucoup, dans son esprit, à celui de lord Shaftesbury que je cite dans le texte.

« Il faut avouer que les philosophes qui ont rejeté les *idées innées*, n'ont pas été assez circonspects dans le choix de leurs expressions, et ne les ont pas assez bien définies pour prévenir toute méprise. Car qu'est-ce que l'on entend par le terme d'*inné*? s'il est équivalent à celui de *naturel*, il est incontes-

M. Locke s'amuse sans raison à jouer. Le mot véritable, quoiqu'il soit d'un usage plus rare, est *co-naturel;* car qu'ont à faire dans ce cas la naissance ou la sortie du fœtus hors du sein de la mère? La question n'est pas de connaître *l'époque* où les idées arrivent, ou le *moment* précis où un corps sort d'un autre corps; mais uniquement si la constitution de l'homme est telle que, dès qu'il sera adulte, à tel ou tel temps, plus tôt ou plus tard, mais peu importe quand, *certaines idées* lui viendront infailliblement, inévitablement, nécessairement » (1).

Il m'a toujours semblé fort remarquable

---

table que toutes les idées et les perceptions de l'ame lui sont naturelles, de quelque façon qu'on entende le mot naturel; soit qu'on l'oppose à ce qui est peu commun, ou bien à l'artificiel ou au miraculeux. Si le terme d'*inné* signifie *ce qui est contemporain à notre naissance*, rien de plus frivole que cette dispute; ce n'est assurément pas la peine de se fatiguer l'esprit pour savoir en quel temps précisément nous avons pensé pour la première fois, si c'est avant ou après notre naissance. » (Essai philosophique de Hume. Essai 2º sur l'origine des idées. Tom. I, pag. 27 de la trad. française.)

(1) Dans cette citation, l'expression *certaines idées* a été substituée aux *idées d'ordre, d'administration* et de *Dieu*, énumérées par Shaftesbury dans cet exemple. On a voulu par là séparer son observation générale de l'application particulière qu'il voulait en faire dans le traité d'où la citation est tirée. (Voy. *Lettres à un étudiant de l'Université*, lettre 8.)

qu'après tout ce que Locke a écrit avec tant de zèle contre les *principes innés aussi bien spéculatifs que pratiques*, son opinion à cet égard, telle qu'on pourrait la déduire des autres parties de son ouvrage, ne soit pas cependant au fond si différente de celle de lord Shaftesbury, que ces deux grands écrivains le croyaient eux-mêmes. Tout ce qu'on regarde d'ordinaire comme plus pernicieux dans le premier livre de son *Essai* est complètement contredit et effacé par cette déclaration très-formelle assurément :

« Celui qui a l'idée d'un Etre intelligent, mais faible et fragile, formé par un autre dont il dépend, qui est éternel, tout-puissant, parfaitement sage et parfaitement bon, connaîtra aussi certainement que l'homme doit honorer Dieu, le craindre et lui obéir, qu'il est assuré que le soleil luit quand il le voit actuellement. Car s'il a seulement dans son esprit des idées de ces deux sortes d'êtres et qu'il veuille s'appliquer à les considérer, il trouvera aussi certainement que l'être inférieur fini et dépendant est dans l'obligation d'obéir à l'Être supérieur et infini, qu'il est certain de trouver que *trois*, *quatre* et *sept* sont moins que *quinze*, s'il veut considérer et calculer ces nombres ; et il ne saurait être plus assuré, par un temps serein, que le soleil est levé en plein midi, s'il veut ouvrir les yeux et les tourner du côté de cet astre. Mais quelque certaines et claires que soient ces vérités, celui qui ne voudra jamais prendre la peine d'employer ses facultés comme il devrait le faire pour s'en instruire, pourra pourtant en ignorer quelques-unes, ou toutes ensemble. (1) »

Il ne serait pas facile de prouver mieux que par cet exemple, la vérité de l'observation de Locke, que la plupart des discussions entre les philosophes sont purement verbales. L'avantage de la clarté dans les expressions n'est sûrement pas de son côté; mais malgré la tendance apparente de son argument, malgré surtout les fables absurdes qu'il a alléguées à son appui, le passage précédent suffit pour démontrer que, dans ses raisonnements contre les idées innées, il ne prétendait pas, comme l'ont fait beaucoup de ses adversaires, beaucoup même de ses admirateurs, rien conclure d'incompatible avec la certitude des connaissances humaines, ou avec la réalité et l'immutabilité des distinctions morales.

Ce qui m'a particulièrement déterminé à

---

(1) Essai sur l'entend. hum., liv. IV, ch. 13, §. 3.

m'étendre sur cette question collatérale, plus que je ne l'aurais fait dans toute autre circonstance, c'est l'application faite depuis Locke des principes que j'ai combattus dans les chapitres précédents pour établir une doctrine subversive de tous nos raisonnements sur l'administration morale de l'univers. Le docteur Hutcheson, un des défenseurs les plus distingués et les plus ardents de la moralité, semble avoir frayé la route au scepticisme de ses successeurs par la facilité imprévoyante avec laquelle, en dépit de son opposition au raisonnement de Locke sur les principes pratiques innés, il adopta ses opinions et jusqu'à ses formes d'expression relativement à l'origine de nos idées en général. J'ai déjà remarqué que, selon ces deux écrivains, « il appartenait aux *sens* d'introduire les *idées* dans l'esprit, et à la *raison* de les comparer ensemble, et d'en déduire leurs rapports ou différences », et je crois avoir prouvé suffisamment combien une telle proposition était arbitraire et mal fondée. Mais il en devait résulter nécessairement, selon moi, que si les mots *juste* et *injuste* exprimaient des idées simples, ce n'était pas à la *raison*, mais à quelque faculté particulière de *perception*, qu'il fallait faire remonter l'origine de ces idées. A l'exemple de Shaftesbury, Hutcheson donne à cette faculté le nom de *sens moral;* et cette phrase est aujourd'hui devenue d'un usage si familier, que beaucoup de gens l'emploient sans jamais songer à la rattacher à aucune théorie philosophique particulière.

Hutcheson lui-même redoutait évidemment les conséquences qu'on pouvait tirer de son langage; et il a cherché, mais avec peu de succès, à les éloigner. « Qu'on n'imagine pas, dit-il, qu'en donnant aux idées de vertu et de vice le nom de perceptions des sens, lorsqu'il s'agit de percevoir les actions et les affections des autres, cela ôte rien de plus à leur réalité qu'à celles d'assertions identiques sur le plaisir et la peine, le bonheur ou le malheur. Notre raison corrige souvent le rapport de nos sens sur la tendance naturelle des actions extérieures, et corrige tout raisonnement hasardé sur les affections de l'agent; mais il n'est pas aisé de déterminer si notre sens moral peut être troublé au point d'avoir, dans des temps différents, différentes perceptions sur la même affection de l'agent, de même que l'œil peut recevoir différentes perceptions, des couleurs du même objet. Il est peut-être difficile de trouver aucun exemple d'un pareil changement. Je ne sais pas jusqu'à quel point la raison pourrait corriger une pareille erreur, si jamais on y tombait, à moins qu'elle ne suggérât à notre mémoire le souvenir de nos premières idées, et ne représentât l'assentiment général des hommes. Mais cela ne prouve pas plus que les idées de vertu ou de vice sont antérieures au sens, qu'une correction semblable, dans les idées de couleur conçues par une personne attaquée de la jaunisse, ne prouverait que les couleurs sont perçues par la raison, avant de l'être par les sens. »

Une défense semblable ne pouvait en imposer à M. Hume, aussi a-t-il poussé avec sa sagacité accoutumée, jusqu'à ses dernières et légitimes conséquences, le système de morale qu'il avait évidemment adopté de Hutcheson et de Shaftesbury. Si on voulait supposer que les mots *juste* et *injuste* exprimaient une distinction analogue à celle qui existe entre une couleur agréable et une couleur désagréable, elles ne pourraient, selon lui, signifier rien autre chose, dans les actions auxquelles elles s'appliquent, que certains effets produits dans l'esprit du spectateur; mais comme, d'après la doctrine philosophique de Locke, on ne peut dire d'un objet soumis au goût qu'il est doux, et qu'on ne peut prétendre que la chaleur existe dans le feu, on ne peut pas non plus parler de la moralité comme d'une chose indépendante et immuable. « Si je n'avais pas peur, dit-il, de paraître trop philosophe, je rappellerais à mes lecteurs cette fameuse doctrine qu'on croit avoir parfaitement prouvée dans les temps modernes : Le goût, les couleurs, aussi bien que toutes les autres qualités sensibles, ne sont pas placés dans les corps, mais uniquement dans les sens. Il en est de même de la beauté et de la laideur, *de la vertu et du vice* » (1). Conformément à cette manière d'envisager le sujet, Hume a représenté la moralité comme l'objet, non pas de la *raison*, mais du *goût* ; et il décrit ainsi leurs fonctions respectives :

« La raison nous donne la connaissance du *vrai* et du *faux* ; le goût nous donne le sentiment de ce qui est beau et de ce qui est difforme, de la *vertu* et du *vice*. L'une nous montre les objets tels qu'ils existent réellement dans la nature, sans aucune modification ; l'autre a la puissance de produire ; et lorsqu'avec les couleurs qu'elle emprunte au sentiment interne, elle rembrunit ou fait briller d'un éclat plus vif tous les objets na-

---

(1) Essais de Hume, vol. 1, not. F.

turels, elle enfante, en quelque manière, une nouvelle création » (1).

Sans sortir de l'hypothèse du *sens moral*, Hutcheson aurait pu, je crois, se défendre d'une manière plausible, de telles déductions au moins, en profitant de la remarque ingénieuse et originale dont j'ai déjà parlé (2), sur les notions d'étendue, de figure et de mouvement; mais il a malheureusement tiré tous ses exemples des qualités secondes de la matière, tandis que, s'il eût comparé la manière dont nous acquérons nos idées du juste et de l'injuste, avec notre perception de qualités semblables à l'étendue et à la figure, son langage, sans être plus philosophique, n'aurait pu, du moins, ni consacrer ni favoriser l'usage qui en a été fait par ses disciples sceptiques.

L'*étendue* était certainement une des qualités les plus propres à échapper aux arguties de ses adversaires. Quoiqu'on ne puisse douter que cette notion nous soit suggérée par les sens, elle entraîne cependant, par sa na-

---

(1) Essais de Hume, 5ᵉ vol. de la trad. française; add. 1ʳᵉ sur le sentiment moral.

(2) Voy. ci-dessus, p. 122.

ture même, la croyance irrésistible que l'objet a une existence réelle non-seulement indépendante de nos perceptions, mais *nécessaire* et *éternelle* comme la vérité d'un théorême mathématique.

Toutefois, la plus solide réponse qu'on puisse faire aux conséquences sceptiques qu'on veut déduire de la théorie du *sens moral*, c'est de nier l'hypothèse que cette théorie prend pour base dans ce qui concerne la distinction entre le sens et la raison. Dans un autre ouvrage (1), je chercherai à prouver que c'est à la raison, partie essentielle de notre constitution, qu'on doit faire remonter les notions du juste et de l'injuste. Je me contenterai à présent de remarquer que, quelque déplacé et extraordinaire que puisse paraître ce langage à ceux dont les oreilles sont exclusivement familiarisées avec la phraséologie de Locke, elle est parfaitement conforme aux idées générales des hommes, qui, dans tous les siècles, ont pensé non-seulement qu'il était du domaine de la raison de guider notre choix dans la vie entre le *juste* et l'*injuste*, le *bien* et le *mal*, mais que c'était même là *la première et la plus importante* de ses fonctions. Il faut avouer que les décisions de

---

(1) Voy. Esquisses de phil. morale, pag. 82, de la trad. de M. Jouffroy. N. D. T.

l'entendement, quant à ce qui concerne la vérité morale, différent de celles qui se rapportent à un théorême mathématique, ou au résultat d'une expérience chimique, étant, comme elles le sont toujours, accompagnées d'une émotion du cœur; mais, en analysant exactement ce sentiment composé (1), on trouvera que c'est le jugement intellectuel et non la sensation du jugement, qui est la base de ce sentiment.

Il ne faut pas croire que le langage que j'ai adopté de préférence à celui de Locke, sur l'origine de nos notions morales, n'ait d'autre sanction que l'autorité populaire; ce langage coïncide exactement avec les expressions employées par les philosophes les plus sensés de l'antiquité. Dans le Théætète de Platon, Socrate remarque « qu'il ne saurait appartenir à aucun sens, de pouvoir comparer les perceptions de tous les sens et de percevoir les affections générales des choses », et affirme en opposition avec Protagoras, que « cette faculté appartient uniquement à la raison, principe régulateur de l'esprit ».

Pour faire mieux entendre ce qu'il veut dire par *affections générales des choses*, il cite, en exemples, *l'identité, le nombre, la*

---

(1) Voy. note D.

ressemblance, *la différence*, *l'égalité*, *l'inégalité*, καλὸν καὶ αἰσχρόν; énumération qui suffit à elle seule pour montrer combien ses opinions sur ce sujet se rapprochaient de celles que j'ai cherché à établir relativement à l'origine de nos idées (1). La phrase qui suit n'aurait pu être exprimée d'une manière plus forte, si l'auteur se fût proposé de combattre la doctrine du sens moral, telle qu'elle a été depuis développée par le docteur Hutcheson : « il me semble que, pour acquérir ces notions, il n'existe aucun *organe* distinct et approprié à cet usage; mais que l'esprit les tire des mêmes facultés par lesquelles il est mis en état de contempler et de rechercher la vérité » (2).

---

(1) Voyez sur ce sujet la *Moralité Immuable* de Cudworth, pag. 100 et suiv., et la *Revue* de Price, p. 50, 2ᵉ éd.

(2) Δοκεῖ μοί — ΟΥΔ' ΕΙΝΑΙ ΤΟΙΟΥΤΟΝ ΟΥΔΕΝ ΤΟΥΤΟΙΣ ΟΡΓΑΝΟΝ ΙΔΙΟΝ, ἀλλ' αὐτὴ δι' αὑτῆς ἡ ψυχὴ τὰ κοινά μοι φαίνεται περὶ πάντων ἐπισκοπεῖν. — Ὅμως δὲ τοσοῦτόν γε προβεβήκαμεν, ὥςτε μὴ ζητεῖν αὐτὴν (ἐπιστήμην) ἐν αἰσθήσει τοπαράπαν, ἀλλ' ἐν ἐκείνῳ τῷ ὀνόματι, ὅ τί ποτ' ἔχει ἡ ψυχή, ὅταν αὐτὴ καθ' αὑτὴν πραγματεύηται περὶ τὰ ὄντα. Platon, Theætète, ch. 29, 30.

La reproduction des mêmes doctrines philosophiques dans différents siècles, par un retour des mêmes circonstances, a souvent été remarquée comme un fait curieux dans l'histoire de l'esprit humain. Dans le cas qui se pré-

Cette discussion incidente sur le scepticisme moral qui semble résulter nécessairement de l'opinion de Locke relative à l'origine de nos idées, peut servir à démontrer d'abord quelle connexion intime se trouve dans la science de l'esprit entre des questions qui, au premier aperçu, paraissent tout-à-fait indépendantes l'une de l'autre. Une considération semblable fera, je l'espère, excuser la longueur des raisonnements dans lesquels je me suis jeté sur des questions scolastiques étrangères en apparence à tout but d'utilité pratique. Je prie surtout mes lecteurs de se rappeler cette considération lorsqu'ils me voient revenir si souvent au paradoxe de Hume et de Berkeley sur l'existence du monde matériel. Ce

---

sente ici, on ne peut expliquer les expressions que Platon met dans la bouche de Socrate que par une ressemblance surprenante entre les doctrines de Protagoras et celles des sceptiques modernes. « Rien, suivant Protagoras, n'est vrai ou faux en soi, de même que rien n'est doux ou aigre. Tout est relatif à l'esprit qui perçoit. » « L'homme est la mesure de tout, et chaque chose est réellement ce qu'elle paraît être à chacun; de manière qu'il ne peut y avoir rien de vrai, rien de réel, pris séparément des perceptions de l'esprit. » Cette dernière maxime est en effet rapportée comme étant le principe fondamental de cet ancien sceptique.

« Φησὶ γάρ που πάντων χρημάτων μέτρον ἄνθρωπον εἶναι, τῶν μὲν ὄντων, ὡς ἔστι, τῶν δὲ μὴ ὄντων, ὡς οὐκ ἔςιν. Platon, Théætète, ch. 8.

n'est pas que je regarde cette théorie de l'idéalisme comme une erreur bien importante, considérée isolément; mais, en l'examinant avec attention, on parvient de la manière la plus facile et la plus naturelle à renverser le principe de Locke, auquel on peut rapporter, comme à une racine commune, les plus embarrassantes des déductions sceptiques de Hume, aussi bien que cette croyance assurément peu dangereuse en comparaison.

Je ne présente nullement cette justification pour donner une valeur démesurée à mes recherches. Leur utilité est tout-à-fait accidentelle; elle est due, non pas à une addition réelle qu'elles auraient pu apporter au trésor des connaissances scientifiques, mais à la tendance pernicieuse des doctrines que j'y combats. Je suis tout prêt à cet égard à convenir avec M. Tucker de l'importance très-limitée des études métaphysiques; mais je pense en même temps, que cette observation ne doit point s'appliquer universellement à toutes les différentes branches de la *philosophie intellectuelle*. En considérant l'importance des erreurs contre lesquelles j'ai cherché à prémunir, je m'estimerai heureux si l'on veut bien convenir que j'ai mérité à quelques égards l'honneur de cette humble utilité qu'il a si noblement décrite dans la phrase par laquelle je termine cet Essai :

« Les sciences abstraites, quand on s'en est rendu parfaitement maître, ressemblent à la lance d'Achille qui guérit les blessures qu'elle a faites. Ces sciences ne répandent réellement aucune lumière sur les sentiers de la vie, mais elles dissipent les brouillards qui les obscurcissaient ; elles ne font pas avancer le voyageur d'un pas dans sa route, mais elles le ramènent à l'endroit où il avait commencé à s'égarer » (1).

---

(1) Recherches sur les lumières de la Nature. Introduction, p. XXXIII, Londres, 1768.

SECOND ESSAI.

SUR L'IDÉALISME DE BERKELEY.

CHAPITRE PREMIER.

De quelques erreurs communes relativement à l'importance et au but du système de Berkeley.

Mon intention, dans cet Essai, n'est pas d'entrer en discussion sur la vérité de la théorie de Berkeley ; mais seulement de rectifier quelques erreurs sur la nature et le but de ce système que n'a pas compris le plus grand nombre de ceux qui l'ont attaqué ou défendu. Deux de ces erreurs méritent surtout de fixer notre attention. L'une confond l'*idéalisme* avec ces doctrines sceptiques qui mettent en problème l'existence du monde matériel ; l'autre ne le distingue pas de la théorie physique dans laquelle Boscovich conteste uniquement la justesse de certaines opinions accréditées sur quelques-unes des propriétés de la matière, et laisse entièrement de côté la question *métaphysique* de son existence indépendante.

I. Il suffit de connaître un peu l'histoire de la philosophie, pour savoir que de tous les sujets de controverse qui exerçaient la subtilité des sceptiques anciens, la question de l'existence du monde matériel était pour eux l'objet d'une discussion favorite. Dans les écrits mêmes des philosophes dont l'esprit était généralement disposé au dogmatisme, on voit encore le doute effleurer ce point difficile ; et Platon en avait donné l'exemple, en laissant entendre qu'il n'était pas impossible que la vie fût un long sommeil, et toutes nos pensées des songes (1). Je suis persuadé que bien des personnes ont passé dans leur jeunesse, par ce scepticisme qui découle de principes entièrement étrangers à la doctrine de Berkeley. Celui-ci nous assure avec toute la confiance du dogmatisme, que l'existence de la matière est im-

---

(1) Τί ἄν τις ἔχοι τεκμήριον ἀποδεῖξαι, εἴ τις ἔροιτο, νῦν οὕτως ἐν τῷ παρόντι, πότερον καθεύδομεν, καὶ πάντα ἃ διανοούμεθα ὀνειρώττομεν, κ. τ. λ.

possible, et que c'est même une supposition absurde. Il nous dit positivement : « l'exi-
» stence des corps, extérieure à l'esprit qui
» en a la perception, est non-seulement im-
» possible et contradictoire dans les termes ;
» mais quand même elle serait et possible et
» réelle, jamais nous ne pourrions arriver à
» la connaître. »

Les efforts de Descartes pour démontrer l'existence du monde matériel, donnèrent à Berkeley l'idée de prouver l'opinion contraire. Une saine philosophie désavoue également ces deux prétentions : car il n'y a pas moins d'absurdité à plaider en faveur des lois fondamentales de notre croyance, qu'à les révoquer en doute. On doit convenir, néanmoins, que, dans cette question, tout l'avantage est du côté de Berkeley. Il faut accepter la conclusion qu'il tire, si l'on admet une fois les principes communs sur lesquels Descartes et lui s'appuyaient (1). Il était réservé au Dr Reid de faire voir que ces principes sont, d'un côté, dénués de preuves; de l'autre, en opposition avec des faits incontestables; et même, que les contradictions et les absurdités qu'ils renfer-

---

(1) Voy. not. E.

ment, les rendent impossibles à concevoir (1). Il a répandu sur tout cela une lumière si éclatante et si vive, que le plus habile de ses adversaires, le Dʳ Priestley, n'a trouvé rien autre chose à opposer à ses raisonnemens, sinon que Reid s'attaquait à des fantômes de son imagination, et que les opinions qu'il voulait combattre, n'avaient jamais été sérieusement soutenues par les philosophes anciens ou modernes (2).

Les remarques que je viens de faire sur Berkeley, ne doivent pas s'appliquer sans restriction à M. Hume, que l'on regarde communément comme un défenseur du système de l'idéalisme. En effet, bien que son principe fondamental mène nécessairement aux mêmes conséquences, et que lui-même les en ait déduites plus d'une fois; dans quelques occasions, cependant, il reprend le langage du doute, et parle seulement de l'existence du monde matériel comme d'une chose dont l'évidence n'est point irrésistible. La vérité est que Berkeley était sincèrement et de bonne foi idéaliste; tandis que l'objet capital de Hume dans ses écrits métaphysiques, était évidem-

---

(1) Not. F.
(2) Not. G.

ment de fonder un scepticisme universel. Et je ne crains pas d'avancer qu'à cet égard, le plus grand nombre, pour ne pas dire la totalité de ses adversaires s'est mépris sur le véritable but de ses discussions. Ce but n'était point, comme on semble l'avoir supposé, d'élever le *raisonnement* sur les ruines des principes instinctifs de notre croyance, mais de répandre sur la question tout entière les ténèbres du doute, en faisant ressortir l'opposition des conséquences auxquelles nous conduisent nos différentes facultés. En d'autres termes, Hume ne s'était pas proposé d'*interroger* la Nature pour en recevoir la vérité; mais, par ses questions captieuses, il l'enveloppait de contradictions sans nombre, et frappait ainsi de stérilité toute l'évidence de ses réponses.

Quant à Berkeley, ses écrits semblent annoncer qu'il regardait le système de l'idéalisme comme fondé sur une preuve démonstrative, et qu'il le jugeait plus conforme aux notions communes du genre humain, que les théories accréditées des philosophes sur l'existence indépendante du monde matériel. « Si l'on ad-
» met comme vrais, nous dit-il dans la Pré-
» face de ses Dialogues, les principes que je
» m'efforce de répandre, les conséquences

» que j'en vois clairement découler sont :
» la subversion totale de l'athéisme et du
» scepticisme, l'élucidation de plusieurs ques-
» tions embarrassées, la solution de difficul-
» tés graves, l'alliance de la spéculation et
» de la pratique, l'oubli du paradoxe et le
» retour au sens commun. »

Le passage suivant qui est fort curieux, prouve que Hume connaissait parfaitement la différence de but qui distingue sa philosophie de celle de Berkeley. Après avoir reconnu que les opinions de tous deux mènent au scepticisme, il revendique exclusivement la gloire d'en avoir tiré cette conséquence. Il pose d'abord ses objections contre l'existence de la matière, puis il ajoute : « C'est à Ber-
» keley que j'ai emprunté cet argument ; et
» je puis assurer que la plupart des écrits de
» cet ingénieux auteur forment la théorie
» du scepticisme la plus complète qui ait
» jamais été développée par les philosophes
» anciens ou modernes, sans en excepter
» Bayle. Il annonce pourtant au frontispice
» de son livre, et, certainement, il dit vrai,
» que son ouvrage est dirigé contre les scep-
» tiques, les athées et les esprits forts; mais
» tous ses raisonnements n'en aboutissent
» pas moins au scepticisme, et ce qui le

» prouve, *c'est qu'ils ne souffrent point de*
» *réplique et n'enfantent pas la conviction.*
» Le seul effet qu'ils produisent, est de causer
» sur le moment, cet étourdissement, cette
» incertitude, ce désordre d'idées qui résul-
» tent du scepticisme. »

Ces observations sur le but des raisonnemens de Berkeley serviront en même temps à faire comprendre celui du D' Reid dans la réponse qu'il y a faite, et sur laquelle on s'est mépris étrangement. Pour s'en faire une idée juste, il ne faut pas perdre de vue que cette réponse n'est pas dirigée contre les doutes des Pyrrhoniens, mais contre les déductions que Berkeley tirait des principes de Locke, ou plutôt contre les principes mêmes d'où il faisait sortir ces déductions. L'intention de l'auteur n'était pas d'établir sur de nouvelles preuves l'existence de la matière, ni, comme on l'a dit avec trop peu de bonne foi, de couper court à toutes les controverses sur cette question, par un appel bien peu philosophique à la croyance du genre humain; mais de renverser la prétendue démonstration de la non-existence de la matière, en mettant au grand jour la futilité, l'absurdité des principes que cette démonstration suppose incontestés. Le D' Reid reconnaît à chaque page de son livre que Berkeley et Hume partant de ces principes qu'on avait reçus pendant une longue suite de siècles comme des articles sacrés de foi, ont uni dans leurs raisonnements la plus grande bonne foi à une sagacité incroyable ; tout ce qu'il affirme, c'est que la force de leurs conclusions s'évanouit quand on a prouvé la fausseté et les contradictions de l'hypothèse sur laquelle elles reposent. C'est donc au *raisonnement*, et au *raisonnement* seul qu'il en appelle en combattant leurs doctrines ; et son objection fondamentale n'est pas que ses adversaires ont donné le signal d'une audacieuse indépendance dans la discussion ; mais qu'ils se sont laissé trop facilement entraîner par les dogmes reçus dans les écoles.

Les erreurs grossières dans lesquelles on est tombé sur le but que s'était proposé Reid dans son ouvrage, viennent sans doute en partie de ce titre malheureux qu'il a choisi : Recherches sur l'Esprit Humain *d'après les principes du sens commun*. Et pourtant, il était si éloigné de vouloir, par cette expression, inspirer un respect exagéré pour les opinions reçues d'une secte ou d'une autre, qu'il est évident pour ceux qui auront pris la peine de lire son livre, que son intention était seulement de décréditer une déférence aveugle aux maximes vulgaires, et la phraséologie scientifique qui avait si complètement égaré ses deux illustres devanciers. Il voulait assurer, et sans restriction, à cette branche si importante de la science, le droit de poursuivre ses recherches avec une liberté entière; et en donner lui-même l'exemple en invoquant la saine *raison* de l'espèce humaine, contre l'*hypothèse* fondamentale de Locke qui n'avait pour elle que l'autorité des scolastiques. C'est cette *raison commune du genre humain* qu'il présente constamment comme le dernier étendard de la vérité; et, pour juger les décisions qu'elle a rendues, il préfère aux suffrages des hommes soit instruits, soit ignorants, les lois fondamentales de notre croyance, manifestées dans tous les âges et dans tous les lieux par la conduite générale de l'homme, et sous l'empire desquelles retombe nécessairement le philosophe sceptique à l'instant même où il quitte la solitude du cabinet. Ainsi donc, ce n'est pas le préjugé vulgaire qu'il oppose aux spéculations philosophiques; ce sont les principes constitutifs mêmes de l'entendement humain qu'il met en face des assertions gratuites des théoristes métaphysiciens. Mais je retrouverai dans la suite l'occasion de m'expliquer plus amplement sur ce sujet.

Quoique Reid, dans sa controverse avec Hume et Berkeley, réponde à leurs arguments par d'autres arguments, il n'essaie cependant pas, à l'exemple de Descartes, d'affermir notre foi à l'existence de la matière, par une évidence de déduction. Ce genre d'évidence, comme il le remarque avec raison, s'appuie nécessairement sur des principes qui ne surpassent point en certitude la chose même que l'on veut établir, et qui, par conséquent, n'ajoutent rien à la force de la démonstration, pour des hommes qui ont sévèrement examiné la nature du raisonnement et des preuves démonstratives. Je dis qu'ils n'y ajoutent rien; parce que, si le scepticisme prend sa source dans cette opinion, que les facultés de l'homme sont faillibles, il est absurde de vouloir l'attaquer par le raisonnement, puisque c'est légitimer implicitement l'empire souverain de ces mêmes lois de notre croyance, dont les sceptiques ont contesté l'autorité. Ainsi, pour le Dr Reid, la croyance à l'existence de la matière reste dans le même état où l'avait trouvée Descartes ; exposée comme alors, comme éternellement, comme toutes les notions de l'intelligence humaine, aux attaques du scepticisme, mais à l'abri du moins de ces objections métaphysiques dont elle était assaillie, et de toute contradiction avec les conclusions de la philosophie.

Toutefois, bien qu'en ce qui concerne l'argument des partisans de Berkeley, la discussion de Reid me paraisse sans réplique, je ne trouve pas néanmoins qu'il ait établi le *fait* avec les développements et l'exactitude nécessaires. Dans le second chapitre de cet Essai, j'exposerai avec quelques détails les motifs de mon incertitude à cet égard ; mais, en attendant, je crois plus utile encore de prévenir mes lecteurs contre une opinion aussi erronée que celle que je viens de combattre, et qui, dans des ouvrages récents, a jeté une nouvelle obscurité sur la controverse de Berkeley.

II. Pour faciliter aux personnes qui seraient peu familiarisées avec l'histoire de la philosophie, l'intelligence des remarques qui vont suivre, il est bon de rappeler que, suivant une théorie ingénieuse, exposée, il y a cinquante ans, par le père Boscovich (1), les notions

---

(1) *Theoria philosophiæ naturalis*, publiée d'abord à Vienne en 1758.

que nous nous sommes formées sur les qualités de la matière, sont le résultat de conséquences irréfléchies et gratuites, tirées par nous des phénomènes qui nous frappent. Les derniers éléments dont se compose la matière, sont des atomes sans étendue; en d'autres termes, *des points mathématiques*, doués d'une énergie d'attraction et de répulsion, qui donne naissance à tous les phénomènes de l'univers. Les effets, par exemple, que l'on attribue communément au contact actuel, sont tous produits par des forces répulsives qui s'exercent dans les parties de l'espace où nos sens aperçoivent des corps ; et, par conséquent, l'idée vraie que nous devons nous faire de la *matière*, considérée comme objet de perception, est simplement celle d'une force de résistance qui contrarie la force de compression déployée par notre puissance physique.

Je n'ai pas la prétention d'établir une opinion quelconque sur cette théorie, qui, de l'aveu sans doute de ses partisans, même les plus déclarés, est sujette à de graves difficultés métaphysiques ; mais, d'un autre côté, on ne saurait disconvenir que l'auteur de ce système et ceux qui l'ont commenté, n'aient réussi parfaitement à établir trois propositions. 1° Que la supposition de molécules étendues et absolument solides, donne lieu à des objections bien puissantes, si elles ne sont pas insolubles. 2° Que cette supposition n'est directement démontrée par aucun fait. 3° Qu'il y a des faits incontestables à l'appui de l'hypothèse contraire. Pour établir cette dernière assertion, on a choisi entre plusieurs autres preuves, le phénomène de la compressibilité et de l'élasticité des corps et de leur contraction par le froid ; on a cité quelques expériences d'optique et d'électricité qui démontrent que les différents effets que l'imperfection de nos sens nous fait attribuer au choc des corps, sont véritablement produits par une force répulsive qui rayonne à une distance réelle, quoique imperceptible, de leurs surfaces. La répulsion peut donc produire les mêmes phénomènes que nous attribuons communément au contact, et dèslors, pourquoi ne point rapporter à la même cause tous les effets de même nature (1) ?

---

(1) En réunissant quelques passages des écrits de Locke à celui qu'on va lire, on serait presque tenté de croire qu'il avait eu passagèrement l'idée d'une théorie analogue à celle de Boscovich sur la matière. « Peut-être, dit-il, que si nous » voulions nous éloigner des idées communes, donner l'es- » sor à notre esprit, et nous engager dans l'examen le plus

Quelques écrivains anglais ont proposé depuis peu une théorie entièrement conforme

» profond que nous pourrions faire de la nature des *choses*,
» nous pourrions en venir jusques à concevoir, quoique
» d'une manière imparfaite, comment la matière peut d'abord
» avoir été faite, et comment elle a commencé d'exister par
» le pouvoir de ce premier Être éternel. Mais parce que cela
» m'écarterait peut-être trop des notions sur lesquelles la
» philosophie est présentement fondée dans le monde, je ne
» serais pas excusable de m'en éloigner si fort, ou de rechercher, autant que la Grammaire le pourrait permettre, si,
» dans le fond, l'opinion communément établie est contraire
» à ce sentiment particulier. » Essai sur l'Entend. Hum.
(Trad. de Coste.) Liv. IV, ch. X, § 18.

Si l'on veut examiner les motifs qui m'ont fait hasarder l'observation précédente, on peut comparer le passage qu'on vient de lire avec celui dans lequel Locke parle de la *cohésion*, liv. II, ch. XXIII, § 23, 24 et suiv., particulièrement dans les §§ 26 et 27.

Ces mêmes paroles ont fait croire au Dr Reid que Locke avait entrevu le système dont l'ensemble fut exposé dans la suite par Berkeley; mais qu'il avait jugé plus convenable de ne point le développer. (Essay on the Intell. Powers, p. 170.) Pour moi, je serais plutôt porté à soupçonner, d'après quelques phrases échappées de sa plume en divers endroits de son ouvrage, qu'il avait aperçu vaguement une théorie peu différente de celle de Boscovich; et la remarque suivante me confirme dans cette idée.

« La Dureté consiste dans une forte union de certaines
» parties de matière qui composent des amas d'une grosseur
» sensible, de sorte que toute la masse ne change pas aisément de figure. En effet, le *dur* et le *mou* sont des noms
» que nous donnons aux choses, seulement par rapport à

à celle de Boscovich ; et ils paraissent y avoir été conduits par leurs méditations particulières, sans avoir su qu'un autre l'eût énoncée avant eux. C'est principalement du point de vue particulier sous lequel plusieurs d'entre eux ont considéré la question, qu'est provenue l'erreur que je cherche à détruire en ce moment. Au fond, les systèmes de Boscovich et de Berkeley n'ont pas le moindre rapport l'un avec l'autre. La manière dont le premier explique les qualités de la matière, diffère beaucoup, il est vrai, des idées communément reçues à cet égard; mais, enfin, il n'élève aucun doute sur l'existence des corps, considérés comme des réalités distinctes de l'esprit qui en a la perception. Par ce système, Boscovich n'attaque en rien les notions que nous avons de l'étendue et de la figure, ni même celles de la dureté ou de la mollesse des corps; il se contente de définir ces qualités par leurs rapports avec nos forces animales. La résistance opposée à nos efforts

---

» la constitution particulière de nos corps ; ainsi nous don-
» nons généralement le nom de *dur* à tout ce que nous ne pou-
» vons sans peine faire changer de figure en le pressant de quel-
» que partie de notre corps ; et au contraire, nous appelons
» *mou*, ce qui change la situation de ses parties, lorsque nous
» venons à le toucher sans faire aucun effort considérable et
» pénible. » (Trad. de Coste.) Liv. II, ch. IV, § 4.—Voy. Not. H.

suppose une réalité extérieure à nous; comme les efforts que nous avons conscience de faire, impliquent notre propre existence. Par conséquent, soit que nous nous en tenions aux idées communes sur la matière, soit que nous adoptions l'hypothèse de Boscovich, nous respectons également l'autorité de cette loi de notre nature, qui nous fait attribuer aux corps une existence permanente et indépendante de nous. Mais, suivant Berkeley, l'étendue et la figure, la mollesse et la dureté, toutes les autres qualités sensibles, sont de pures *idées* de l'esprit, qui ne peuvent en aucune façon se trouver dans la substance privée de sentiment (1).

La conséquence que j'ai tirée de la théorie de Boscovich contre le système de l'*idéalisme*, est parfaitement conforme aux vues métaphysiques de ce philosophe ingénieux et profond. Il est facile de s'en convaincre par divers endroits de ses ouvrages, et en particulier par

---

(1) M. Smith a fait dans son Essai sur les sens externes, une remarque semblable : « Quelque système qu'on adopte » sur la dureté ou la mollesse, la fluidité ou la solidité, » la compressibilité ou l'incompressibilité de la substance » qui résiste, la certitude et le sentiment de l'*externa-» lité* de la matière et de son indépendance absolue de l'organe qui l'aperçoit, ou au moyen duquel nous l'apercevons, » ne saurait recevoir d'aucune théorie la plus légère atteinte. » (Essays on philosophical subjects. p. 204.)

les observations suivantes que je traduis littéralement de l'un des suppléments ajoutés par lui au poème didactique de Benoît Stay, *De systemate Mundi* :

« La *réflexion* nous fait distinguer en deux
» classes différentes, les idées qui sont pro-
» duites dans notre esprit. *Par un instinct*
» *irrésistible, commun à toute l'espèce hu-*
» *maine*, nous plaçons l'origine des unes dans
» une source extérieure à nous, et nous la
» faisons dépendre de certains objets qui exis-
» tent au dehors. Quant aux autres, nous
» avons la conviction entière qu'elles ont
» pris naissance dans notre esprit, et que
» sans lui elles ne sauraient exister. Les in-
» struments ou organes au moyen desquels
» nous obtenons la première classe d'idées
» ont reçu le nom de *sens* : la cause externe,
» ou, comme on dit communément, l'objet
» qui agit sur eux, s'appelle *matière* et *corps*.
» Le principe de la seconde espèce d'idées
» que nous acquérons en réfléchissant sur
» les faits de notre propre conscience, est ce
» qu'on nomme *Esprit* ou *Ame*. »

« C'est ainsi que nous parvenons à la con-
» naissance de deux substances différentes,
» les seules d'ailleurs dont nous ayons quel-

» que notion; l'une sensible ou perceptible,
» l'autre douée de la faculté de penser et de
» vouloir. Nous ne saurions douter un instant
» de leur existence; la voix de la nature est
» toujours plus puissante, alors même que
» nous nous faisons violence pour écouter les
» vaines subtilités des Pyrrhoniens, des
» Égoïstes et de tous ces sophistes ennemis
» de la vérité. Ces sceptiques eux-mêmes, ne
» sont-ils pas forcés de reconnaître que tous
» leurs doutes spéculatifs s'évanouissent en-
» tièrement quand les objets de ces doutes
» viennent à frapper leurs sens » (1)?

Je ne prétends pas défendre l'exactitude de toutes les expressions qu'on aura remarquées dans ce passage. Je le cite, uniquement pour prouver que Boscovich lui-même ne croyait pas que les notions qu'il s'était formées sur la matière, pussent favoriser le moins du monde les opinions de Berkeley. Il déclare au contraire, dans les termes les plus forts et les plus positifs, qu'il repousse entièrement ses conclusions; et sa phraséologie a tant de rapport avec celle de Reid, qu'on a tout lieu de croire qu'elle approche de bien près d'une énonciation simple et correcte de la vérité.

---

(1) Rome 1755, T. I, p. 331.

En montrant ainsi comment la théorie de Boscovich se sépare de celle de Berkeley, j'ai eu spécialement en vue quelques observations du Dr Hutton, philosophe éminemment remarquable par l'originalité de sa pensée, et dont les écrits seraient assurément plus répandus, si la variété considérable de ses recherches scientifiques lui avait laissé plus de loisir pour étudier l'art de la composition. Il serait même heureux, à cet égard, pour sa réputation littéraire, que l'homme de mérite, son ami, qui a commenté et complété ses recherches géologiques, voulût encore nous servir de guide dans les détours compliqués, mais curieux, de ses dissertations métaphysiques.

Voici la conclusion des raisonnements du Dr Hutton sur la dureté et l'incompressibilité :

« En distinguant ainsi les choses, il paraîtra
» que l'incompressibilité et la dureté, c'est-
» à-dire, les forces qui s'opposent au chan-
» gement de volume et de figure, sont les pro-
» priétés d'un corps extérieur ; que ce sont
» les qualités essentielles de cette chose éten-
» due et figurée ; en ce sens que c'est dans
» ces seules forces que nous faisons consister
» l'existence de ce qu'on appelle *corps*.

» Mais on ne voit rien d'absolu dans ces
» propriétés des corps ou dans ces forces,
» puisqu'un corps dur peut être amolli ou
» brisé ou diminué de volume par la com-
» pression.

» Il faut donc réformer en partie le juge-
» ment que nous avons porté sur la résistance
» des objets extérieurs ; et cette première
» opinion d'une permanence apparente, que
» nous devons peut-être à la résistance de
» l'objet perçu, doit maintenant céder au
» témoignage positif des sens qui nous at-
» testent qu'un corps peut être diminué ac-
» tuellement. Cette force de résistance qui
» nous avait fait conclure un état de perma-
» nence, se trouve maintenant surmontable;
» et dès-lors nous savons avec toute la certi-
» tude que peut donner l'observation hu-
» maine, que ces propriétés apparentes des
» corps sont capables d'être modifiées.

» Mais, si la résistance opposée par un corps
» à l'action de notre volonté qui cherche à
» en altérer le volume, pouvait être vaincue
» aussi parfaitement que celle d'un solide qui
» passe à l'état de fluide, il faudrait néces-
» sairement rectifier l'opinion du genre hu-
» main qui attribue la permanence à l'éten-

» due d'un corps. Car aujourd'hui, nous re-
» gardons comme absolument invincible la
» résistance qui maintient un volume, comme
» elle l'est effectivement par rapport à la
» force que nous pouvons déployer.

» Ainsi, au lieu de dire avec les philosophes
» que la matière est parfaitement dure et
» impénétrable, nous affirmerions qu'il n'y
» a dans les choses matérielles aucune pro-
» priété permanente de cette nature; qu'il
» existe seulement dans les corps des résis-
» tances qui nous les présentent sous une fi-
» gure et un volume actuellement détermi-
» nés; mais que ces résistances peuvent être
» vaincues. L'étendue dans le corps le plus
» solide devrait donc être considérée seule-
» ment comme une qualité relative, ainsi
» que la dureté dans un morceau de glace.
» Or, cette dureté disparaît entièrement
» quand le morceau de glace est revenu à
» l'état fluide » (1).

Tout cela est parfaitement d'accord avec
les opinions de Boscovich; et doit, ce me
semble, paraître concluant à ceux qui exa-

---

(1) Dissertations on different subjects in natural philosophy,
pp. 289 et 290.

mineront cette matière avec l'attention qu'elle mérite. Rien, dans cette doctrine, ne répugne aux conceptions ordinaires de l'esprit, et ne demande, pour être entendu, l'habitude des subtilités métaphysiques. Tout cela se réduit à une remarque incontestable, énoncée long-temps auparavant par Berkeley; c'est que « la dureté, la rési» stance et la solidité », mots qu'il trouve absolument synonymes, « sont tout-à-fait » relatives à nos forces. Car il est évident, » dit-il, que ce qui paraît dur à tel animal, » peut sembler mou à tel autre dont les » membres seront plus vigoureux » (1).

Mais la question change de nature, quand nous voyons ces deux écrivains s'efforcer de ranger la figure et l'étendue dans la même catégorie que la résistance et la dureté. Berkeley paraît avoir considéré l'existence idéale de l'*étendue*, comme un fait plus évident encore que celle de la *solidité* ; car la première de ces deux propositions lui sert de moyen de preuve pour arriver à l'autre. « Si l'on reconnaît que l'étendue » n'a pas de réalité hors de l'esprit, il faudra » en dire autant du mouvement, de la *soli*-

---

(1) Berkeley's works. — Dublin, 1784, p. 133, tom. I.

» *dité*, de la pesanteur, puisque ces diverses
» propriétés supposent évidemment la pre-
» mière. Il est donc superflu de faire de
» chacune d'elles un objet particulier
» d'examen ; en niant l'étendue, vous leur
» avez refusé à toutes une existence indé-
» pendante » (1).

L'opinion du Dr Hutton sur la grandeur et la figure ne différait pas de celle de Berkeley. On le voit, non-seulement par la tendance générale de sa Théorie de la Perception ; mais encore par l'exposé qu'il a donné lui-même des différences qui distinguaient à ses yeux cette théorie du système de Berkeley. « Maintenant, dit-il, je puis
» faire remarquer que, si la théorie de la
» perception que je viens de donner paraît,
» au premier coup d'œil, se rapprocher de
» celle de Berkeley, on trouvera néanmoins
» qu'elle s'en écarte et par sa nature, et
» par l'effet qu'elle produit sur la science ;
» *bien que toutes les deux aboutissent na-*
» *turellement à cette conclusion, que la*
» *grandeur et la figure n'existent point*
» *hors de l'esprit.* »

―――――

(1) T. I, p. 133.

« C'est, ajoute-t-il, une conséquence
» nécessaire des deux systèmes, que la
» grandeur et la figure n'ont pas d'exi-
» stence substantielle ou extérieure; mais
» qu'elles sont purement spirituelles et n'e-
» xistent que comme idées dans l'esprit :
» *c'est là le seul point sur lequel les*
» *deux théories soient parfaitement d'ac-*
» *cord* » (1).

Ce serait m'écarter entièrement de mon sujet que de suivre cet ingénieux écrivain dans l'exposition laborieuse qu'il donne lui-même des caractères distinctifs de sa doctrine. Je l'ai étudiée avec toute l'attention dont je suis capable, mais sans pouvoir saisir pleinement la pensée de l'auteur. Autant que je puis en juger, l'obscurité qui l'enveloppe vient en grande partie de la prétendue connexion que le Docteur Hutton supposait exister entre ses conclusions physiques sur la dureté ou l'incompressibilité relative, et les raisonnements métaphysiques de Berkeley contre l'existence indépendante des corps. Un passage cité plus haut, montre avec quelle clarté cette distinction s'était offerte

---

(1) Hutton's Principles of Knowledge. T. I, p. 357.

à Boscovich : aussi, l'on peut remarquer que, malgré le nombre des objections qui ont attaqué sa doctrine, aucun de ses adversaires ne lui a refusé le talent de répandre une vive lumière sur les sujets qu'il abordait.

La vérité est, que les conclusions de Boscovich et de Hutton sur la dureté ou l'incompressibilité relative de la matière ne choquent point le jugement général de l'espèce humaine et tendent seulement à présenter *le fait* sous une forme plus correcte et plus scientifique; tandis que Berkeley, en assurant que *l'étendue et la figure* ont une existence purement idéale ou spirituelle, comme dit le Dr Hutton, ne tend à rien moins qu'à renverser tout l'édifice de l'entendement humain, parce qu'il ébranle notre foi à ces principes de croyance qui entrent comme partie essentielle dans notre constitution. Dans le cours des observations que je me propose de faire sur la philosophie du Dr Reid, je retrouverai l'occasion de m'étendre plus au long sur ce sujet.

CHAPITRE SECOND.

SECTION PREMIÈRE.

Des fondements de notre croyance à l'existence du monde matériel, d'après les idées de Reid. Observations sur ces idées.

J'ai déjà dit que l'opinion de Reid sur l'existence de la matière, quoiqu'elle soit parfaitement sage, n'embrasse pas toutes les circonstances de la question. Je tâcherai de motiver cette assertion avec toute la brièveté possible; mais cette discussion doit être précédée de quelques remarques sur un principe de notre constitution, qui, au premier coup d'œil, semble étranger au sujet qui nous occupe; je veux dire notre confiance en la stabilité de l'ordre de la nature (1).

Tous nos raisonnements physiques, toutes les observations que nous pouvons faire sur

---

(1) Voyez quelques autres développements sur le même sujet, Phil. de l'Esp. Hum. T. III, c. 2, sect. V, de la trad. de M. Farcy. N. D. T.

le cours des évènements, et qui servent de base à la *prévision* ou *sagacité*, supposent en nous la croyance que l'ordre des choses se maintiendra dans l'avenir tel que nous l'avons connu dans le passé; et ce fait est si clair par lui-même, qu'il n'a besoin d'être confirmé par aucun exemple. Ce qui n'est pas aussi évident, c'est la manière dont cette croyance s'établit d'abord dans l'esprit. Hume l'explique par la loi de *l'association des idées*, en vertu de laquelle, après avoir été témoins de deux faits constamment unis, nous présumons le second toutes les fois qu'il nous arrive de voir le premier. Cependant une objection grave s'élève sur-le-champ même contre cette théorie; car une seule expérience en vaut dix mille pour déterminer en nous une foi invincible à la similitude des résultats dans toutes les circonstances pareilles. Quand un philosophe répète une expérience pour mieux établir la certitude qu'il cherche, ce n'est pas qu'il doute un instant que les mêmes conditions ne doivent représenter les mêmes phénomènes; il craint seulement de n'avoir pas donné une attention suffisante aux circonstances diverses qui accompagnaient un premier essai. Et si une seconde expérience lui présente des résultats différents, loin de soupçonner un dérangement dans les lois de la nature, il conclura plutôt sans hésiter, que les circonstances dans lesquelles ces deux expériences ont été faites, n'étaient point exactement les mêmes.

On répondra peut-être que, dans l'exemple allégué, la croyance que nous a donnée un fait unique se fonde aussi sur la longue expérience que nous avons acquise de l'ordre général de la nature. Nombre de faits, dira-t-on, examinés antérieurement, nous ont appris que cet ordre demeure invariable; et c'est une déduction qui nous sert de règle quand nous préjugeons le résultat d'une nouvelle expérience. Cette opinion a été soutenue par le Dr Campbell dans sa Philosophie de la Rhétorique; mais je n'y vois qu'une solution bien peu satisfaisante de la difficulté. En effet, elle s'éloigne absolument de la théorie de Hume; car elle pose le fait de manière à ce qu'on n'en puisse rendre raison par l'*association des idées*; et, en même temps, elle n'établit aucun autre principe au moyen duquel on puisse en donner une explication satisfaisante. J'accorderai pour l'instant que si j'ai vu plusieurs fois tomber une pierre, le principe d'association suffira pour me faire attendre le même effet toutes les fois que j'en abandonnerai une autre à elle-même; mais, en supposant que ma science ne s'étende pas plus loin que la chute des corps graves, il reste encore à savoir comment il se fait que je présume le résultat d'une expérience de chimie ou d'optique? Suivant la doctrine de Campbell, nous y arrivons par voie d'analogie. Dans toutes nos expériences sur la pesanteur, nous avons remarqué que la marche de la nature était uniforme; et, par analogie, nous concluons qu'elle le sera également dans les autres essais que nous pourrons faire, à quelque ordre de phénomènes qu'ils puissent se rapporter. Il m'est difficile de supposer tout ce travail de raisonnement dans la tête des enfants ou des sauvages; et cependant, je ne doute pas qu'un enfant qui s'est brûlé le doigt à la chandelle ne craigne de se brûler encore s'il en approche la main une seconde fois. Même chose aurait lieu dans des circonstances semblables pour l'animal le plus borné.

Pour appuyer son opinion à cet égard, Campbell prétend, « (1) que l'expérience,

---

(1) Nº 1, p. 137.

» ou la disposition de l'esprit à associer ses
» idées sous les notions de cause et d'effet,
» n'est jamais développée par un seul
» exemple. » Il admet en même temps
que c'est en conséquence du raisonnement
analogique dont nous venons de parler,
que le physicien considère une seule expérience bien faite, comme décisive pour une
théorie. Il est évident que, d'après cette
supposition, les enfants et le peuple auraient
besoin de voir deux phénomènes souvent
réunis, avant de pouvoir saisir la relation
de cause et d'effet qui subsiste entre eux;
tandis qu'il est *de fait* que les hommes sans
expérience sont toujours portés à supposer
une liaison constante, lors même qu'ils aperçoivent une connexion purement fortuite.
Ils sont tellement persuadés que tout changement dépend d'une cause, et tellement
empressés de la découvrir, qu'ils saisissent
le fait qui précède immédiatement, pour y
reposer leur curiosité. C'est l'expérience seule
qui corrige cette disposition en leur apprenant à mettre plus de réserve dans la recherche des lois générales qui forment une partie
de l'ordre de l'univers (1).

---

(1) La manière dont on a expliqué dans l'Encyclopédie
Britannique comment une seule expérience suffit pour faire

Il semble résulter de ces observations que notre croyance dans la stabilité des lois de la nature n'est le produit ni de l'association des idées, ni d'aucun autre principe donné par l'expérience seule ; et

conclure une loi générale de la nature, rentre, au fond, dans la théorie de Campbell ; et il serait inutile d'en faire l'objet d'un examen spécial. On en pourra juger par l'extrait suivant :

« La Philosophie expérimentale paraît au premier » coup d'œil en opposition directe avec la marche que suit » la nature lorsqu'elle reconnaît des lois générales. » (L'auteur veut dire par cette phrase un peu équivoque, — en opposition avec la marche naturelle de l'esprit quand il cherche à découvrir les lois générales.) « Partant d'une multitude » de faits individuels, nous déterminons ces lois qui ne s'éten- » dent jamais plus loin que l'induction qui nous les a décou- » vertes et sur laquelle elles reposent. Cependant c'est un » fait évident, une loi physique de la pensée humaine, » qu'une expérience unique, claire et bien comprise, nous » fait conclure avec assurance pour tous les autres cas sem- » blables. D'où vient cette anomalie ? Ce n'en est point une, » il n'y a point contradiction avec la règle générale de l'in- » vestigation philosophique, c'en est au contraire l'applica- » tion la plus rigoureuse. La plus générale des lois, c'est » l'invariabilité de la nature dans toutes ses opérations. Nous » sommes persuadés que la simplicité d'une expérience et les » précautions que nous avons prises en la faisant, nous ont » mis en possession de toutes les circonstances du fait. C'est » uniquement d'après cette supposition que nous considé- » rons une expérience comme la représentation fidèle de tous » les cas semblables. » (Article Philosophie, § 57. Voy. aussi dans le même volume, article Physique, § 103.)

Hume a prouvé avec la dernière évidence qu'elle ne peut s'expliquer par aucun raisonnement *à priori*. Nous sommes donc forcés de voir dans ce fait une loi primitive de notre croyance, jusqu'à ce qu'on en donne une analyse plus satisfaisante que toutes celles qui ont précédé. En m'exprimant ainsi, je ne cède ni au désir de multiplier sans besoin les lois primitives ou les vérités irréductibles, ni à la crainte des conséquences que pourraient entraîner les théories en question. Toutes me paraissent également innocentes dans leurs applications; mais aussi, également futiles et dénuées de fondement. Elles ne servent à rien autre chose qu'à jeter un voile sur notre ignorance, et, par l'éclat d'une phraséologie scientifique, à distraire l'attention d'un fait extrêmement remarquable dans la constitution de l'esprit.

En examinant dans un autre ouvrage (1) une question entièrement différente, j'ai eu occasion de rapporter quelques opinions philosophiques de M. Turgot, qui se rapprochent beaucoup de celles que je viens d'établir. L'auteur les a développées fort au long dans l'article *Existence* de l'En-

(1) Philosophie de l'Esp. Hum. ch. IV. Sect. 5.

cyclopédie ; mais on les trouvera résumées avec plus de clarté dans le discours que Condorcet a mis en tête de son *Essai sur l'application de l'analyse à la probabilité des décisions rendues à la majorité des votes.* On reconnaît par cet exposé que Turgot faisait rentrer notre croyance à l'existence du monde matériel dans celle que nous avons la stabilité des lois de la nature; en d'autres termes, qu'il n'y voyait qu'une simple conviction de l'ordre immuable des événements physiques, et l'attente des mêmes résultats dans un concours de circonstances pareilles. J'ai toujours pensé qu'il fallait quelque chose de semblable pour compléter les observations de Reid sur la doctrine de Berkeley. En effet, quoiqu'il ait démontré que les notions des qualités premières des corps sont unies par une loi de notre constitution aux sensations qu'ils excitent en nous, cependant il ne s'est point occupé des fondements de notre croyance à l'existence *indépendante* de ces qualités. Cette foi, comme je l'ai dit ailleurs (1), est évidemment le résultat de l'expérience ; attendu que l'acte perceptif a dû se réitérer en nous plusieurs fois avant de nous faire porter un juge-

(1) Philosophie de l'Esp. Hum. ch. 3. T. I, p. 223.

ment sur la réalité permanente et séparée des corps. Je dirai même que l'*expérience* ne résout pas complètement le problème ; car, puisque nos perceptions nous forcent d'attribuer à leur objet une réalité non-seulement actuelle, mais encore *future*, la question est toujours de savoir comment nous sommes déterminés par l'expérience du *passé* à former des conclusions pour un temps encore à venir. Pour moi, la difficulté me paraît se résoudre d'une manière toute simple et toute philosophique, dans cette loi de notre constitution par laquelle Turgot avait entrepris, il y a longtemps, de l'expliquer.

Cette opinion une fois admise, notre conviction de l'existence réelle et permanente de la matière, n'est plus qu'un cas particulier d'une loi plus générale de croyance qui s'étend à tous les autres phénomènes. Je trouve dans cette généralisation autant de sagacité que de justesse ; puisqu'en retraçant le caractère et la tendance de la doctrine de Reid sur le même sujet, elle lui donne à la fois plus de concision et de clarté.

Cette idée, au reste, n'est pas absolument nouvelle dans l'histoire de la science. Ce qu'elle a de neuf, c'est qu'elle se borne à constater *le fait*, sans rien préjuger sur les autres questions physiques ou métaphysiques auxquelles il peut donner naissance. On retrouve évidemment la même doctrine et dans la théorie de Boscovich, et dans quelques spéculations métaphysiques de Malebranche et de Leibnitz. Ce dernier même l'a exposée d'une manière à la fois claire et concise, dans une de ses lettres où il écrit à son correspondant : « Les choses » matérielles en elles-mêmes ne sont que » des phénomènes bien réglés » (1). L'opinion qui domine chez les Indiens, sur la nature de la *matière*, paraît dériver d'une conception à-peu-près semblable. Si nous pouvons compter sur l'exactitude de William Jones, elle n'a pas le moindre rapport, dans son origine ou dans sa tendance,

---

(1) Des écrivains plus modernes ont adopté ce langage; je nommerai entre autres le savant et habile M. Robison. « Pour nous, remarque-t-il § 118 de ses Éléments de Mé- » canique philosophique, *la matière est un pur phénomène.* » Leibnitz est, je crois, le premier qui ait introduit cette manière de s'exprimer; mais toutes les fois qu'elle se rencontre dans les ouvrages de Robison, on doit certainement l'interpréter dans le sens de la théorie de Boscovich, qui le satisfaisait extrêmement sans l'aveugler sur les difficultés auxquelles elle est sujette.

avec l'idéalisme, tel qu'il est compris parmi nous. Elle prend, en effet, sa source dans une spéculation théologique fort élevée, tandis que l'idéalisme n'est que la conséquence sceptique d'une hypothèse particulière sur l'origine de nos connaissances, imaginée par les scolastiques, et accueillie par Locke et ses successeurs. Écoutons W. Jones s'exprimant avec une lumineuse précision : « Les difficultés qui naissent des
» notions que le vulgaire s'est formées des
» substances matérielles, ont fait croire à
» plusieurs sages de l'antiquité et des temps
» modernes, ainsi qu'aux philosophes Indiens, que la création tout entière était
» moins une œuvre qu'une puissance, au
» moyen de laquelle l'Intelligence infinie,
» présente à tous les temps et à tous les
» lieux, manifeste à ses créatures une série
» de perceptions, comme un tableau magnifique ou une composition musicale,
» toujours uniforme dans son inépuisable
» variété » (1).

Dans un autre passage, le même écrivain remarque que « les *Vedas* ne pouvant se
» former une idée distincte de la matière

---

(1) Préface d'une traduction de quelques vers indiens.

» brute indépendante de l'esprit, ni con-
» cevoir que l'ouvrage de la bonté infinie
» ait été un seul instant abandonné à lui-
» même, ont imaginé que la Divinité est
» toujours présente à son ouvrage et four-
» nit constamment une suite de perceptions
» qu'ils nomment en un sens illusoires,
» *bien qu'ils ne puissent s'empêcher d'ad-*
» *mettre la réalité de toutes les formes*
» *créées, en tant qu'elles peuvent affecter*
» *le bonheur des créatures* » (1).

« Le mot MAYA, ou *illusion*, ajoute-t-il
» plus loin, a un sens subtil et mystérieux
» dans la philosophie des *Védas*. Il y dé-
» signe, conformément à l'opinion de Pla-
» ton, d'Epicharme et de beaucoup d'hom-
» mes profondément religieux, l'ensemble
» de toutes les perceptions des qualités
» secondes ou premières que la Divinité,
» par sa présence en tous lieux, suscite
» dans l'esprit de ses créatures, mais qui,
» selon eux, n'existent point hors de l'es-
» prit » (2).

---

(1) Dissertation sur les Dieux de la Grèce, de l'Italie et de l'Inde.

(2) Ibid. Ce dernier membre de phrase laisse de l'équivoque. On ne sait pas positivement si l'auteur a voulu dire une exi-

La différence capitale qui se trouve entre ces doctrines et celle que renferme nécessairement l'opinion commune sur l'origine de nos connaissances, ainsi que l'a démontré Hume, sera frappante pour tous ceux mêmes qui n'ont fait que parcourir les ouvrages de cet écrivain. Dans le système Indien, l'univers, à tous les instants de sa durée, dépend immédiatement de l'action divine; et cette manière de voir s'accorde avec l'opinion de quelques hommes religieux de notre Europe, qui ont reconnu dans l'existence continuée des êtres, l'effet d'un acte créateur qui se renouvelle à chaque moment; en admettant, toutefois, la régularité des lois suivant lesquelles ces phénomènes se manifestent à nos sens, et la réalité de ces phénomènes, comme objets permanents de la science. Le scepticisme de Hume, au contraire, dérive uniquement d'une hypothèse de l'école sur la perception, hypothèse dont la dernière conséquence logique est de répandre le doute

---

atence indépendante de l'*Intelligence suprême*, ou de celle des *créatures*. Mais quelle que soit l'opinion qu'il a voulu exposer, je n'y trouve aucun rapport avec la doctrine d'Epicharme ou de Platon. (Voy. Bruckeri Hist. de Ideis, p. 9. Augustæ Vindelicorum, 1723.)

sur l'existence d'un esprit divin, sur celle de tout autre esprit, sur quoi que ce soit, en un mot, excepté sur nos propres impressions et sur nos idées.

Le vice de la philosophie des Indiens et des systèmes de Leibnitz et de Malebranche, est de prononcer dogmatiquement sur un mystère que nos facultés ne sauraient atteindre ; en prétendant découvrir le lien qui unit les deux mondes, et résoudre, comme dit Bacon, l'insoluble problème *de l'œuvre opérée par Dieu depuis le commencement jusqu'à la fin*. Dans l'état actuel de nos connaissances, il y a une égale témérité à raisonner pour ou contre ; mais ce qu'on peut dire en faveur de cette philosophie, c'est que, diamétralement opposée par sa tendance morale aux théories avec lesquelles on l'a souvent rangée, elle reconnaît explicitement la certitude et la légitimité de ces principes de croyance qui servent de règle au genre humain dans le cours ordinaire de la vie et dans toutes ses recherches sur l'ordre de la nature.

D'un autre côté, l'opinion de Turgot a cet avantage particulier, qu'elle décrit simplement le fait avec une précision scientifique, sans y mêler plus de métaphysique que Newton lorsqu'il constatait la loi de la gravitation. Dans l'un et l'autre cas nous trouvons les prémisses d'une des conclusions les plus importantes de la théologie naturelle; mais cette conclusion est aussi étrangère à nos recherches sur les lois physiques de nos perceptions, qu'elle aurait pu l'être au but de Newton, s'il l'eût fait entrer dans les spéculations physiques et mathématiques contenues dans ses *Principes*.

Et qu'on ne s'imagine pas que cette manière de présenter le fait porte la moindre atteinte à la *réalité* des choses extérieures. L'évidence de cette *réalité* repose sur le même fondement que celle de la stabilité des lois physiques qui nous donnent les objets les plus intéressants et les plus invariables de la science humaine; et même, combinée avec l'hypothèse théologique des Indiens, cette opinion ne fait que modifier nos idées communes, en nous habituant à regarder *la matière et les formes* de ce monde comme soumises sans interruption à la puissance du Créateur.

Je dirai encore une fois que l'opinion de Turgot ne diffère de celle de Reid que parce qu'elle fait rentrer notre croyance à l'existence indépendante et permanente de la matière dans une loi de notre nature plus générale encore; et il est à remarquer que le philosophe Écossais a non-seulement reconnu plus d'une fois l'autorité de cette loi, mais qu'il y a même attaché plus d'importance qu'on ne l'avait fait jusqu'alors. Ces deux écrivains s'accordent à regarder la croyance dont nous parlons comme un fait irréductible dans la constitution de l'esprit; et, si l'on considère que l'un n'a pu emprunter aucune idée à l'autre, on trouvera que la différence légère qui se remarque dans leur langage est d'un poids immense en faveur de la conclusion qui leur est commune.

Cette foi qui est celle du genre humain tout entier, et qui, évidemment, ne relève d'aucune faculté de raisonnement, a reçu de Reid et de quelques autres philosophes Écossais la qualification d'*instinctive*. Ce n'est pas qu'ils aient voulu en expliquer l'origine par quelque théorie nouvelle ; ils cherchaient seulement à écarter de la science les vains systèmes de leurs prédécesseurs. Cette prétendue innovation de langage leur a valu depuis peu des épigrammes et des critiques sévères de la part d'un célèbre écrivain polémique; mais on verra que les remarques qu'il a faites sur eux dans cette circonstance, pourraient également s'appliquer aux logiciens les plus irréprochables de l'Europe moderne. J'en ai déjà fourni la preuve en citant les ouvrages d'un savant et profond Italien (1); et je puis invoquer encore l'autorité de d'Alembert, de cet écrivain si scrupuleux sur le choix des mots. Le passage suivant cadre si bien avec la philosophie de Reid, sous le double rapport de la doctrine et du langage, que l'on ne peut rendre raison de cette conformité que par l'application exacte que ces deux auteurs ont faite ici des préceptes de la *logique inductive.*

« En effet, n'y ayant aucun rapport
» entre chaque sensation, et l'objet qui
» l'occasionne, ou du moins auquel nous
» la rapportons, il ne paraît pas qu'on
» puisse trouver par le raisonnement de
» passage possible de l'un à l'autre : il n'y
» a qu'une espèce d'instinct, plus sûr que
» la raison même, qui puisse nous forcer
» à franchir un si grand intervalle » (2).

---

(1) V. ci-dessus, p. 157.
(2) Discours préliminaire de l'Encyclopédie.

« Il est dans chaque science, dit-il
» ailleurs, des principes vrais ou supposés,
» qu'on saisit par une espèce d'instinct
» auquel on doit s'abandonner sans résis-
» tance; autrement il faudrait admettre dans
» les principes un progrès à l'infini qui
» serait aussi absurde qu'un progrès à l'in-
» fini dans les êtres et dans les causes, et
» qui rendrait tout incertain, faute d'un
» point fixe d'où l'on pût partir » (1).

Je ne prétends pas conclure de ces citations, que le mot *instinct* y soit employé avec une justesse rigoureuse; mais seulement qu'en l'appliquant à certains *jugements* de l'esprit, les philosophes que le Dr Priestley a traités si dédaigneusement à ce sujet, n'ont suivi en cela que l'usage de leurs devanciers. Ceux-là seulement qui ont étudié avec soin la science de l'homme, peuvent bien comprendre jusqu'à quel point,

---

(1) Éléments de philosophie, art. Métaphysique.

Je pense qu'en parlant de *principes vrais ou faux*, dans la première partie de cette phrase, d'Alembert avait en vue la distinction qui existe entre les sciences auxquelles les *faits* servent de base, et les différentes branches des mathématiques pures qui reposent, en dernière analyse, sur des *définitions* ou des *hypothèses*.

d'un côté, il est difficile aux penseurs même les plus clairs et les plus réservés de décrire en termes précis et non-équivoques les phénomènes de notre nature; et, de l'autre, combien il est aisé au critique le plus superficiel de censurer, avec une apparence de raison, la phraséologie la plus correcte. Le philosophe n'a pas la liberté d'introduire dans la science psychologique, comme on le fait dans quelques autres, des termes nouveaux, inventés par lui; car il s'exposerait au reproche d'absurdité et d'affectation du mystère. Il faut qu'il s'astreigne à ne parler jamais que le langage reçu; ou, en d'autres termes, à n'employer pour un travail qui réclame toute la précision imaginable, qu'un instrument sorti des mains les plus grossières et les plus inhabiles.

On verrait, je pense, diminuer singulièrement le nombre de ces sortes de critiques, si chacune d'elles devait remplacer le mot qu'elle condamne par un terme plus convenable. Cependant aussi, nous accuserions la négligence des hommes qui se dévouent à l'étude des sciences philosophiques, s'ils ne tiraient point des remarques qu'on leur adresse, tout l'avantage qu'elles peuvent offrir, et s'ils ne tendaient pas continuel-

lement à s'approcher de plus en plus de cette correction, de cette uniformité de langage vers laquelle notre siècle a fait de si grands pas. Après tous nos efforts, nous devons encore la recommander à la persévérante sagacité de nos successeurs, comme la condition la plus essentielle à obtenir pour assurer le succès de leurs recherches. Jusqu'à ce qu'on ait à-peu-près atteint ce but important, notre ambition devra se borner aux suffrages d'une minorité éclairée : nous n'oublierons pas, si je puis me servir des expressions de Burke, que nos conclusions ne sont pas destinées « à sou-
» tenir l'épreuve d'une discussion sophi-
» stique, mais seulement d'une critique
» toujours sage et souvent indulgente. Leur
» mission n'est point de combattre; elles
» s'adressent plutôt à l'homme dont le
» cœur est disposé à recevoir paisiblement
» la vérité » (1).

---

(1) Voy. Note I.

SECTION SECONDE.

Continuation du même sujet. — Imperceptibilité de la ligne tirée par Reid, par Descartes et Locke, entre les qualités premières et secondes de la matière. — Distinction entre les qualités premières de la matière et ses propriétés mathématiques.

Il me reste une autre observation à faire sur les raisonnements du Dr Reid, par rapport à la *perception*. En donnant l'énumération *des qualités premières de la matière*, il n'a pas remarqué une distinction fondamentale qui les sépare en deux classes ; et cette distinction eût rendu, selon moi, ses conclusions plus claires et plus satisfaisantes.

La cause d'une omission si importante de la part de Reid se trouve dans la classification adoptée par ses prédécesseurs qui, pour la plupart, depuis Locke, avaient rangé sous le titre général de *qualités premières*, la dureté, la mollesse, l'aspérité, le poli, etc., avec l'*étendue*, la *figure*, et le *mouvement* (1). Il suivit constamment cette classification dans ses Recherches sur l'esprit humain, et dans ses Essais sur les Facultés Intellectuelles ; circonstance d'autant plus remarquable, que, dans différentes parties de ses ouvrages, on rencontre des observations très-judicieuses, qui semblent démontrer avec évidence la nécessité d'un arrangement plus rigoureusement logique.

C'est ainsi qu'après avoir fait observer que « la dureté et la mollesse, l'aspérité » et le poli, la figure et le mouvement, » supposent tous l'étendue et ne peuvent » se concevoir sans elle ; » il ajoute : « nous » devons aussi convenir que nous n'aurions » jamais eu l'idée de l'étendue, si nos sens » ne nous avaient fait connaître antérieure- » ment des objets durs ou mous, rudes ou » polis, figurés ou en mouvement. Si donc

---

(1) Les qualités premières de la matière, suivant Locke, sont la solidité, l'extension, la figure, le mouvement ou le repos, et le *nombre*. Liv. II, ch. VIII, § 9.—Dans le système de Berkeley, le mot *solidité* est employé comme synonyme de *dureté* et de *résistance*. (Œuvres de Berkeley, p. 133, t. I. Dublin, éd. de 1784). C'est en suivant ces écrivains, que Reid a commis l'erreur, grave selon moi, de réunir sous une même catégorie les qualités hétérogènes que j'ai indiquées.

» nous avons de fortes raisons pour croire
» que la notion d'étendue ne peut être
» antérieure à celles des autres qualités
» premières, il est également certain qu'elle
» n'est postérieure à aucune d'elles, puisque
» toutes la renferment nécessairement » (1).

Ailleurs il fait cette observation que « bien
» que la notion de l'espace ne paraisse se
» développer dans l'esprit que par l'impres-
» sion des objets extérieurs sur nos sens,
» cependant, quand elle y est une fois en-
» trée, elle domine toujours notre concep-
» tion et notre croyance, même en l'absence
» des objets qui l'ont produite en nous.
» Nous ne voyons point d'absurdité, dit-il,
» à supposer l'annihilation d'un corps; et
» nous en trouvons à supposer l'anéantis-
» sement de l'espace qui le contenait (a).

L'un des plus graves inconvénients qui
aient résulté de cette énumération confuse
des *qualités premières*, c'est la plausibilité
qu'elle a prêtée aux raisonnements de Berkeley et de Hume contre l'existence du

---

(1) Recherches, ch. 5, sect. 5.
(a) Essais sur les facultés intell., p. 262, in-4°.

monde extérieur. Comme ils avaient tous deux confondu sous une dénomination commune la *solidité* et l'*étendue*, il en est résulté naturellement que tout ce qui pouvait s'affirmer de l'une, convenait également à l'autre. J'ai déjà tâché de faire voir qu'ils ont été beaucoup trop loin dans leurs conclusions, même en ce qui regarde la *solidité*; puisque la résistance qui contrarie la force compressive exercée par nous, suppose nécessairement quelque chose d'*extérieur*, également *indépendant de nos perceptions;* mais il reste encore une différence considérable entre la notion d'existence *indépendante*, et la notion d'*espace* ou d'*étendue*. Celle-ci, comme l'observe le Dr Reid, entraîne avec elle la conviction irrésistible d'une existence éternelle et nécessaire qui n'admet ni création ni anéantissement. Nous appliquerons encore cette remarque au système du Dr Hutton qui considère évidemment l'étendue et la dureté comme des qualités de même nature; et a été conduit, par suite de cette erreur, à confondre, sans aucun avantage pour l'objet de son travail, la métaphysique de Berkeley avec la physique de Boscovich, et à répandre ainsi des ténèbres plus épaisses encore sur les théories de ces deux écrivains. Qu'on y fasse attention, et l'on trouvera que le vice principal de la théorie de Berkeley, qui la distingue et des systêmes indiens, et de tous les systêmes avec lesquels on l'a confondue, c'est qu'elle suppose l'anéantissement de l'espace comme si c'était une réalité extérieure ; et par-là même, bouleverse entièrement toutes les conceptions naturelles de l'esprit relativement à une vérité qui nous semble des plus certaines, et qui, à ce titre, a été choisie par Newton et Clarke comme base de leurs raisonnements en faveur de l'existence nécessaire de Dieu (1).

Je n'aime pas à tenter des innovations

---

(1) Cette espèce de sophisme, qui se fonde sur une mauvaise classification, se montre souvent dans les écrits de Berkeley. C'est ainsi qu'en rangeant sous une dénomination commune les qualités premières et les qualités secondes, il essaie d'appliquer à toutes deux les conclusions de Descartes et de Locke sur les dernières. « Pourquoi s'étendre, demande-t-
» il, sur une proposition qu'on peut, en deux mots, démon-
» trer avec évidence à tout homme susceptible de la plus
» légère réflexion ? Il suffit de réfléchir sur ses pensées, et
» d'examiner s'il est possible de concevoir un *son*, une figure,
» un mouvement, ou une *couleur* existant hors de l'esprit
» en l'absence de la perception. Cet examen si facile vous
» fera voir que le sujet de votre contestation est une con-
» tradiction palpable. Pour le dire en un mot, si vous pou-
» vez seulement concevoir la possibilité qu'une *substance*
» *étendue et mobile*, et en général, qu'une *idée* ou quelque

dans le langage; mais, après les remarques que je viens de faire, j'espère qu'il me sera permis de distinguer l'étendue et la figure par le titre spécial de *propriétés mathématiques de la matière* (1); en restreignant l'expression de *qualités premières* à celles de dureté et de mollesse, d'aspérité et de poli, et aux autres propriétés de même nature. Voici au reste la distinction que je voudrais établir entre les qualités *premières* et les qualités *secondes*; c'est que les unes impliquent nécessairement la notion d'étendue et par conséquent celle d'*extériorité*, tandis que les autres ne nous apparaissent que comme les causes inconnues de sensations connues; et quand, *pour la*

» *chose qui ressemble à une idée* existe ailleurs que dans l'es-
» prit qui l'aperçoit, je me rends à l'instant même. »
(Principles of human Knowledge, sect. XXII.)

La confusion de pensée qui remplit tout ce passage a été remarquée, il y a long-temps, par Baxter dans ses Recherches sur la nature de l'ame humaine. Il fait observer que dans la première proposition, « *la figure* et *le mouvement* sont
» entièrement confondus avec le *son* et *la couleur*; » et que, dans la seconde, « *la substance étendue et mobile*, est prise
» pour *une sorte d'idée*; or, dans cette supposition, ajoute
» Baxter, le raisonnement du Dr Berkeley serait inattaqua-
» ble. » (T. II, p. 276, 3e éd.)

(1) J'emprunte cette expression de quelques traités élémentaires de philosophie naturelle.

première fois, *l'esprit en a la perception*, elles ne se distinguent par aucun caractère des faits mêmes de la conscience. Mais je me contente ici d'effleurer cette question (1).

Si ces observations sont justes, elles établissent trois faits importants dans l'histoire de l'esprit humain. 1° Que la notion des *propriétés mathématiques* de la matière présuppose l'exercice de nos sens externes, puisqu'elle se développe en nous par les mêmes sensations qui nous donnent la connaissance des *qualités premières*. 2° Que cette notion détermine en nous la conviction irrésistible de l'existence, non-seulement indépendante, mais encore nécessaire et éternelle des objets qu'elle représente ; tandis que, relativement aux qualités premières, nous croyons bien qu'elles existent indépendamment de l'esprit qui en a la perception ; mais nous ne trouvons point d'absurdité à les supposer anéanties par la puis-

---

(1) Sur la distinction posée par Locke entre les qualités premières et les qualités secondes, voyez son Essai, l. II, ch. III, § 9. On peut apprécier l'exactitude logique de cette distinction en considérant qu'elle a conduit un penseur aussi habile à placer le *nombre* au même rang que la *solidité* et l'*étendue*. Le lecteur trouvera dans la Note K des éclaircissements plus amples sur les qualités secondes.

sance du Créateur. 3° Que notre conviction de l'existence nécessaire de l'étendue ou de l'espace ne résulte ni du raisonnement ni de l'expérience; qu'elle est inséparable de l'idée même que nous en avons, et doit par conséquent prendre place parmi les lois irréductibles et essentielles de la pensée de l'homme.

Évidemment, la même conclusion s'applique à la notion de *temps*; elle présuppose, comme celle d'*espace*, l'exercice de nos sens; mais une fois acquise, elle présente irrésistiblement son objet à notre pensée, comme une existence indépendante à la fois, et de l'esprit humain, et de l'univers matériel. Ces deux conceptions s'élèvent dans l'esprit de l'homme jusqu'à l'infini; l'une atteint l'immensité, l'autre l'éternité, sans qu'il soit possible à l'imagination elle-même d'imposer des limites à l'une ou à l'autre. Comment donc accorder ces faits avec la philosophie qui nous enseigne que toute science nous est donnée par l'expérience?

Par ces raisonnements nous avons été conduits rapidement, et, j'espère, d'une manière satisfaisante, à cette conclusion générale qui est le principe fondamental du

système de Kant, système manifestement inspiré à son auteur, par l'impossibilité reconnue de trouver aucune ressemblance entre l'*étendue* et les *sensations* dont nous avons la conscience. « Ces deux intuitions (de
» l'*espace* et du *temps*) ne sont pas empiri-
» ques, et n'ont pas leur origine dans l'expé-
» rience; car elles sont, au contraire, sup-
» posées comme condition, comme fonde-
» ment dans toutes les perceptions empi-
» riques. »

« Elles ne sont pas non plus des *notions*
» *générales*; elles ne sont pas même des
» *notions abstraites*, prises dans le sens
» ordinaire; car on ne peut concevoir
» qu'*un seul* et unique espace, qu'*un seul*
» et unique temps de cette nature; elles ne
» peuvent être détachées d'aucun objet sen-
» sible, puisque le temps et l'espace, ab-
» solus et sans limites, ne sont renfermés
» dans aucun objet. Enfin, elles ne sont
» point formées par voie de composition,
» puisque l'espace et le temps partiels ne
» sont que les limitations de cette intuition
» absolue. »

« Elles ne sont pas non plus des *idées*
» *innées*, quoiqu'elles soient *à priori* en

» nous-mêmes : car, si elles sont antérieures
» aux perceptions sensibles, c'est seulement
» dans l'ordre de la raison et non dans
» l'ordre des temps. Elles ont leur fonde-
» ment en nous-mêmes; mais elles ne se
» produisent qu'à l'occasion, à la suite des
» modifications sensibles. Elles ne peuvent
» exister séparément de ces modifications;
» et sans elles, elles demeureraient inani-
» mées et vides de sens » (1).

---

(1) De Gérando. Hist. des Systèmes. Tom. II, p. 208, 209, 1ʳᵉ édit. Je dois déclarer ici que le peu de renseignements que j'ai acquis sur la philosophie de Kant m'a été fourni par les critiques et les commentateurs de ce philosophe; et en particulier par M. de Gérando, qui, de l'aveu même des compatriotes de Kant, a fidèlement exposé sa doctrine. Je désignerai encore l'auteur d'un livre publié à Copenhague en 1796, et intitulé *Philosophiæ criticæ secundùm Kantium expositio systematica*. On trouvera des remarques d'un grand intérêt sur l'esprit général de ce système, dans l'appendice ajouté par M. Prevost à la traduction française qu'il a donnée des Essais posthumes de Smith; dans différents passages des Essais philosophiques du même auteur; et enfin dans le premier article du second N° de la Revue d'Edimbourg.

Quant aux ouvrages mêmes de Kant, je dois franchement convenir que, malgré tous mes efforts pour les lire dans l'édition latine de Leipsick, la barbarie scolastique du style de l'auteur, et l'impuissance où je me suis vu constamment de découvrir sa pensée, m'ont toujours empêché d'en venir à bout. Si j'ai pu quelquefois recueillir un rayon de lumière, c'est que j'avais antérieurement rencontré dans Leibnitz, Berkeley, Hume, Reid et autres, les opinions qu'il a voulu s'appro-

La seule proposition importante que je puisse extraire de ce langage singulier, c'est que *l'étendue* et la *durée* n'ayant pas le moindre rapport avec les sensations dont l'esprit a la conscience, l'origine de ces notions se place manifestement hors des deux sources assignées par Locke à toutes nos connaissances. Mais tel est précisément aussi le poste dans lequel s'est établi Reid pour attaquer l'idéalisme; et je laisse à mes lecteurs le soin de juger si, au lieu d'élever sur ce fait l'échafaudage d'une phraséologie mystérieuse comme celle du méta-

---

prier en les déguisant sous les formes étranges de sa nouvelle phraséologie. Jamais écrivain n'a suivi avec plus d'exactitude et de succès le précepte que Quintilien, sur l'autorité de Tite-Live, attribue à un ancien rhéteur; et qui prouverait dans cet homme une connaissance profonde de la nature humaine, si le but que se propose un maître pouvait être uniquement d'instruire ses disciples à surprendre l'admiration de la multitude. « *Neque id novum vitium est, cum jam apud* » *Titum-Livium inveniam fuisse præceptorem aliquem, qui* » *discipulos obscurare quæ dicerent, juberet, Græco verbo utens* » σκότισον. *Unde illa scilicet egregia laudatio :* Tantò melior, » ne ego quidem intellexi. » (*Quinct. Instit.*)

« En écrivant, j'ai toujours tâché de m'entendre, » a dit quelque part Fontenelle, en parlant de ses propres habitudes littéraires. C'est une excellente leçon pour les auteurs; mais je n'en recommanderais pas volontiers la pratique à ceux qui aspirent à la gloire de fonder de nouvelles écoles de philosophie.

physicien allemand; il n'était pas plus philosophique de le constater ainsi en termes simples et bien clairs, pour prouver l'imperfection de la théorie de Locke.

Mais pour rendre justice en même temps au mérite de Kant, je dois ajouter que Reid aurait donné bien plus de force à ses raisonnements contre Berkeley, si, comme le premier, il eût constamment rappelé à ses lecteurs la distinction importante que j'ai tâché d'établir entre les *propriétés mathématiques* et les *qualités premières* de la matière. Un passage cité plus haut prouve que cette distinction ne lui avait point échappé; mais, en général, il s'est exprimé à cet égard de manière à faire croire qu'il mettait au même rang ces propriétés si différentes.

Je n'ajouterai plus qu'une observation; c'est que l'idée ou conception de *mouvement* implique celles d'*étendue* et de *temps*. Il est aisé de voir que la notion de *temps* pourrait s'être formée sans l'idée de l'*étendue* ou du *mouvement*; mais il est bien moins facile de décider si l'idée de *mouvement* est antérieure à celle d'*étendue*, ou l'idée d'*étendue* à celle de *mouvement*. Cette question se rapporte à un fait assez curieux dans l'histoire naturelle de l'esprit humain ; car elle tend à déterminer avec une précision logique l'*occasion* dans laquelle se développe, pour la première fois, l'idée de l'étendue. Mais cette question est étrangère au sujet de la discussion précédente. Quelque parti que l'on prenne à cet égard, les arguments de Reid contre le principe de Locke n'en conserveront pas moins tout leur poids (1).

---

(1) Voy. la note L.

TROISIÈME ESSAI.

DE L'INFLUENCE QUE LOCKE A EXERCÉE SUR LES SYSTÊMES PHILOSOPHIQUES QUI ONT DOMINÉ EN FRANCE PENDANT LA DERNIÈRE MOITIÉ DU DIX-HUITIÈME SIÈCLE.

Nous avons déjà consacré un Essai à examiner la doctrine de Locke sur l'origine de nos idées. Depuis long-temps cette doctrine a été implicitement adoptée par le plus grand nombre des philosophes Français, comme une vérité première et incontestable. Fontenelle, dont l'esprit avait été probablement disposé à l'accueillir par les ouvrages de Gassendi qui offrent des développements analogues, Fontenelle la préconisa de bonne heure en France, où, plus tard encore, les éloges sans mesure qu'elle reçut de Voltaire lui donnèrent un éclat nouveau. Depuis, elle est devenue la base commune sur laquelle Condillac, Turgot, Helvétius, Diderot, d'Alembert, Condorcet,

MM. Destutt-de-Tracy, de Gérando, et beaucoup d'autres philosophes d'un grand renom qui ont suivi dans leurs systêmes philosophiques les directions les plus opposées, ont établi les conclusions particulières que chacun d'eux a formées sur l'histoire de l'esprit humain (1).

Toutefois, malgré l'empressement de ces hommes distingués à s'emparer de ce principe commun de raisonnement, à exalter à l'envi la sagacité dont Locke avait fait preuve en l'établissant, on aurait peine à trouver parmi eux deux écrivains qui l'aient envisagé précisément sous le même point de vue, et pas un seul, peut-être, qui l'ait exactement compris dans le sens qu'y attachait l'auteur. Et, chose singulière, ceux-là mêmes qui se sont donné le moins de peine pour déterminer l'étendue des conclusions de Locke, ont fait retentir ses louanges avec le plus de fracas.

Les erreurs qui se sont accréditées en

---

(1) Tous les philosophes français de ce siècle ont fait gloire de se ranger au nombre des disciples de Locke, et d'admettre ses principes. (De Gérando, De la Génération des Connaissances Humaines, p. 81.)

France sur cette question fondamentale peuvent en grande partie s'expliquer par la persuasion où l'on est, dans ce pays, que Condillac, ce *père de l'Idéologie*, comme l'appelle un auteur contemporain (1), a fidèlement exposé la doctrine de Locke ; et aussi, par le poids qu'a donné l'autorité du philosophe anglais aux commentaires et aux déductions de son illustre disciple. Dans l'Introduction de son Essai sur l'Origine des Connaissances Humaines, Condillac, après avoir remarqué que « souvent un philoso-
» phe se déclare pour la vérité sans la
» connaître, » ajoute : « il se peut, que ce
» soit là le motif qui a engagé les Péripa-
» téticiens à prendre pour principe que
» toutes nos connaissances viennent des
» sens. Ils étaient si éloignés de connaître
» cette vérité, qu'aucun d'eux n'a su la
» développer, et qu'après plusieurs siècles,
» c'était encore une découverte à faire. »

« Bacon (c'est toujours Condillac qui
» parle) est peut-être le premier qui l'ait
» aperçue. Elle est le fondement d'un
» ouvrage dans lequel il donne d'excellents

---

(1) M. Destutt-de-Tracy.

» conseils pour l'avancement des sciences.
» Les Cartésiens ont rejeté ce principe avec
» mépris, parce qu'ils n'en ont jugé que
» d'après les écrits des Péripatéticiens.
» Enfin Locke l'a saisi, et il a l'avantage
» d'être le premier qui l'ait démontré. »

Le passage suivant fait voir comment Condillac avait compris cette découverte de Locke : « Dans le système que toutes nos
» connaissances viennent des sens, rien n'est
» plus aisé que de se faire une notion
» exacte des *idées ;* car les *sensations* sont
» des *idées sensibles*, si nous les considé-
» rons dans les objets auxquels nous les
» rapportons; et, si nous les considérons
» séparément des objets, elles sont des *idées*
» *abstraites* » (1). Ailleurs il nous dit que,
« le jugement, la réflexion, les désirs, les
» passions, etc., ne sont que la sensation
» même qui se transforme différemment (2),
» et que la faculté de *sentir* comprend toutes
» les autres facultés de l'esprit. » Pour moi, je reconnais, avec un autre écrivain Français très-distingué, que ces expressions figurées ne m'offrent aucune idée nette, et ne

---

(1) Traité des Systêmes, ch. 6, art. 2.

(2) Traité des Sensations, Introd.

servent, au contraire, qu'à répandre encore plus d'obscurité sur le principe de Locke (1).

On jugera par les citations qui vont suivre, de l'influence que ce langage si vague de Condillac a exercée sur les écrivains qui sont venus après lui; et je pense qu'il n'en faudra pas davantage pour faire apprécier l'exactitude de l'interprète auquel se sont fiés, *en général*, les philosophes français pour étudier la doctrine de Locke sur l'origine de nos idées (2).

---

(1) De Gérando, De la Génération des Connaissances Humaines.

(2) Pour rendre justice à qui de droit, je ferai remarquer ici que l'indécision du langage de Condillac sur ce point, a été signalée par plusieurs de ses compatriotes. « Trompé
» par la nouveauté d'une expression qui paraît avoir
» pour lui un charme secret, renfermant toutes les
» opérations de l'esprit sous le titre commun de *sensation*
» *transformée*, Condillac croit avoir rendu aux faits une
» simplicité qu'il n'a placée que dans les termes. » Le même auteur ajoute dans une note : « Cette observation a été
» faite par M. Prévost dans les notes de son mémoire *sur*
» *les signes*; par M. Maine-Biran, dans son traité de
» *l'Habitude*, etc. Cet abus des termes est si sensible, qu'on
» s'étonne de l'avoir vu renouvelé depuis par des écrivains
» très-éclairés. » De Gérando, Histoire comparée, T. I, p. 345, 346. 1re éd.

L'ouvrage cité de M. Maine-Biran a pour titre : « In-
» fluence de l'habitude sur la faculté de penser. Ouvrage

Écoutons Helvétius : « Lorsqu'Aristote a dit, *nihil est in intellectu quod non fuerit priùs in sensu*, il n'attachait certainement pas à cet axiome les mêmes idées que M. Locke. Cette idée n'était tout au plus, dans le philosophe Grec, que l'apercevance d'une découverte à faire, et dont l'honneur appartient en entier au philosophe Anglais. » (de l'Esprit. Disc. IV) (1).

» qui a remporté le prix sur cette question proposée par la classe des sciences morales et politiques de l'Institut National : *Déterminer quelle est l'influence de l'habitude sur la faculté de penser; ou, en d'autres termes, faire voir l'effet que produit sur chacune de nos facultés intellectuelles la fréquente répétition des mêmes opérations.*

Quoique je ne partage pas les opinions de cet auteur sur tous les points, je déclare avec plaisir que j'ai profité de son excellent travail. Pour la critique qu'il a faite de la *sensation transformée*, voy. pp. 51 et 52 de son *traité de l'Habitude*.

Afin de prévenir toute équivoque lorsque je me sers de l'expression générale de *Philosophes Français*, je dois prévenir que je ne l'emploie que dans son acception la plus restreinte, sans y comprendre les écrivains qui appartiennent à l'école de Genève ou aux autres pays de l'Europe dans lesquels les gens de lettres composent le plus souvent leurs ouvrages en Français.

(1) Le Dr Gillies fait observer, dans son excellente Analyse des ouvrages d'Aristote, qu'il n'a jamais rencontré dans cet auteur *la proposition qu'on lui attribue généralement : Nihil est*

La manière dont Helvétius lui-même interprétait la doctrine de Locke sur ce point, se découvre manifestement dans cette conséquence qu'il en a déduite, et qu'il a développée avec tant de détail : savoir, que, pour l'homme, tout se résout définitivement dans la *sensation ou l'acte de sentir*. A cela donc se réduit la découverte sur laquelle Helvétius veut fonder exclusivement la gloire du philosophe Anglais.

« C'est à Aristote, dit Condorcet, que l'on
» doit cette vérité importante, ce premier
» pas dans la connaissance de l'esprit hu-
» main, que nos idées, même les plus ab-
» straites, les plus purement intellectuelles,
» pour ainsi dire, doivent leur origine à
» nos sensations ; mais il ne l'appuya d'au-
» cun développement. Ce fut plutôt l'aperçu

---

in intellectu, etc ; mais il cite en même temps une phrase d'Aristote qui présente la même idée aussi exactement que la différence d'une langue à l'autre peut le permettre : ἐν τοῖς εἴδεσι τοῖς αἰσθητοῖς τὰ νοητά ἐστι. (Gillies's Arist. 2ᵉ édit. vol. I, p. 47.) Je dois noter ici que les mots soulignés dans la phrase du Dʳ Gillies ne sont point tout-à-fait exacts, surtout si on les applique aux écrivains anglais. M. Harris, dont j'ai en ce moment l'Hermès sous les yeux, parle de cette proposition, comme d'un axiome de l'école bien connu ; (Harris's Works, Vol. I, p. 419) et je ne sache pas qu'aucun auteur distingué l'ait considérée autrement.

» d'un homme de génie, que le résultat d'une
» suite d'observations analysées avec préci-
» sion, et combinées entre elles pour en
» faire sortir une vérité générale. Aussi, ce
» germe jeté dans une terre ingrate, ne
» produisit de fruits utiles qu'après plus de
» vingt siècles (1).

» Enfin, Locke saisit le fil qui devait la
» guider (la philosophie); il montra qu'une
» analyse exacte et précise des idées, en les
» réduisant successivement à des idées plus
» immédiates dans leur origine, ou plus
» simples dans leur composition, était le
» seul moyen de ne pas se perdre dans ce
» cahos de notions incomplètes, incohé-
» rentes, indéterminées que le hasard nous
» a offertes sans ordre et que nous avons
» reçues sans réflexion.

» Il prouva par cette analyse même, que
» toutes sont le résultat des opérations de
» notre intelligence sur les sensations que
» nous avons reçues, ou plus exactement en-
» core, *des combinaisons de ces sensations*
» que la mémoire nous représente simulta-
» nément, mais de manière que l'attention

---

(1). Tableau des progrès de l'Esprit Humain, p. 109.

» s'arrête, que la perception se borne à une
» partie seulement de chacune de ces sensa-
» tions composées (1). »

Il y a dans tout ce qu'on vient de lire tant de vague et de confusion que j'aurais été en peine d'y trouver un sens bien précis, sans cette phrase particulière dans laquelle l'auteur, avec une exactitude pleine d'affectation, établit comme résultat de toutes les méditations de Locke, que *toutes nos idées se composent de sensations*. La phrase qui précède immédiatement ces mots, et dont ils sont le commentaire ou plutôt le correctif, présente au premier coup d'œil, un sens entièrement différent, et bien plus irréprochable ; mais on ne peut, en aucune manière, concilier l'une ou l'autre explication avec la doctrine de Locke, telle qu'il l'a développée lui-même dans les différents cas où il en fait l'application (2).

Je me contenterai d'ajouter à ces divers passages quelques lignes de Diderot, parce qu'il a mis plus de soin que la plupart des écrivains français, à expliquer nettement et

---

(1) Ib. p. 242.
(2) Voy. sur ce point historique les développements donnés par M. Dugald-Stewart dans son Histoire des Sciences Métaphysiques etc. T. II, p. 37, de la traduction de M. Buchon. N. D. T.

sans équivoque l'opinion qu'il s'était formée sur l'origine et l'étendue des connaissances humaines.

« Toute idée doit se résoudre en der-
» nière décomposition en une représenta-
» tion sensible; et, puisque tout ce qui est
» dans notre entendement est venu par la
» voie de notre sensation, tout ce qui sort
» de notre entendement est chimérique, ou
» doit, en retournant par le même chemin,
» trouver hors de nous un objet sensible
» pour s'y rattacher. De là, une grande rè-
» gle en philosophie; c'est que toute ex-
» pression qui ne trouve pas *hors de nous*
» un objet sensible auquel elle puisse se
» rattacher, est vide de sens (1). (Œuvres
» de Diderot, t. VI.)

(1) Avec cette *grande règle en philosophie* Diderot pousse bien plus loin que Hume la conséquence de l'interprétation particulière qu'il donne au principe de Locke. Sous d'autres rapports ce passage offre une analogie frappante avec l'opinion de Hume sur *l'origine de nos idées*; opinion qu'il regardait comme une règle infaillible de logique pour distinguer les objets légitimes de la science, des fantômes de l'imagination et des préjugés. « Les évènements se suivent, » à la vérité, mais sans que nous remarquions la moindre » liaison entre eux : nous les voyons, pour ainsi dire, en » *conjonction*, mais jamais en *connexion*. Comme nous ne » pouvons nous former aucune idée de choses qui n'ont » jamais affecté, ni nos sens externes, ni notre sentiment

En comparant cette conclusion de Diderot, avec les idées innées de Descartes, la transition d'un extrême à l'autre a de quoi frapper d'étonnement. Et pourtant je ne puis imputer qu'à l'apparition tardive de la philosophie de Locke en France, les résultats extravagants auxquels elle a conduit quelques écrivains français. La confiance que leurs prédécesseurs avaient mise implicitement dans le système de Descartes, disposait naturellement les esprits à se jeter tout-à-coup et sans examen dans une erreur contraire ; car il y a beaucoup de justesse dans cette remarque d'un observateur plein de sens et de bonne foi, que, « rien n'est plus » voisin de l'ignorance d'un principe que » son excessive généralisation (1). »

» intérieur, il paraît inévitable de conclure que nous man-
» quons absolument de toute idée de connexion ou de pou-
» voir, et que ces termes ne signifient rien, soit qu'on les
» emploie dans les spéculations philosophiques, soit qu'on
» en fasse usage dans la vie commune. » (Essai sur l'idée de liaison nécessaire, 2de partie.)

(1) De Gérando, Introd. p. XX. J'ajouterais volontiers à cette observation que rien aussi n'est plus naturel, ni plus commun que de passer tout d'un coup d'une croyance philosophique, à la négation complète de ces mêmes dogmes, avec toutes les erreurs, et toutes les vérités qu'ils renferment. — La faute, dans l'un et l'autre excès, vient d'un asservissement condamnable du jugement à l'autorité des autres.

D'Alembert a fait observer comme une singularité remarquable dans les habitudes littéraires de ses compatriotes, que, bien qu'avides de nouveautés en matière de goût, ils se sont toujours montrés, en fait de recherches scientifiques, esclaves des vieilles opinions. « Deux dispositions si contraires
» en apparence, ont leur principe dans plu-
» sieurs causes, et surtout dans cette ardeur
» de jouir qui constitue notre caractère. Tout
» ce qui est du ressort du sentiment n'est
» pas fait pour être long-temps cherché, et
» cesse d'être agréable dès qu'il ne se pré-
» sente pas tout d'un coup : mais aussi l'ar-
» deur avec laquelle nous nous y livrons
» s'épuise bientôt; et l'ame dégoutée aussi-
» tôt que remplie, vole vers un nouvel
» objet qu'elle abandonnera de même. Au
» contraire, ce n'est qu'à force de médita-
» tions que l'esprit parvient à ce qu'il cher-
» che : mais, par cette raison, il veut jouir
» aussi long-temps qu'il a cherché. »

A l'appui de cette remarque, d'Alembert rappelle l'attachement opiniâtre des philosophes français aux *doctrines scolastiques* dont ils ne secouèrent le joug qu'au moment où l'école de Descartes qui triompha première des dogmes d'Aristote, avait déjà subi dans les autres pays de l'Europe, le sort de celle qui l'avait précédée. « Newton avait déjà renversé la physique Cartésienne, et les tourbillons étaient détruits avant que nous ne songeassions à les adopter....... Il ne faut qu'ouvrir nos livres pour voir avec surprise qu'il n'y a pas encore trente ans qu'on a commencé en France à renoncer au cartésianisme. Maupertuis est le premier qui ait osé parmi nous se déclarer ouvertement Newtonien (1). »

Pour fortifier cette observation de d'Alembert, je prendrai la liberté d'ajouter, au risque d'être accusé de partialité nationale, que, sur la plupart des questions qui se rattachent à la philosophie de l'esprit humain, les Français sont d'un demi-siècle au moins en arrière des écrivains de notre pays (2).

---

(1) Disc. prél. de l'Encycl. Ce discours parut pour la première fois en 1751.

(2) Il est presque superflu d'ajouter que, dans cette observation, j'entends parler de la masse des opinions philosophiques, et non pas des conclusions particulières adoptées par un petit nombre de philosophes qui pensent par eux-mêmes. Tout Anglais qui aura étudié cette partie de la science, reconnaîtra, s'il est de bonne foi, que sur d'autres points importants, Condillac et ses successeurs ont fait jaillir des lumières dont nous avons profité.

On connaissait à peine en France le système de Locke, quand déjà il était universellement adopté en Angleterre; et maintenant qu'après de longs débats, nos penseurs les plus sages l'ont réduit à sa juste valeur, on en tire en France des conséquences exagérées qui ne seraient jamais entrées dans l'esprit du plus mince des raisonneurs Anglais. Les ouvrages de Reid et de quelques autres philosophes ont accoutumé ceux mêmes qui n'adoptent point toutes leurs conclusions, à regarder le mot *idée* comme suspect et dangereux; et déjà, devenu synonyme de *notion*, terme à la fois simple et populaire, il commence à perdre la signification technique que Descartes lui avait donnée; mais dans le même temps, nos voisins ont fait choix du mot *Idéologie* pour désigner cette branche de la philosophie, qu'on nommait auparavant *science de l'esprit humain*; et ils ont toujours soin de nous avertir eux-mêmes que le grand objet de cette science est de ramener *par voie d'induction* les phénomènes intellectuels à leurs lois générales. Ce qu'il y a d'assez ridicule, c'est qu'en cherchant un terme nouveau pour désigner cette branche d'étude, on ait choisi un mot, qui, par sa valeur étymologique, paraît supposer comme admise la vérité d'une hypothèse dont la fausseté a été prouvée, il y a plus de cinquante ans, et qu'on a bien évidemment reconnue pour avoir enfanté presque toutes les absurdités des métaphysiciens anciens et modernes (1).

Peut-être aurais-je dû m'empresser de signaler parmi les philosophes que j'ai cités précédemment, un homme dont les écrits se recommandent par une alliance rare de savoir, d'indépendance, et de profondeur philosophique. Pour ceux qui connaissent ses ouvrages, j'ai déjà nommé M. de Gérando. J'ai goûté une satisfaction véritable à remarquer entre les vues générales de cet écrivain et les miennes propres, une ressemblance frappante; et je ne doute point que la différence de nos opinions ne tienne plutôt à la manière inexacte dont j'ai exposé

---

(1) L'un des partisans les plus distingués de cette nouvelle nomenclature nous a déclaré que l'*Idéologie* était une branche de la *Zoologie*; « parce qu'elle a pour but d'examiner les » facultés intellectuelles de l'homme et des autres animaux. » Cette classification, je dois le dire, me paraît fort étrange ; mais la seule objection que je veuille faire pour l'instant, c'est qu'elle est manifestement destinée à établir une théorie qui abaisse l'homme au niveau de la bête, et cela sans la moindre discussion. « *Penser, c'est toujours sentir*, *et ce n'est* » *rien que sentir*. Elém. d'Idéol. par M. Destutt-de-Tracy. Paris 1804.

les miennes, qu'à l'insuffisance des raisons qui m'ont déterminé à les adopter. Ici du moins, sa manière de voir me paraît presque entièrement conforme à celle que j'ai voulu établir dans mon premier ouvrage, bien qu'un lecteur inattentif pût croire que nous appartenons à deux sectes entièrement opposées.

« Tous les systêmes possibles sur la gé-
» nération des idées, peuvent être rappe-
» lés, *quant à leur principe fondamental*,
» à cette simple alternative : ou toutes nos
» idées ont leur origine dans les impressions
» des sens ; ou il y a des idées qui n'ont
» point leur origine dans ces impressions,
» et par conséquent qui sont placées dans
» l'ame immédiatement, et qui lui appar-
» tiennent en vertu de sa seule nature.

» Ainsi les opinions des philosophes an-
» ciens ou modernes, sur la génération des
» idées, se placeront d'elles-mêmes sur deux
» lignes opposées ; celles des philosophes qui
» ont adopté le principe : *nihil est in intel-*
» *lectu quin prius fuerit in sensu*; celles des
» philosophes qui ont cru aux idées innées,
» ou inhérentes à l'intelligence (1). »

---

(1) De la Génération des Connaissances Humaines. p. 8. et 9. (Berlin 1802.)

Le paragraphe qui vient immédiatement après, montre bien que M. de Gérando, lui-même, ne croit pas que cette classification soit rigoureusement exacte; car il remarque que, « parmi les philosophes qui
» ont adopté ces opinions contradictoires,
» il en est plusieurs qui, attachés en appa-
» rence aux mêmes systèmes, les ont adop-
» tés pour des motifs différents, ou ne les
» ont point compris de la même manière,
» ou n'en ont point tiré les mêmes conséquences. » Rien de plus juste, rien de mieux exprimé que cette observation; et si j'éprouve un regret, c'est qu'elle n'ait point déterminé cet estimable auteur à fixer dès le début de son ouvrage la valeur précise des différents systèmes auxquels il fait ici allusion. Il n'aurait pas manqué de s'apercevoir sur-le-champ que plusieurs opinions qu'il a rangées sous une dénomination commune ne s'accordent que sur les mots, et sont complètement divisées quant aux choses, tandis que certaines autres, qui, d'après son principe de classification, sembleraient être rivales, ne diffèrent que par l'expression et s'entendent parfaitement sur tous les points qui tiennent aux bases d'une logique saine et lumineuse.

Peut-être en m'efforçant de remplir cette

lacune de l'ouvrage de mon ami, serai-je assez heureux pour justifier la critique que j'ai hasardée sur quelques-unes des ses opinions historiques. Alors, je l'espère, il verra avec autant de satisfaction que moi-même, combien nous sommes près de nous entendre sur cet article fondamental de la science qui nous occupe. C'est ainsi que plusieurs philosophes avant nous, étaient loin de soupçonner que la différence des opinions qu'ils débattaient avec tant de chaleur, ne roulait guère que sur les mots.

Sans chercher à établir une distinction précise entre des systèmes qui se confondent évidemment par leur nature et leur tendance, et ne diffèrent les uns des autres que par de légères modifications, comme la doctrine de Descartes et de Malebranche sur les idées innées; il me semble que les opinions les plus remarquables des philosophes modernes, sur l'origine de nos connaissances, peuvent se ranger sous quelqu'une des divisions suivantes.

1° Ou elles se rapportent à la doctrine des *idées innées*, avec le sens qu'y attachaient Descartes et Malebranche, c'est-à-dire, qu'elles supposent dans *l'esprit* l'*existence d'objets de la pensée distincts de l'esprit même*; coexistant avec lui comme partie essentielle de son approvisionnement intellectuel et entièrement indépendants de toute notion venue du dehors. A cette classe d'idées appartiennent, selon les Cartésiens, celles de *Dieu*, d'*existence*, de *pensée*, et quelques autres encore qui, malgré la clarté avec laquelle elles se présentent à l'entendement, ne ressemblent à aucune sensation, et par conséquent, disent ces mêmes philosophes, doivent avoir été imprimées dans l'esprit au moment même de sa création.

Nous avons peine à comprendre aujourd'hui que l'hypothèse des *idées innées*, interprétée de cette manière, ait jamais eu besoin d'une réfutation sérieuse; c'est contre elle pourtant, que Locke a dirigé la plus grande partie des raisonnements qui forment le commencement de son Essai.

Il y a long-temps que cette doctrine n'est plus en Angleterre qu'un monument de folie scientifique; mais nous savons par M. de Gérando, qu'on l'enseignait encore dans les écoles de France, vers la fin du siècle dernier (1). Cette circonstance peut expliquer la proscription dans laquelle les philosophes français ont enveloppé, dans ces derniers temps, tout principe qui semblait avoir le moindre rapport avec cette hypothèse absurde.

2° Ou bien elles se rapportent à l'opinion de Locke, avec le sens qu'il y attachait, ainsi que Berkeley, Hume, et, sauf quelques exceptions, tous les écrivains les plus distingués de l'Angleterre depuis la publication de l'Essai sur l'Entendement Humain, jusqu'à celle des Recherches sur l'Esprit Humain, par le docteur Reid. Or, comme nous l'avons déjà remarqué, cette philosophie conduit tout droit aux conclusions de Berkeley, sur l'*existence* idéale du monde matériel, et au scepticisme universel de Hume.

---

(1) L'idée de *Dieu*, celle de l'*existence*, celle de la *pensée*, disent-ils, ne ressemblent à aucune sensation. Cependant elles sont clairement dans l'esprit : il faut donc qu'elles viennent d'une autre source que des sens, et par conséquent qu'elles soient *placées immédiatement dans notre ame. Ces opinions ont été, presque jusqu'à la fin du dernier siècle, enseignées dans les écoles de France.* De la Génération des Connaissances Humaines p. 62. Berlin, 1802.

Ceci confirme la remarque de d'Alembert que nous avons rapportée plus haut, p. 216.

3° Ou bien à cette même opinion de Locke, interprétée par Diderot, et conduisant dès le premier pas, au *matérialisme*, extravagance d'un autre genre, diamétralement opposée à celle de Berkeley. Et encore ne s'arrête-t-elle pas à cette forme de matérialisme telle que l'ont présentée les plus habiles défenseurs de ce système ; la conséquence nécessaire qu'elle renferme, c'est qu'il faut bannir du livre de la science de l'homme, toute espèce de mot qui ne représente point une notion dont l'archétype se trouve dans les objets des perceptions sensibles. C'est Diderot lui-même qui nous fait cet aveu.

4° Enfin, à l'opinion ou plutôt à l'*exposé* de Locke, restreint et modifié comme j'ai tâché de le faire dans la quatrième section du premier chapitre de la Philosophie de l'Esprit humain. Qu'on me permette encore une fois de rappeler à mes lecteurs, que tous ces développements se réduisent aux propositions générales suivantes.

Toutes les notions simples, en d'autres termes, tous les éléments primitifs de nos connaissances, sont, ou donnés immédiatement à l'esprit par la conscience et la perception (1), ou bien manifestés successivement par l'exercice des différentes facultés qui constituent l'entendement humain. Sous ce point de vue *la somme totale de nos connaissances peut assurément se dériver de la sensation;* en tant que c'est à l'occasion des impressions externes que la conscience s'éveille pour la première fois, et que nos facultés intellectuelles entrent en action. Cependant cette proposition resserrée sous une forme aussi indécise peut donner lieu à d'étranges erreurs; et ce qui le prouve, c'est la manière dont elle a été interprétée par les commentateurs français de Locke, et notamment par Diderot, dans le passage que j'ai rapporté ci-dessus.

En lisant attentivement le mémoire de M. de Gérando, on a pu s'apercevoir d'abord que, lorsqu'il défend avec tant de chaleur les paroles de Locke, il leur donne précisément le sens dans lequel je les ai entendues; et cependant je ne suis pas éloigné de croire que ces expressions ainsi comprises ne s'écartent bien plus de l'opi-

---

(1) Voy. note N.

nion de Diderot, que de l'ancienne théorie des *idées innées*. Je pourrais même dire que, si l'on mettait de côté ce mot *innées* qui fait le sujet de tant d'équivoques et de disputes, ainsi que toutes les absurdités qui se rattachent, soit à la doctrine de Platon, soit à celle des Scolastiques ou à celle de Descartes; on pourrait, quant au fond, réconcilier le système de ce dernier avec la conclusion que j'ai taché d'établir par induction des faits. Je dois reconnaître, du moins pour ma part, que dans les passages de Cudworth, de Leibnitz et de Harris, que j'ai cités plus haut, je n'ai trouvé matière à des objections un peu importantes, que dans quelques formes hypothétiques de l'expression. Quant à l'exposition en elle-même, elle contient la vérité tout entière, mêlée seulement de quelques rêves de l'imagination; tandis que leurs adversaires, non-seulement s'écartent de la vérité; mais encore se trouvent contredits par les phénomènes les plus ordinaires et les mieux constatés de l'entendement.

Ici, comme en bien d'autres occasions, je me rappelle avec plaisir une observation de Leibnitz. « La vérité est plus répandue » dans le monde qu'on ne se l'imagine

» communément. Mais trop souvent elle est
» déguisée, corrompue même, par un mélange
» d'erreur qui en dérobe la connaissance
» et en affaiblit l'utilité. En la découvrant
» partout où elle se trouve, au milieu des
» ruines que nos prédécesseurs ont laissées
» derrière eux, nous obtenons à la fois, et
» l'avantage d'étendre nos connaissances, et
» le plaisir de substituer à tous les systè-
» mes qui se sont renversés successivement,
» une philosophie impérissable (*perennem*
» *quamdam philosophiam*), dont les for-
» mes, il est vrai, se renouvellent d'un
» âge à l'autre, mais laissent toujours aper-
» cevoir une portion de cette vérité qui en
» fait la base inébranlable. »

Les erreurs dans lesquelles sont tombés les philosophes modernes, sur la question importante qui nous occupe, viennent je crois d'une application mal-entendue de cette proposition de Bacon, *que tout ce que nous savons dérive de l'expérience*. Elle sert de texte aux considérations qui précèdent la théorie de Locke sur la *sensation* et la *réflexion*; et ces considérations à leur tour ont servi de point de départ à M. de Gérando, pour les recherches qu'il a faites sur *l'origine de nos idées.* « Supposons, dit

» Locke, qu'au commencement l'ame est
» ce qu'on appelle une *table rase*, vide de
» tous caractères, sans aucune idée quelle
» qu'elle soit. Comment vient-elle à rece-
» voir des idées ? Par quel moyen en acquiert-
» elle cette prodigieuse quantité que l'i-
» magination de l'homme toujours agissante
» et sans bornes, lui présente avec une
» variété presque infinie? Où puise-t-elle
» tous ces matériaux qui sont comme le
» fond de tous ses raisonnements et de
» toutes ses connaissances? A cela je ré-
» ponds en un mot, dans l'*expérience*.
» C'est là le fondement de toutes nos con-
» naissances, et c'est de là qu'elles tirent
» leur origine » (1).

Je tâcherai de faire voir plus clairement dans quel sens doit s'interpréter cette maxi-

---

(1) On s'étonne de ne voir citer dans aucun endroit de l'Essai de Locke ni les ouvrages ni le nom même de Bacon. Je ne prétends pas insinuer par cette observation, que Locke avait emprunté à Bacon des idées dont il ne voulait point lui faire hommage ; je pense, au contraire, qu'avec une lecture plus approfondie des ouvrages de ce dernier, il aurait fait de son Essai un livre plus important. C'est dans les écrits de Hobbes et de Gassendi qu'il faut chercher les principes de la philosophie de Locke, toutes les fois qu'il ne s'abandonne point à l'impulsion de son génie puissant et original.

me célèbre, si je puis mettre à exécution un projet sur lequel j'ai long-temps réfléchi; celui d'analyser les procédés logiques par lesquels nous arrivons aux différentes classes de vérités, et de rapporter les différentes sortes d'évidence aux sources dont elles dérivent dans notre constitution intellectuelle (1). Il me suffira pour l'instant de faire observer en général que quelque étendue que l'on veuille accorder à cette maxime, en ce qui concerne la connaissance que nous avons des *faits*, soit extérieurs, soit de la conscience, il n'en faut pas moins présupposer dans l'être qui acquiert cette connaissance, l'existence de certaines capacités ou facultés intellectuelles qui sont nécessairement accompagnées dans leur exercice de différentes *notions simples*, de différentes *lois irréductibles de croyance*, dont l'expérience ne saurait aucunement rendre raison. Par quelles subtilités métaphysiques, par exemple, serait-il possible d'expliquer, à l'aide de ce seul principe, les opérations de *la raison* qui observe ces phénomènes, qui se rappelle le passé, qui prévoit l'avenir, qui conclut synthé-

---

(1) Voy. le 3ᵉ vol. de la Phil. de l'Espr. Hum. N D T.

tiquement des choses connues, à d'autres qu'elles ne peut soumettre à l'examen des sens; qui enfin a créé un vaste système de vérités démontrées, qui ne suppose d'autre connaissance antérieure que celle de ses propres définitions et de ses axiômes? Dire que, même dans *cette* science, les idées d'*étendue*, de *figure* et de *quantité*, sont primitivement acquises par nos sens extérieurs, c'est jouer puérilement sur les mots, sans résoudre la difficulté. De tous les *principes* dont Euclide déduit ses conséquences, en est-il un seul dont la certitude repose sur *l'expérience*, avec le sens qu'on accorde à ce mot dans la *logique inductive*? S'il en était ainsi, la *géométrie* cesserait d'être une science de démonstration.

Ce n'est pas tout : si l'on admet en mathématiques la vérité des *hypothèses* sur lesquelles se fondent nos raisonnements, les vérités mathématiques sont éternelles et nécessaires; et par conséquent, ainsi qu'on l'a déjà remarqué pour l'objecter à la doctrine de Locke, elles ne peuvent avoir été déduites de l'expérience seulement. « Si Locke, dit » Leibnitz, avait suffisamment considéré la » différence qui sépare les vérités nécessaires » ou démonstratives, de celles que l'in-

» duction seule nous fournit, il se serait
» aperçu que les vérités nécessaires ne se
» peuvent prouver que par les principes
» innés dans l'esprit (1) (*menti insitis*);
» puisque les sens ne peuvent nous instruire
» que de ce qui *est*, et nullement de ce
» qui *doit être nécessairement* (2). »

Mais, sous le rapport même des *faits*, la maxime de Bacon doit souffrir encore quelque restriction. D'où vient notre croyance à la *continuation* des lois de la nature? D'où naissent les conclusions que nous tirons du *passé* pour l'*avenir*? Assurément ce n'est pas de l'*expérience* seule. Ainsi, bien qu'on puisse accorder, comme je suis disposé à le faire, que, dans nos raisonnemens sur l'*avenir*, nous avons le droit de ne regarder un fait comme *positif* qu'autant qu'il est vérifié par l'*expérience du passé*, ce qui, pour le dire ici, est le véritable sens de l'aphorisme de *Bacon*; il reste toujours à découvrir l'origine de cette ferme persuasion que les *évènemens passés* peuvent en toute sûreté être pris pour *signes de ceux*

---

(1) C'est-à-dire qui entraînent notre assentiment par leur évidence intuitive.

(2) T. V. p. 358, éd. de Dutens.

qui arriveront encore ? Il en est de même précisément de la confiance que nous inspire le témoignage des hommes; laquelle confiance serait demeurée pleine et entière, si, dans le cours de notre expérience passée, ce témoignage ne nous avait *jamais* induits en erreur. Et même, les choses étant ainsi, on pourra toujours demander ce qui nous fait conclure que ce témoignage ne nous *trompera* pas dans l'avenir; ou, ce qui revient à-peu-près au même, pourquoi nous accordons quelque confiance aux récits des hommes qui vivaient il y a deux mille ans? Assurément il n'est rien de plus évident que cette proposition, que l'*expérience*, telle que l'entendent Locke et ses disciples, ne peut nous informer que de ce qui tombe actuellement sous l'activité de la mémoire. Je crois que Hume est le premier qui ait été vivement frappé de la vérité et de l'importance de ces considérations. « On peut
» assurer, dit-il, que l'expérience du passé
» ne nous informe *directement* et *certai-*
» *nement* que des seuls objets et du seul es-
» pace de temps sur lesquels elle s'est exer-
» cée ; mais la question importante sur
» laquelle je voudrais insister, est de savoir
» comment cette expérience peut s'étendre

» à d'autres temps et à d'autres objets (1). »
Ce n'est point ici le lieu de répondre à cette
question ; il me suffit qu'on reconnaisse
que le principe seul de l'expérience ne rend
pas complétement raison du fait.

Il ne sera pas inutile, en terminant cet
Essai, de remarquer les erreurs contradictoires dans lesquelles sont tombés les partisans déclarés de Bacon, lorsqu'ils ont étudié
les phénomènes de la matière et ceux de
l'esprit. Dans les sciences physiques où la
maxime de leur maître peut être adoptée
dans toute son étendue, ils se sont montrés disposés à en restreindre l'application,
et à considérer certaines lois, telles que le
rapport de la force de gravitation à la
distance des corps qui gravitent, comme des
vérités nécessaires, ou dont la preuve était
admissible *à priori*; tandis que, dans la
science de l'esprit où le même principe
étendu au-delà de certaines limites conduit
manifestement à l'absurde, ils ont essayé de
l'appliquer, sans la moindre restriction, à
tous les élémens primitifs de nos connaissances, et même à la génération de ces
facultés de raisonnement qui forment le
caractère distinctif de notre espèce.

---

(1) Voy. l'Essai de Hume intitulé *Doutes Sceptiques*, etc.

QUATRIÈME ESSAI.

DES THÉORIES MÉTAPHYSIQUES DE HARTLEY, PRIESTLEY ET DARWIN. (1)

Lorsque j'ai dit, dans l'Essai qui précède, que les doctrines les plus répandues en Angleterre sur l'origine de nos idées étaient en général plus précises et plus justes que celles des disciples de Condillac, je n'ignorais pas qu'on pouvait opposer des exceptions remarquables à la généralité de mon observation.

Parmi les écrivains de notre pays qui ont borné leurs recherches à la philosophie de l'esprit humain proprement dite, je ne connais pas un seul auteur de quelque mérite littéraire qui ait tiré du principe de Locke des conséquences aussi extravagantes que Diderot et Helvétius; mais aussi, dans cette classe de philosophes anglais qui, depuis peu, ont essayé de fonder

---

(1) Voy. Hist. des Sciences Métaph. T. II, p. 267. N.D.T.

une école nouvelle par le mélange d'une métaphysique scolastique et des hypothèses physiologiques, on peut citer des hommes qui, sur cette question élémentaire, ont avoué des opinions qui égalent et surpassent même en absurdité celles des métaphysiciens français.

De tous les écrivains dont je veux parler ici, Hartley, Priestley et Darwin sont les plus célèbres; et, malgré quelques différences sur des questions accessoires, ils s'accordent tous dans leurs conclusions sur l'origine de nos idées. Le premier, après nous avoir dit que « tous nos sentimens » internes, excepté nos sensations, peuvent » s'appeler *idées*; que celles de nos idées » qui ressemblent aux sensations peuvent » s'appeler *idées de sensation*, et les au- » tres, *idées intellectuelles*, » ajoute « que » les idées de sensation sont les *élémens* » dont se composent toutes les autres (1). » Ailleurs il témoigne l'espérance « qu'en dé- » veloppant et en perfectionnant la doc- » trine de l'association, on pourra parve- » nir un jour, lui ou quelque autre, à

---

(1) Hartley, On Man, 4ᵉ éd. p. 2 de l'Introduction.

» décomposer cette variété infinie d'idées
» complexes, que nous appelons *idées de*
» *réflexion* ou *intellectuelles*, c'est-à-dire à
» les ramener aux *idées de sensation* dont
» elles sont formées (1). » Plus loin, il montre plus explicitement encore la différence qui existe entre sa propre doctrine et celle de Locke : « Il ne sera point inutile d'examiner
» ici jusqu'à quel point la théorie de ces
» ouvrages m'a écarté, sous le rapport de
» la logique, de l'excellent ouvrage de Locke
» sur l'entendement humain; ouvrage qui
» a rendu au monde de si grands services
» en renversant les préjugés et les obsta-
» cles qui empêchaient les progrès d'une
» science positive et utile.

» Et d'abord il me semble que toutes
» nos idées les plus complexes dérivent de
» la sensation, et que la *réflexion ne*
» *forme point une source particulière d'i-*
» *dées*, comme le pense M. Locke (2). »

Il résulte clairement de ces différents passages que nous ne connaissons pas di-

---

(1) Ib. pp. 75, 76.
(2) P. 360.

rectement les opérations de notre esprit, et que nous n'avons aucune science qu'on ne puisse définitivement ramener à des images sensibles.

Quant au principe merveilleux d'association au moyen duquel le docteur Hartley conçoit comment les *idées de sensation* se transforment en *idées de réflexion*, je n'ajouterai rien à ce que j'ai dit plus haut sur l'abus incroyable qu'il a fait de ces deux mots *association* et *idée* dans toute l'exposition de sa théorie. Tous ses travaux, à cet égard, ressemblent à ceux des scolastiques lorsqu'ils prétendaient expliquer par l'hypothèse de quelques *sens intérieurs* comment les *espèces sensibles*, qui s'échappent des objets extérieurs, s'épurent et se spiritualisent assez pour entrer d'abord dans le domaine de la mémoire et de l'imagination, et se présenter enfin dans l'intellect pur. Mais ce n'est point au siècle où nous sommes qu'on peut examiner sérieusement de pareilles rêveries (1).

---

(1) Je ne me rappelle pas que personne ait encore remarqué la conformité surprenante qui existe ici entre le système de Hartley et celui de Condillac sur les *sensations qui se*

On aurait tort pourtant de conclure de ce qu'on vient de lire que Hartley fût un matérialiste décidé. Au contraire, après avoir reconnu « que sa théorie renverse » toutes les preuves que l'on tire commu-

---

transforment en idées. Le premier ouvrage de Condillac, qui parut en 1746, trois ans avant les Observations sur l'Homme, de Hartley, est intitulé Essai sur l'origine des connaissances humaines. *Ouvrage où l'on réduit à un seul principe tout ce qui concerne l'entendement humain.* Ce *seul principe* est précisément *l'association des idées.* L'auteur nous dit dans l'Introduction : « J'ai, ce me semble, trouvé la solution de » tous ces problèmes dans la liaison des idées, soit avec les » signes, soit entre elles. » Pour établir cette doctrine, il détourne, comme Hartley, mais avec plus d'habileté, à mon avis, de leur acception rigoureuse, ces deux mots *association* et *idée.*

On remarquera encore une conformité non moins étonnante, entre la théorie de Hartley sur le *mécanisme de l'Esprit* et les spéculations de l'illustre Bonnet de Genève sur le même sujet.

En consignant ces faits historiques, je n'ai pas la moindre intention d'élever des soupçons de plagiat. Lorsqu'il est question d'écrivains d'un esprit original et d'un honorable caractère, on ne doit s'arrêter à de tels soupçons que lorsqu'ils reposent sur l'évidence la plus frappante. Les deux estimables étrangers que nous avons cités dans cette note se sont rencontrés sur un autre point d'une manière aussi singulière, je veux parler de l'hypothèse d'une *statue animée*, dont ils ont fait usage dans le même temps pour expliquer l'origine et les progrès de nos connaissances; et cela, sans que l'un des deux paraisse avoir eu connaissance des travaux de l'autre.

» nément de la subtilité des sens internes
» et de la faculté rationnelle pour établir
» l'immatérialité de l'ame; » il professe
hautement sa conviction « que la matière
» et le mouvement, quelque division qu'on
» puisse en faire, de quelque manière qu'on
» en raisonne, ne donneront jamais que
» de la matière et du mouvement. » En
conséquence, il demande « qu'on ne tire en
» aucune façon de ses paroles des conclusions
» contraires à l'immatérialité de l'ame (1). »
Je m'empresse de rendre cette justice à
Hartley, parce que la plupart de ses sectateurs ont prétendu qu'en rejetant la supposition d'un principe distinct du corps, ils
avaient simplifié la doctrine de leur maître
et l'avaient perfectionnée.

Pour le docteur Priestley, cet apôtre zélé
des opinions de Hartley, je ne sais encore
si je dois le ranger parmi les matérialistes
ou leurs adversaires. En effet, à une
époque de sa vie, je le vois prendre la
défense de ce qu'il appelle *l'immatérialité
de la matière*, et, dans un autre temps,
soutenir la *matérialité de l'esprit*. Voici
comment il s'est exprimé lui-même sur la

---

(1) Hartley. Observations, pp. 511 et 512.

première de ces deux doctrines, dans son Histoire des découvertes relatives à la vision, à la lumière et aux couleurs, publiée pour la première fois en 1772.

« Le système de l'IMMATÉRIALITÉ DE LA MA-
» TIÈRE, CAR ON PEUT LE DÉSIGNER AINSI, ou plu-
» tôt, la *pénétrabilité mutuelle de la matière*,
» se présenta pour la première fois à mon
» ami M. Mitchell, en lisant le traité de
» Baxter sur *l'Immatérialité de l'âme*. Il
» trouva que cet auteur s'était représenté la
» matière comme un amas de briques qu'un
» ciment immatériel unirait les unes aux au-
» tres. Conséquemment à cette hypothèse, ces
» briques seraient composées de briques plus
» petites encore, unies de la même manière,
» et ainsi de suite à l'infini. Conduit par ces
» idées à considérer les divers phénomènes
» de la nature, M. Mitchell vint à s'aper-
» cevoir que ces briques étaient si bien
» enveloppées dans leur ciment immatériel,
» qu'en admettant même leur existence, il
» était impossible de les y découvrir;
» chaque *effet* étant produit, neuf fois au
» moins sur dix, et toutes les dix fois
» peut-être, par ce ciment immatériel,
» spirituel et pénétrable. Au lieu donc de
» mettre le monde sur le géant, le géant

» sur la tortue, et la tortue sur on ne
» sait plus quoi, il laissa tout d'abord le
» monde sur lui-même; et jugeant que si
» on voulait soutenir l'impénétrabilité de
» la matière, il fallait admettre encore,
» pour expliquer les apparences de la na-
» ture, une substance immatérielle étendue
» et pénétrable; et observant en outre,
» que tout ce que nous percevons par le
» contact, etc., est cette substance imma-
» térielle pénétrable, et non pas l'autre, il
» pensa dès-lors qu'il pouvait aussi bien
» admettre une *matière pénétrable* qu'une
» *substance immatérielle pénétrable*; d'au-
» tant plus que nous ne savons rien de
» la substance, sinon qu'elle est le récep-
» tacle de certaines *propriétés*, qui seront
» tout ce qu'on voudra, pourvu qu'elles
» ne soient pas incompatibles entre elles,
» c'est-à-dire que l'une n'exclue pas l'autre.
» Or, il n'y a aucune incompatibilité dans
» cette supposition, que deux substances
» peuvent occuper le même lieu au même
» instant. L'objection qu'on pourrait y faire,
» se tire uniquement de la résistance que
» nous éprouvons au toucher; et cette ré-
» sistance donne lieu à un préjugé qui
» ressemble beaucoup à celui que le mou-
» vement des corps qui tombent, comme

» nous disons, de haut en bas, avait fait
» naître contre les Antipodes » (1).

Dans les recherches du même auteur sur la *Matière et l'Esprit*, dont la seconde édition parut en 1782, le passage qu'on vient de lire est cité tout au long (2); mais comme le but de ce dernier ouvrage est d'établir la *matérialité de l'esprit*, il est assez curieux d'observer que Priestley a eu la prudence de supprimer le membre de phrase que j'ai distingué en lettres capitales, au commencement de cet extrait.

Il faut ajouter, cependant, que, depuis le moment où il reproduisit la théorie de Hartley, l'ingénieux écrivain paraît avoir professé constamment cette opinion « qu'il
» n'y a pas dans l'homme *deux principes*
» aussi différents l'un de l'autre que *la*
» *matière et l'esprit;* mais que l'homme
» tout entier est un *composé homogène* (3),
» et que, des deux natures *matérielle* et
» *immatérielle* que l'on fait entrer dans le
» système universel du monde, il y en a

---

(1) Pages 392, 393.

(2) Disquisition on Matter and Spirit. 2ᵉ éd. p. 26.

(3) Preface to Disquisitions, p. 7.

« une de superflue » (1). Je ne ferai pour l'instant aucune objection métaphysique contre cette opinion, quelque fausse qu'elle me paraisse, parce qu'elle n'est aucunement incompatible avec ce que je regarde comme l'objet spécial de la philosophie de l'esprit humain. Tout ce que je lui reprocherai, c'est une sorte de tendance à égarer nos *conclusions logiques* sur l'origine et la certitude des connaissances humaines. Quelque importance que l'on attache à la question de la nature de l'esprit considéré sous le rapport de ses destinées futures, elle est du moins totalement étrangère aux spéculations dont nous nous occupons en ce moment. Le seul point sur lequel j'insiste, c'est qu'il faut acquérir la connaissance des phénomènes intellectuels, et des lois suivant lesquelles ils s'accomplissent, non pas en examinant l'*extérieur*, mais en observant *au dedans*. Cette règle de philosophie, la plus essentielle de toutes dans cette partie de la science, ne se fonde, ainsi que je l'ai fait remarquer, il y a long-temps, sur aucune théorie particulière, mais nous est naturellement, irrésistiblement suggérée par ces deux facultés de conscience et de ré-

---

(1) Ib. p. 6.

flexion, qui, seules, peuvent nous informer des faits que nous étudions spécialement.

Les matérialistes ont pris depuis peu, l'habitude d'objecter à ceux qui cherchent *dans la réflexion* la connaissance de l'esprit humain, qu'ils se laissent égarer en admettant gratuitement dans l'homme l'existence d'un principe essentiellement distinct de tout ce que nos sens nous font apercevoir. Il est de fait, au contraire, qu'en nous attachant à la méthode de *réflexion* nous nous mettons à l'abri de toutes les erreurs dans lesquelles peut entraîner une hypothèse. Si nous l'abandonnons un instant, les absurdités se présentent en foule. Le Dr Priestley nous en fournit lui-même un exemple que je vais citer; et je laisserai ensuite au lecteur à décider auquel des deux partis, dans cette controverse, on peut reprocher de se servir d'une assertion gratuite sur la nature de l'Esprit pour en tirer une conclusion générale sur les principes et les lois qui le constituent.

« Si l'homme, dit Priestley, est un être
» purement matériel; si la faculté de pen-
» ser est le résultat d'une organisation par-
» ticulière du cerveau, ne s'ensuit-il pas

» que toutes ses fonctions doivent être ré-
» glées par des lois mécaniques; et dès-
» lors, que toutes ses actions sont déter-
» minées par une irrésistible nécessité. »

Il fait observer ailleurs que « la doctrine
» de la *nécessité* découle immédiatement de
» la matérialité de l'homme; parce que le
» *mécanisme* est une conséquence inévi-
» table du matérialisme » (1).

C'est-à-dire que le matérialisme mène
droit et clairement à la négation de la liberté dans l'homme; c'est-à-dire aussi qu'avec
une hypothèse, car on ne saurait offrir
l'ombre d'une preuve, on prétend renverser
l'autorité de la *conscience*, seul tribunal
qui ait le droit de prononcer dans la question
dont il s'agit.

Remarquons, au reste, que l'argument,
présenté si gravement ici par le docteur
Priestley, avait été proposé *ironiquement* par
Berkeley, dans ces dialogues ingénieux, in-
titulés le *Petit Philosophe*. « Les objets cor-
» porels frappent les organes des sens; il
» en résulte une vibration dans les nerfs,

---

(1) Disquisitions, Introd. p. 5.

» qui, se communiquant à l'ame ou aux es-
» prits animaux dans la masse cérébrale,
» y détermine un mouvement appelé *vo-*
» *lonté.* Ce mouvement, à son tour, réa-
» git sur les esprits, et les dirige dans les
» nerfs disposés pour opérer certaines ac-
» tions, en vertu des lois mécaniques. Il
» résulte de tout cela que les choses que
» l'on impute ordinairement à la volonté
» de l'homme sont purement mécaniques,
» et non pas, comme on a tort de le croire,
» le produit de sa liberté. Il n'y a donc
» plus lieu à la louange ni au blâme, à
» la crainte ni à l'espérance, à la récom-
» pense ni aux peines; plus de base,
» par conséquent, à la religion qui repose
» sur ces fondements. »

Je pense bien qu'aucun de mes lecteurs ne me supposera l'intention d'accuser le docteur Priestley d'avoir adopté ces conclusions funestes que Berkeley voyait sortir du système de la nécessité. Bien que je ne partage pas la plus grande partie de ses dogmes philosophiques, personne cependant n'est plus disposé que moi à juger favorablement les motifs qui ont guidé sa plume. Mais en même temps la vérité me force d'ajouter ici qu'en modifiant les opinions de Berkeley, il est bien loin de les avoir rendues plus satisfaisantes, sous le rapport d'une saine logique. En effet, les notions que Priestley s'est formées sur la nature de la *matière*, notions à l'aide desquelles il se flatte d'avoir «*prouvé qu'elle n'était point* » *nécessairement inerte, ni incapable d'in-* » *telligence, de pensée ou d'action*; » ces notions, dis-je, d'après ses propres principes, rendraient son raisonnement tout-à-fait futile, quand même il serait établi sur ceux qui sont le plus généralement reçus aujourd'hui. Il se fonde évidemment sur cette supposition que les notions communes sur la *matière* sont conformes à la vérité; et il est ruiné dès l'instant même où nous supposons que la matière réunit aux qualités que nous lui attribuons ordinairement, celles que la conscience nous fait rapporter à l'*esprit*.

Sur la question de *l'origine de nos connaissances*, Priestley, autant du moins que je puis me le rappeler, n'a jamais développé bien clairement son opinion; mais sa déférence pour Hartley me donne la conviction qu'il avait adopté sur ce point les idées de son maître; comme il est probable que, sur un autre, il est allé encore plus loin que lui. En effet, la tournure générale de ses spéculations me fait soupçonner qu'il considérait nos *idées* elles-mêmes comme des substances matérielles. Ce qui me confirme dans cette conjecture, c'est la remarque qu'il fait sur ce mauvais raisonnement de Wollaston, « que » l'esprit ne saurait être matériel puisqu'il » est déterminé par des *raisons*. » Et Priestley lui répond, « qu'affirmer que des » *raisons* ou des *idées*, ne sont pas des cho- » ses matérielles ou des affections d'une » substance matérielle, c'est admettre pré- » cisément ce qui est en question » (1).

Mais quelles que fussent, à cet égard, les opinions de Priestley, on ne saurait se méprendre sur celles de Darwin, son successeur, qui assure comme un fait incontestable que « les idées sont des choses » matérielles; » et les considère comme telles dans tout le cours de son ouvrage (2).

---

(1) Disquisitions, etc. Vol. I, p. 114, 115.

(2) Au début même de son ouvrage, il nous avertit que « le mot *idée* auquel les métaphysiciens ont donné dans » leurs écrits tant d'acceptions différentes, peut être *défini*, » une contraction, un mouvement, une configuration des » fibres qui composent l'organe immédiat du sens. » (Zoo-

En cela, nos physiologistes anglais ont laissé derrière eux Diderot lui-même, qui se bornait à affirmer « qu'en dernière ana-
» lyse toute idée doit nécessairement se
» résoudre dans une représentation ou
» image sensible. » Ce langage où l'on reconnaît encore l'ancien système des idées a été rejeté par eux avec dédain; et ils ont prétendu que lorsque Descartes, Locke et les partisans d'Aristote en ont fait usage, ils l'employaient uniquement dans une acception figurée ou métaphorique. Pour le remplacer donc, ils ont supposé que les objets immédiats de la pensée sont ou des molécules de la substance médullaire du cerveau, ou des vibrations de ces molécules; suppositions que je trouve plus extravagantes que le style le plus énigmatique des oracles que les temps anciens nous ont transmis. Et encore, avec tout cet appareil mécanique, leur nouvelle théorie n'effleure-t-

---

nomia, t. I, p. 11, 3ᵉ éd.) Dans un appendice du même volume, il compare « l'opinion générale qui admet les idées
» comme des êtres immatériels, à ces histoires de revenants
» et d'apparitions qui ont si long-temps amusé la crédulité
» des hommes sans avoir de réalité dans la nature. » (Ib. p. 513.) Je crois inutile de répéter ici que, d'après la manière dont j'envisage cette question, je n'accorde aux *idées* aucune *existence objective*, ni *matérielle*, ni *immatérielle*; je prends ce mot comme synonyme de *notion* ou de *pensée*.

elle pas même la difficulté qui s'attache à l'origine de nos connaissances, et que les scolastiques, ces disputeurs subtils, avaient bien évidemment sentie lorsqu'ils eurent recours aux *images* et aux *espèces*.

Malgré la célébrité des noms qui, dans le midi de la Grande-Bretagne, ont donné de l'importance à cette hypothèse téméraire, je ne me sens point le courage de l'examiner sérieusement; car je me rappelle toujours le ridicule auquel s'est exposé Sénèque en prenant la peine de réfuter les Stoïciens qui avaient prétendu autrefois que *les vertus fondamentales étaient des animaux*. Qu'on examine de près cette absurdité, toute grossière, tout incroyable qu'elle paraît au premier coup-d'œil, et l'on trouvera qu'elle n'est pas plus déraisonnable que les différents dogmes qui, de nos jours, ont reçu l'approbation des savants.

Je me contenterai de faire remarquer ici que, dans l'histoire même de notre littérature nationale, le système de la *matérialité de nos idées*, n'a pas tout le mérite de l'originalité que lui ont supposée peut-être ceux qui l'ont remis en réputation. Cette opinion était celle de Sir Kenelm Dighy, comme on le voit par différents endroits de ses ouvrages; et on la trouve développée assez au long dans un ouvrage posthume du fameux docteur Hooke, qui n'avait certainement aucune intention de matérialiser l'esprit lui-même. Cet ouvrage est devenu assez rare; et je ne puis m'empêcher d'en citer un extrait, comme un fragment curieux de ces spéculations *physiologico-métaphysiques*. Assurément l'hypothèse sur laquelle s'appuie Hooke, est aussi ingénieuse et aussi bien fondée que celles des trois écrivains que nous venons de critiquer tout-à-l'heure.

« La mémoire, dit-il, ne me semble être
» qu'un dépôt d'*idées*, formées et par les sens
» et par l'ame principalement. Je dis les
» sens, car ce sont eux qui recrutent, pour
» ainsi dire, et transmettent les impres-
» sions faites par les objets du dehors, les
» accumulent dans le réceptacle ou magasin
» qui leur est propre; et alors l'ame en
» fait usage. Ce réceptacle me paraît situé
» dans le cerveau : la substance cérébrale
» fournit les matériaux dont se forment ces
» idées; et, quand elles sont formées, elles
» s'y conservent dans un ordre qui doit
» être celui de leur formation; de sorte

» que les premières idées occupent le pre-
» mier rang ; celles qui sont venues après,
» le second, et ainsi de suite depuis l'épo-
» que de notre naissance, jusqu'à celle de
» notre mort... Il y a donc en quelque sorte
» dans le cerveau *une chaîne d'idées* dont
» le premier *anneau* est le plus éloigné du
» centre, ou siège de l'ame dans lequel ces
» idées prennent naissance ; et dont le
» dernier occupe toujours ce centre, puisque
» la dernière idée est celle que l'ame envisage
» actuellement. Par conséquent, plus il y a
» d'idées intermédiaires entre la sensation
» présente ou la pensée centrale, et toute
» autre pensée, mieux l'ame aperçoit *le
» temps* qui en forme l'intervalle. »

Quand on sait quelle était la passion de Hooke pour la mécanique, lorsqu'on se rappelle que l'horlogerie fut pour lui, dès son enfance, une étude favorite, il est intéressant de rapprocher de l'extrait qu'on vient de lire une remarque plus d'une fois répétée dans les ouvrages de Bacon. « Lors-
» que des hommes livrés à une science
» particulière, abordent ensuite la philoso-
» phie et les méditations générales, ils cou-
» rent risque d'être égarés par leurs pre-
» mières habitudes. » Hooke n'est pas le

seul écrivain renommé, qui ait vérifié depuis Bacon la justesse de cette maxime. On en voit un autre exemple qui se rattache plus particulièrement encore au sujet de cet Essai, dans un profond ouvrage de mathématiques intitulé, *de l'Harmonie*, par le docteur Smith de Cambridge. Je citerai ici quelques lignes de ce livre; elles confirment l'observation précédente et annoncent, en outre, une théorie physiologique de l'esprit, fondée sur cette même hypothèse que Hartley adopta dans la suite. « Après avoir jeté les
» yeux sur quelques autres recherches, je
» terminerai, dit le docteur Smith, par les
» remarques suivantes : presque toutes les
» substances étant continuellement assujéties
» à des vibrations extrêmement délicates; et
» nos sens et nos facultés paraissant dépendre en grande partie de ces mêmes
» vibrations déterminées dans les différents
» organes, soit par les objets extérieurs, soit
» par l'énergie de la volonté, il y a lieu de
» penser que la *théorie des vibrations* telle
» qu'elle est développée dans cet ouvrage,
» ne restera point inutile aux progrès de la
» philosophie dans les sciences mêmes qui
» n'ont aucun rapport avec la musique » (1).

(1) Voy. De *l'Harmonie*, imprimé à Cambridge en 1749. La Préface porte la date de 1748.

Mais, de tous les philosophes modernes, je n'en connais pas un auquel l'aphorisme de Bacon puisse mieux convenir qu'à l'ingénieux médecin dont l'hypothèse de la *matérialité des idées* m'a conduit insensiblement à ces réflexions. On peut remarquer presque à chaque page de ses compositions philosophiques et poétiques, l'influence de ses études médicales sur toutes ses pensées, et cela, non-seulement dans le langage physiologique qu'il emploie constamment pour décrire nos opérations intellectuelles, mais encore dans les solutions qu'il a données isolément des questions accessoires qui se présentaient à lui. Je me contenterai de citer pour exemple la manière dont il explique le procédé mécanique au moyen duquel la face de l'homme exprime le premier sourire, et sa théorie des *belles formes*, qu'il dérive des sensations de plaisir que l'enfant associe au sein de sa nourrice. C'est peut-être par le même principe qu'il faut expliquer l'enthousiasme avec lequel il accueille cette conjecture de Hume « que le monde a pu être *engendré* « plutôt que créé. » (1).

---

(1) Voyez Zoonomia § 2, p. 247, 3ᵉ éd.

La disposition qu'ont tous les hommes à expliquer les phénomènes intellectuels par des analogies empruntées du monde matériel, prend sa source dans une erreur différente, sous un rapport seulement, de celle qui a égaré Hooke et Darwin. En effet, cette dernière étant le résultat naturel des habitudes favorites ou de la profession des individus, prend autant de formes qu'il y a de carrières dans la vie; tandis que la première, ayant sa cause dans des principes communs et des conditions communes à l'espèce humaine doit manifester, dans tout pays et à tout âge, son influence sur les théories des philosophes. Bacon aurait rangé l'une parmi les *idola specûs*, et l'autre parmi les *idola tribus*.

Je ne m'arrêterai pas plus long-temps sur des systèmes qui, évidemment, ne se rattachent pas au problème de l'*origine de nos idées*. Ce problème, comme je l'ai dit plus d'une fois, ne sera résolu par aucune hypothèse sur la nature de l'esprit; ce ne sera jamais que par un appel aux phénomènes de la pensée, par une analyse sévère des objets de nos connaissances.

Ici, notre attention est naturellement

appelée sur une nouvelle classe de faits intéressants qu'on a rassemblés depuis peu, avec une sagacité merveilleuse, comme une démonstration inductive de la justesse des mêmes principes que j'ai essayé de discuter. Ces recherches où l'on a vu briller plus d'érudition et de génie que dans nul autre ouvrage de physiologie métaphysique, ont frappé vivement l'attention générale. Je veux parler des travaux philologiques de M. Horne Tooke.

Mais, avant d'examiner les conséquences qu'on a prétendu tirer de ces travaux, je dois m'étendre un peu sur quelques observations générales. Peut-être qu'au premier coup-d'œil mes lecteurs auront de la peine à les rattacher aux sujets que nous avons examinés jusqu'ici; c'est pourquoi je consacrerai un Essai particulier, à traiter la question tout entière, aussi clairement qu'il me sera possible.

CINQUIÈME ESSAI.

SUR LA TENDANCE DE QUELQUES SPÉCULATIONS PHILOLOGIQUES PUBLIÉES RÉCEMMENT.

CHAPITRE PREMIER.

En nous reportant à l'enfance d'une langue perfectionnée, nous rencontrons une difficulté qui, bien qu'elle semble se présenter d'elle-même, a été méconnue jusqu'à ce jour par tous ceux qui ont traité de l'esprit humain. Comme elle appelle l'attention sur différentes questions étroitement liées à la pensée dominante de cet ouvrage, et à la discussion particulière qui nous a occupés en dernier lieu, je vais la signaler et la mettre dans tout son jour avec quelques développements.

Lorsqu'il s'agit d'objets qui frappent nos sens, on explique facilement l'origine des diverses classes de mots qui composent un langage conventionnel. On conçoit bien, par exemple, que deux sauvages puissent s'accorder à donner à tel animal le nom de *cheval*, à tel arbre celui de *chêne* ; mais, pour les faits intellectuels et moraux, on se demande comment s'établit pour la première fois une liaison conventionnelle entre le signe et la chose signifiée ? Choisissons un exemple familier. De quelle manière fut-il décidé qu'on appellerait *imagination* une opération de l'esprit, *réminiscence* une autre, *délibération* une troisième, *sagacité* ou *prévision* une quatrième ? Ou bien, en supposant même l'usage de ces termes une fois introduit, comment pouvait-on en faire comprendre le sens à un homme dont la pensée ne s'était jamais portée sur ces faits ?

1º Pour répondre à cette question, il faut observer d'abord que l'intelligence de beaucoup de mots dont on ne peut se représenter l'objet sensible, se forme successivement par une sorte d'*induction*, opérée avec plus ou moins de succès par différents individus, à raison du degré de leur attention et de leur jugement. Il arrive souvent qu'un mot inconnu joint à d'autres mots dans une même phrase, se fait comprendre par cette union même dans la circonstance où il se trouve; et plus les exemples se multiplient dans les écrits et dans la conversation d'hommes qui connaissent bien la valeur des termes, plus on a de moyens pour arriver graduellement à leur signification précise. On voit fréquemment un exemple de ce procédé dans l'expédient auquel a recours naturellement un homme pour découvrir le sens d'un mot étranger, quand il n'a pas de dictionnaire sous la main. Il est probable que la première phrase où ce mot se rencontre suffit pour lui faire conjecturer vaguement le sens dans lequel l'auteur l'a employé; car il est obligé, pour rendre le passage intelligible, de substituer à ce terme une idée ou une autre. Une seconde phrase où le même mot se présentera de nouveau, ajoutera un nouveau degré de précision à sa conjecture; ses doutes s'éclairciront encore dans une troisième, jusqu'à ce qu'enfin une induction plus riche détermine complètement la signification dont il voulait s'assurer. Telle est, à-peu-près, et je n'en fais aucun doute, la marche lente et imperceptible, par laquelle les enfants atteignent des notions abstraites et complexes attachées dans leur langue maternelle à un grand nombre de mots dont il est impossible de développer le sens par des définitions rigoureuses (1).

2° La disposition particulière de l'esprit à s'exprimer sous des formes métaphoriques ou analogiques dans toutes les questions abstraites, contribue encore à faciliter l'acquisition du langage. On a souvent remarqué qu'elle se manifestait surtout chez les nations grossières; et on l'a communément attribuée à l'effervescence d'imagination qui forme, dit-on, leur caractère particulier, et à la pauvreté de leur vocabulaire. Il faut convenir, pourtant, que la même disposition se montre dans l'homme à toutes les époques de son développement.

Quand le progrès de ses connaissances le force d'employer un terme nouveau pour communiquer sa pensée, au lieu de forger exprès un mot arbitraire, il se fait com-

---

(1) De là l'utilité logique des recherches métaphysiques pour accoutumer l'esprit à ces procédés d'induction qui ont un rapport si direct avec la précision du langage, et parconséquent, avec l'exactitude du raisonnement dans l'exercice varié de nos facultés intellectuelles.

prendre autant que possible, en employant à propos dans un sens métaphorique un mot tombé en désuétude; ou bien il a recours à l'étymologie pour greffer sur quelque terme bien connu un nouveau *dérivé* qui représente, selon son imagination, la pensée qu'il veut faire connaître.

Ce penchant de l'esprit à enrichir le langage en modifiant les termes dont il se compose déjà, plutôt que d'en créer de nouveaux, est la raison du petit nombre de mots primitifs ou racines qu'on trouve dans une langue dont le Vocabulaire est si étendu en proportion. Cette remarque est très-facile à vérifier dans une langue originale comme le grec; aussi M. Smith a-t-il assuré qu'il ne possède pas plus de trois cents mots primitifs (1). Il est bien moins aisé d'établir ce fait pour les langues dérivées qui se parlent aujourd'hui en Europe; mais ce qui fournit en sa faveur une présomption puissante, c'est que tous ceux qui depuis peu, en Angleterre, ont tourné leur attention sur l'étude des étymologies, en ont retiré cette conviction intime, fondée sur des décou-

---

(1) Voyez la *Dissertation sur le Langage* jointe à la *Théorie des Sentiments Moraux*.

vertes antérieures, que cette partie de l'érudition est encore dans l'enfance, et que les racines d'une foule de mots que l'on croit primitifs peuvent être ramenées d'une manière satisfaisante à l'Islandais ou au Saxon. C'est à la même circonstance qu'il faut rapporter le plaisir qu'éprouvent des hommes, même sans lettres, à donner leurs conjectures maladroites sur des questions d'étymologie qui se présentent dans une conversation. C'est qu'ils connaissent par expérience la difficulté d'introduire dans le langage populaire des mots nouveaux et d'un choix arbitraire, qui ne ressemblent en rien à ceux qui ont cours depuis long-temps. C'est de quoi l'on peut encore se convaincre en songeant à la répugnance que nous ressentons à adopter les formes idiomatiques d'une langue étrangère, ou même ces mots et ces phrases impropres qui, de temps en temps, s'introduisent dans la nôtre; jusqu'à ce que nous soyons venus à bout de former une théorie ou une conjecture quelconque pour réconcilier cette irrégularité apparente avec les lois ordinaires de la pensée humaine.

Cependant le point de vue sous lequel je dois me borner, dans cet Essai, à envisager la question, se rapporte aux mots seulement qui, dans les progrès de la science philosophique, sont introduits pour exprimer des notions abstraites et complexes, ou pour désigner les facultés et les opérations du principe qui sent et qui pense en nous. Ces mots doivent être empruntés des objets familiers et sensibles; et c'est non-seulement l'effet naturel de notre faculté de perception qui a été dans un long et continuel exercice avant que la réflexion se soit arrêtée sur l'objet qui lui est propre; mais c'est de plus un moyen indispensable pour parvenir à communiquer les pensées que l'on veut transmettre. Cette dernière observation que j'ai déjà effleurée, et qui a distrait un instant mon attention sur des sujets auxquels elle touche de près, a besoin d'une plus ample explication.

J'ai signalé une difficulté relative à l'origine des mots qui expriment des choses dont les sens ne peuvent prendre connaissance; j'ai aussi remarqué la disposition de l'esprit à se servir, en cette occasion, de métaphores empruntées du monde matériel. Par ce penchant de l'imagination à exprimer, à l'aide d'un langage analogique, des notions purement intellectuelles, la nature semble avoir ménagé entre les divers esprits un moyen de s'entendre sur des choses abstraites ; car les mêmes ressources qui donnent plus de facilité à celui qui parle, doivent contribuer puissamment à aider l'intelligence de celui qui écoute. Au moment où l'on prononce ces mots, *attention*, *imagination*, *abstraction*, *sagacité*, *prévision*, *pénétration*, *vivacité*, *inclination*, *aversion*, *délibération*, ils sont à moitié compris par tout homme d'un entendement ordinaire ; et, quoique ces analogies tirées du monde matériel augmentent beaucoup la difficulté d'analyser avec une sévérité philosophique les facultés et les principes divers de notre nature, on ne peut nier cependant qu'elles ne facilitent admirablement aux hommes les moyens d'établir entre eux, sur ces facultés, des communications aussi étendues que peuvent le demander les affaires communes de la vie. Il est probable que, dans les premiers temps, le philosophe lui-même ne saurait s'en passer pour se préparer à un examen plus approfondi de l'esprit. Elles servent au moins à resserrer dans des limites si étroites le terrain sur lequel doit s'exercer l'attention, qu'elles le rendent bien plus accessible à notre faculté *réflexive ;* et par ce moyen elles font servir l'imagination elle-même à corriger ses propres erreurs.

Ici, je m'arrêterai un instant pour faire remarquer que l'imperfection du langage est bien plus considérable qu'on ne le suppose communément, quand on le considère comme un organe de communication intellectuelle. Nous parlons souvent de *communiquer* aux autres, au moyen des mots, nos idées et nos sentiments; et il nous arrive rarement d'examiner avec soin quelle étendue on peut accorder à cette phrase métaphorique. Il est de fait que, dans les conversations mêmes qui roulent sur les sujets les plus simples et les plus familiers, quelques développements et quelque précision que nous donnions à nos discours, si l'on considère attentivement les mots que nous employons, on trouvera que nous ne faisons qu'éveiller sur certains objets l'attention de ceux qui nous écoutent, et que nous laissons à leur esprit la peine presque tout entière de l'interprétation. A cet égard, les mots ont un effet à-peu-près semblable à celui que produisent sur la mémoire et l'imagination une esquisse ou une ombre qui représentent un profil auquel nos yeux sont accoutumés. Aussi les relations les plus détaillées ne sont pas toujours les plus intelligibles ni les plus satisfaisantes ; comme les copies les plus fidèles de la nature ne sont pas toujours les meilleurs portraits. Dans ces deux cas, le talent de l'artiste consiste à faire un heureux choix de ce qu'il y a d'*expressif* ou de *significatif* dans les détails.

On dit communément que le langage est l'image de la pensée. Je ne contesterai pas la justesse de cette assertion, pourvu qu'on s'entende bien sur le sens qu'on y attache. N'oublions pas toutefois que cette expression est figurée, et que, par conséquent, lorsqu'on raisonne sur cette proposition comme sur un principe, on ne doit pas l'interpréter rigoureusement ni littéralement ; ce à quoi n'ont pas toujours pris garde ceux qui ont traité de l'esprit humain. Reid lui-même, malgré toute l'attention qu'il donne en général aux fondements sur lesquels il s'appuie, en a souvent appelé, sans examen, à la maxime que nous venons de citer ; et, pour s'en être tenu moins à l'esprit qu'à la lettre, il a été conduit, en différentes circonstances, à donner à la structure du langage plus d'importance qu'elle n'en peut jamais avoir, selon moi, dans une question philosophique.

Des logiciens ont conclu naturellement, par une conséquence nécessaire de cette opinion, que tout mot qui, dans un vocabulaire, n'est pas entièrement hors d'usage, est le signe d'une *idée ;* et que ces idées que les systêmes vulgaires nous font considérer comme les représentations des *objets*, sont les instruments immédiats, ou, si je puis m'exprimer ainsi, les *outils intellectuels* dont se sert l'esprit dans l'opération de la pensée. En lisant, par exemple, l'énoncé d'une proposition, nous sommes portés à nous figurer que chaque mot qu'elle renferme présente une *idée* à l'entendement, et que de la combinaison et de la comparaison de ces *idées* résulte cet acte de *l'esprit* qu'on appelle *jugement*. Tout cela est tellement inexact que, si l'on veut examiner séparément les mots dont nous nous servons, on les trouvera souvent aussi peu significatifs que les lettres dont ils se composent. C'est qu'ils empruntent toute leur valeur de leur connexion ou rapport avec d'autres mots. On en voit un exemple dans les termes qui ont plusieurs significations différentes, et dont on ne peut déterminer la valeur particulière que d'après la phrase entière dont ils font partie. En consultant le dictionnaire de Johnson, j'y trouve une foule de mots avec quatre, cinq, quelquefois même, six acceptions différentes, et, après toute la peine que s'est donnée l'auteur pour les distinguer l'une de l'autre, il arrive souvent que ses définitions me sont inutiles. Et cependant, lorsque je viens à rencontrer dans un livre, ou à entendre prononcer dans un discours quelqu'un de ces mots, je saisis tout de suite exactement, sans le moindre effort de pensée, le sens dans lequel on s'en est servi. Comment expliquer ce fait sinon par l'élucidation que reçoit le terme obscur par lui-même, du sens général de la phrase ? Ce moyen d'interprétation se conçoit facilement dans le cas où l'on peut examiner un texte à loisir ; mais dans la circonstance dont je viens de parler, elle suppose dans l'exercice des facultés intellectuelles une rapidité qui surprend davantage à mesure qu'on l'examine. C'est l'habitude seule qui nous fait perdre de vue ces procédés de l'esprit, en lui donnant dans ses opérations une célérité qui échappe à l'attention la plus vigilante, et en présentant aux yeux des observateurs vulgaires l'usage de la parole comme un phénomène beaucoup plus simple, beaucoup moins curieux qu'il ne l'est effectivement.

Cette remarque s'éclaircira encore par l'exemple d'une langue qui admet des transpositions de mots, comme celles qui nous sont familières en latin. Ici la structure artificielle du discours, suspend en grande partie nos conjectures sur le sens, jusqu'à ce que le *verbe*, à la fin de la période, nous donne la solution de l'*énigme*, à l'instant même où il est exprimé. Les mots et les membres de phrase qui en ont précédé l'énonciation ressemblent à ces cartons sur lesquels on a étalé différentes couleurs pour former ce que les opticiens appellent une *anamorphose*; et le *verbe* qui se trouve à la fin, peut être comparé au miroir qui *réforme* cette *anamorphose*, et fait sortir de ces matériaux confus en apparence, un portrait régulier ou un beau paysage.

En général, un examen réfléchi montre que, dans ces exemples, l'acte intellectuel, aussi loin que nous pouvons le suivre, est entièrement simple, et ne saurait se prêter à l'analyse; et que les éléments auxquels nous nous flattons de le ramener ne sont autre chose que les *éléments grammaticaux*

du langage. En effet, la doctrine logique de la *comparaison des idées*, se rapproche bien plus de la besogne d'un écolier qui fait l'analyse de son devoir, que de ces recherches philosophiques dont le but est de faire comprendre des mystères que l'on peut expliquer.

Ces observations générales s'étendent à tous les cas où l'on se sert du langage. Cependant, quand le sujet qu'il exprime renferme des notions abstraites et complexes, le procédé de l'interprétation se complique et devient plus curieux. Il s'aide à chaque pas de cette espèce d'induction mentale que j'ai déjà essayé de décrire. Ainsi, en lisant les discussions les plus lumineuses sur ces mêmes notions abstraites, nous apprenons bien peu de chose jusqu'à ce que nous nous soyons approprié les raisonnements en revenant sur nos pas à plusieurs reprises. Le fait est que, dans toutes les circonstances de même nature, la fonction du langage n'est pas tant de *transmettre*, comme l'on dit, des connaissances d'un esprit à un autre, que de placer deux esprits dans la même série de pensées, et de les rapprocher autant que possible de la même direction. On a souvent parlé de l'admirable *mécanisme du langage*, mais personne jusqu'ici n'a fait attention au *mécanisme* plus admirable encore qu'il met en jeu derrière la scène.

Quelles que soient les conclusions que Horne Tooke ait voulu tirer de ses recherches, elles confirment à chaque page ce que je viens d'avancer, en montrant quelle était l'imperfection et le désordre du langage, à son enfance, avant le développement de ces différentes *parties du discours*, sans lesquelles, aujourd'hui, nous avons peine à concevoir qu'il puisse exister. Mais je ne veux point ici m'arrêter plus long-temps sur ce point de vue particulier.

CHAPITRE SECOND.

En combinant avec soin les différentes considérations qui viennent d'être présentées dans le chapitre précédent, on s'étonnera peu de voir la grande majorité des hommes prendre pour une théorie philosophique de l'esprit humain, le langage analogique usité dans cette science. Ce n'est que par un exercice persévérant de la réflexion sur les faits de conscience qu'on pourra venir à bout de déraciner ce préjugé populaire. On sent diminuer l'influence des métaphores sur l'imagination, à mesure que les sujets qu'elles expriment deviennent plus familiers à la pensée; et, tandis que les signes que nous employons continuent à montrer dans leur étymologie la source dont ils dérivent, l'usage, éclairé par la critique, finit par les replacer effectivement dans la classe des appellations propres. C'est ce qu'on pourrait démontrer par mille exemples tirés des phrases et des mots figurés qui se présentent continuellement dans les conversations ordinaires.

Ceux qui connaissent les recherches de Warburton sur la manière dont l'écriture a passé naturellement des hiéroglyphes à des caractères arbitraires en apparence, seront frappés sans doute de la ressemblance qui existe entre l'histoire de cet art, telle qu'il l'a tracée, et la marche progressive par laquelle les termes métaphoriques s'éloignent du sens littéral qui les avait fait choisir d'abord par nos grossiers aïeux. Jusqu'à l'entier accomplissement de cette révolution dans les mots qui désignent les facultés et les actes de l'entendement, nous espérerons vainement quelque succès de nos recherches inductives sur les principes de la constitution humaine.

En critiquant ainsi les expressions métaphoriques, lorsqu'on en fait avec trop de confiance une base de conclusions dans la science de l'esprit, je suis loin de vouloir en interdire l'usage au philosophe spéculatif. Ceux qui aiment à suivre l'histoire du langage examineront avec autant d'intérêt que de profit, les circonstances qui ont primitivement déterminé l'emploi de ces expressions, et celles qui les ont modifiées d'un peuple à l'autre. Et aussi, pour le philologue qui parvient à ramener à leurs racines éloignées, dans des dialectes inconnus, des mots que l'on regardait généralement comme primitifs dans sa langue maternelle, ce peut être une source de plaisir et d'intérêt, que de montrer comment les termes mêmes qui expriment nos idées les plus déliées et les plus abstraites, ont été empruntés originairement des objets sensibles. D'après les observations que nous avons déjà faites, on pouvait sans doute annoncer *à priori* ce résultat, qui, bien que surprenant, peut-être, pour ceux dont les études ne s'étendent pas plus loin que la Grammaire, ne présentera au philosophe qu'une conséquence naturelle, nécessaire même, et de l'ordre progressif que suit l'esprit en se familiarisant avec les différents objets de ses connaissances, et de ces lois générales qui régissent la pensée humaine lorsqu'elle fait usage de signes arbitraires. Cependant il importe de rappeler de temps en temps au philologue qui se laisse captiver par l'attrait de ces recherches, que ses *découvertes* appartiennent à cette branche de la littérature qui fournit la plus grande partie des matériaux dont se composent nos Lexiques vulgaires et nos Dictionnaires étymologiques. Il faut lui dire, par exemple, que, quand il nous a appris que le mot *imagination* est dérivé d'un fait d'optique, nous ne sommes pas plus avancés sur la théorie de l'intelligence humaine, que nous ne le serions sur l'usage de la monnaie, ou les effets politiques de la dette nationale, après que les étymologistes latins nous auraient fait savoir que ces mots *pecunia*, *æs alienum* se rapportaient, dans l'origine, à certaines circonstances de la vie privée des premiers Romains (1).

Ces considérations générales, envisagées dans leur rapport avec le sujet qui y a donné lieu, auront déjà fait prévoir, sans doute, le but que je me propose en poursuivant mes observations sur l'origine des connaissances humaines. Cependant, comme plusieurs de mes lecteurs pourraient n'avoir pas lu l'ouvrage de Horne-Tooke, ou n'avoir pas remarqué, en le lisant, le lien subtil qui forme un tout inaperçu de ses étymologies détachées en apparence, je crois utile de choisir un ou deux exemples par lesquels il s'est donné la peine de montrer lui-même l'application qu'on pouvait faire de ses découvertes aux discussions philosophiques. Précaution d'autant plus nécessaire, qu'il semble, en général, s'être imposé la

---

(1) Voy. la not. O.

loi d'établir les prémisses, sans découvrir, au moins explicitement, les conséquences qu'il y voyait renfermées. C'est ainsi, qu'on me permette de le dire, qu'en jetant sur ses intentions réelles un voile mystérieux, en décevant l'imagination par l'espoir de conquérir d'admirables secrets, Horne-Tooke a su donner à ses recherches savantes et originales, un degré de célébrité qu'elles n'auraien tjamais obtenu, s'il les eût exposées systématiquement, sous une forme concise et didactique.

« RIGHT (droit) n'est autre chose que
» RECT-UM *(regitum)*, participe passé du
» verbe latin *regere*. L'adjectif JUST (juste)
» est encore le participe passé du verbe
» *jubere*. »

« Ainsi, quand un homme réclame son
» DROIT, il demande seulement ce qu'il est
» *réglé* qu'il doit avoir. »

« Un compte DROIT (RIGHT) est celui qui
» est selon la *règle*. »

« Une ligne DROITE est celle qui est
» *réglée* ou dirigée; non pas tirée au
» hasard, mais présentant la plus courte
» distance entre deux points. »

« Agir avec DROITURE, c'est faire ce qui
» est prescrit par la *règle* » (1).

« Être en DROIT, c'est être dans une
» circonstance ou une situation conforme
» à la *règle*. »

« Avoir le DROIT ou la LOI pour soi,
» c'est avoir la *règle* en sa faveur. »

« Une action DROITE et JUSTE est une
» action faite selon la *règle* et le *comman-*
» *dement*. »

« Un homme JUSTE est celui qui est ce
» qu'on lui a *commandé* d'être : — *qui*
» *leges juraque servat.* »

« Il me semble qu'il y a une impropriété
» choquante à dire que Dieu est JUSTE; car

---

(1) Dans toutes les langues que je connais, on s'est servi du même mot pour exprimer une *ligne droite*, et *la rectitude morale de la conduite*. On pourrait, j'imagine, donner une explication satisfaisante de ce fait, sans avoir recours à la philologie pour fonder une théorie de la morale sur les *participes passés*. Pour choisir un exemple, entre mille, de l'universalité de l'association d'idées qui a suggéré cette métaphore, je me contenterai de rappeler ce vers d'Horace : *Scilicet ut possem curvo dignoscere rectum.*

« il n'y a rien de *réglé*, rien de *fixé*, rien
» de *commandé* pour Dieu. Ces expressions
» ne peuvent s'appliquer à la Divinité, bien
» qu'elles soient d'usage, et que ceux qui
» s'en servent aient les meilleures inten-
» tions. Elles ne peuvent s'employer qu'à
» l'égard des hommes, qui sont par leur
» nature assujétis aux *règles* et aux *com-*
» *mandements*, et dont le mérite principal
» est l'obéissance. »

On dira peut-être que, d'après cette doctrine, tout ce qui est *réglé* et *commandé* devrait être DROIT et JUSTE; aussi M. Tooke répond-il à cette objection en admettant la conséquence et en la considérant même comme une proposition identique.

« C'est affirmer seulement, nous dit-il,
» que ce qui est *réglé* et *commandé* est
» *réglé* et *commandé* » (1).

Plus loin, il fait sur le mot WRONG

---

(1) On ne doit pourtant pas conclure de ce langage que M. Tooke ait du penchant pour le système de Hobbes. Dans tout le cours de sa discussion, au contraire, il emploie toutes ses forces à établir une distinction entre les règlements humains, et ce que les lois de notre nature nous apprennent à considérer comme des institutions divines.

(tort), cette remarque, « que c'est le parti-
» cipe passé du verbe *to wring* (tordre),
» *torquere*. Le mot correspondant en Italien
» est *torto*, participe passé du verbe *tor-*
» *quere*; et c'est de là que les Français ont
» dérivé le mot *tort*. Il signifie seulement
» *tordu*, c'est-à-dire, *détourné* d'une ligne
» DROITE OU RÉGLÉE de conduite. »

Evidemment, cet écrivain a établi en
principe dans son ouvrage, que, pour déterminer avec précision la valeur philosophique d'un mot, il est indispensable d'en
suivre l'histoire à travers les différents
sens auxquels on l'a appliqué depuis le
premier moment de son apparition dans
notre langage; et que, si ce mot est d'origine étrangère, nous devons en poursuivre
l'étymologie, jusqu'à ce que nous puissions
fixer la signification littérale et primitive
de la racine dont il est dérivé. C'est dans ce
sens littéral et primitif seulement, suivant
M. Tooke, qu'un philosophe peut avoir le
droit de l'employer, même dans l'état actuel
de la science; et lorsqu'il y attache un sens
entièrement détourné, il en impose à lui-
même et aux autres (1). Quant à nous, au

---

(1) « Tant que nous ne connaissons pas clairement
» nos propres pensées, tant que nos intentions ne se sont

contraire, il nous paraît tout-à-fait inutile d'en appeler à l'étymologie dans une question de philosophie, si ce n'est peut-être dans le cas où le mot lui-même aurait une origine philosophique : une telle recherche peut servir tout au plus à jeter du jour sur les lois qui dirigent l'imagination de l'homme dans ses opérations. Ici M. Horne-Tooke s'est servi d'une hypothèse philologique, dont la vérité est loin d'être incontestable, pour prononcer en quelques lignes, et se tromper fort gravement, selon moi, sur des questions qui se rapportent à la théorie de la morale.

On demandera quel rapport existe entre les textes que j'ai cités plus haut et la

---

» point revêtues de mots qui puissent les faire connaître, » notre langage n'est qu'un bruit insignifiant. Mais il ac- » quiert un plus haut degré d'importance quand nous » réfléchissons sur l'application des mots à la métaphy- » sique. *Et quand je dis la métaphysique, on voudra bien* » *se ressouvenir que tous nos raisonnements généraux en* » *politique, en législation, en morale et en théologie, sont* » *purement métaphysiques.* » Je me permettrai de demander pourquoi M. Tooke a omis les sciences *mathématiques* dans l'énumération de ces différentes branches de la métaphysique. D'après son principe même, elles peuvent y être comprises aussi bien que toutes les autres. — Diversions of Purley, Part. II, p. 121.

question de l'origine des connaissances humaines. La réponse sera facile pour ceux qui ont examiné de près les théories qu'on a édifiées sur le principe dont je viens de parler tout-à-l'heure ; principe que M. Tooke semble s'être proposé d'établir au moyen d'une induction tirée de faits particuliers (1),

---

(1) Je citerai à l'appui de cette remarque quelques phrases de Horne-Tooke :

« Locke a peut-être fait une méprise utile à la société, car
» ce fut bien une méprise, en appelant son livre Essai sur
» l'*Entendement* Humain. Plusieurs milliers de personnes ont
» profité de cet ouvrage, qui n'y auraient jamais fait attention
» s'il l'eût intitulé, comme il devait l'être, *Essai grammati-*
» *cal*, ou *Traité sur les mots ou sur le langage*.

— « Je dois déclarer, dût-on juger mon opinion téméraire,
» que je ne crois pas que M. Locke, dans son Essai, soit sorti
» un seul instant de la question de l'origine des idées et de
» la composition des termes. »

Pour répondre à cette observation et à quelques autres de même nature, l'interlocuteur qui s'entretient avec M. Tooke dans ce dialogue, s'exprime ainsi :

« Vous croyez peut-être que si Locke eût été bien persua-
» dé qu'il n'écrivait que sur le langage, il aurait pu se dis-
» penser de traiter de l'*origine des idées*, et par-là même aurait
» évité les reproches injustes qu'il s'est attirés à cause de
» l'opinion qu'il avait adoptée à cet égard. »

« Point du tout, lui répond M. Tooke. Je crois, au
» contraire, qu'il se serait occupé, comme il l'a fait, de l'*ori-*
» *gine des idées* ; véritable point de départ du grammairien
» qui veut traiter des signes de ces mêmes idées ; et qui peut

et qui, si on l'admettait comme incontestable, minerait à la fois les fondements de la logique et de la morale. C'est en effet de ce principe général, combiné avec un fait universellement admis par les philosophes, je veux dire l'impossibilité de parler de *l'esprit* ou de ses phénomènes sans employer un langage métaphorique, que les philologues et les grammairiens de notre époque, éblouis, à ce qu'il semble, par la nouveauté de ces découvertes, se sont montrés disposés à tirer une conclusion à laquelle Diderot et Helvétius avaient déjà été conduits par d'autres prémisses, savoir que les seules connaissances réelles que nous possédions se

--

» aussi *les rapporter toutes aux sens* et commencer par
» expliquer ainsi le langage. »

Cette dernière phrase est accompagnée de la note suivante qui doit nous montrer dans quel sens M. Tooke interprète la doctrine de Locke, et nous prouve qu'en l'exposant, il a préféré les opinions ténébreuses des siècles reculés, aux lumières qu'il aurait pu rencontrer dans les successeurs de Locke.

« *Nihil est in intellectu quod non priùs fuerit in sensu*, est
» une proposition ancienne et parfaitement connue.

» Sicut in speculo ea quæ videntur non sunt, sed eorum
» *species*: ita quæ intelligimus, ea sunt reipsâ extrà nos,
» eorumque *species* in nobis. Est enim quasi rerum speculum intellectus noster; cui, nisi per sensum repræsentantur res, nihil scit ipse. » (J. C. Scaliger, ch. 66.) Diversions of Purley, Vol. I, pp. 42, 43, 46, 47.

rapportent aux objets des sens extérieurs ; et que nous ne pouvons attacher au mot *esprit* lui-même, d'autre idée que celle d'une *matière* aussi subtile que l'imagination peut se la figurer. Et ce ne sont pas encore là les conséquences les plus dangereuses que renferme la maxime de Locke ainsi comprise ; je me contente de les indiquer de préférence, parce qu'elles se rattachent plus immédiatement au sujet de cet Essai.

Horne-Tooke a donné à ces conclusions quelque vraisemblance au moyen des étymologies suivantes qu'il a extraites de Vossius.

« *Animus, Anima,* Πνεῦμα et Ψυχὴ sont des participes. » — « *Anima* est ab *Animus.*
» *Animus* verò est à Græco Ἄνεμος, quod
» dici volunt quasi Αεμος ab Ἄω sive Ἄημι
» quod est Πνέω; et Latinis à *Spirando Spi-*
» *ritus.* Immò et Ψυχὴ est à Ψύχω quod He-
» sychius exponit Πνέω. »

J'ai déjà remarqué en différentes occasions que la question sur la *nature de l'esprit* est complétement étrangère à l'opinion qu'on adopte sur la théorie de ses opérations; et qu'en le supposant même matériel, il n'en demeure pas moins évident que c'est à la conscience et à la réflexion que nous devons demander toutes les notions que nous voulons en acquérir. Cependant, comme nos profonds étymologistes ont entièrement méconnu cette distinction, je profiterai de la citation qu'on vient de lire pour proposer, comme un problême assez important, l'examen des circonstances qui, dans tous les temps, ont déterminé les hommes à donner au principe qui sent et qui pense en nous, une dénomination synonyme de *spiritus* ou Πνεῦμα, et quelquefois à le comparer à une étincelle de feu ou à quelque autre forme impalpable et mystérieuse de la matière. Cicéron hésite entre ces deux manières de s'exprimer; mais il les considère évidemment comme indifférentes, et en elles-mêmes, et par rapport aux conclusions que nous pouvons adopter sur le sujet qu'elles représentent : « *Anima sit animus,* » *ignisve nescio : nec me pudet fateri nes-* » *cire quod nesciam. Illud si ullâ aliâ de* » *re obscurâ affirmare possem, sive anima* » *sive ignis sit animus, eum jurarem esse* » *divinum.* » Ce langage métaphorique, appliqué à l'esprit, a été regardé par quelques métaphysiciens modernes comme une preuve incontestable que le matérialisme est une croyance de l'homme; et que l'hypothèse contraire vient d'un préjugé qui nous porte à regarder comme immatériel ce qui est excessivement délié.

Quant à moi, je ne puis m'empêcher de tirer de ce fait une conséquence directement opposée. D'où vient en effet cette disposition générale à réduire aux éléments les plus subtils le sujet qui pense et qui veut, si ce n'est d'une répugnance naturelle pour le matérialisme, et d'un besoin secret de nous mettre en garde contre l'interprétation littérale de nos métaphores. Et ce n'est pas chez le peuple seulement que cette disposition se manifeste. Les matérialistes eux-mêmes n'ont fait que donner aux conceptions de la multitude une tournure scientifique, en cherchant un asyle contre les objections de leurs adversaires dans les découvertes récentes sur la lumière, sur l'électricité, sur toutes les causes cachées dont nous ne saisissons que les effets. Quelquefois même ils ont eu recours à cette supposition, qu'il est possible que la matière existe sous des formes incomparablement plus subtiles que celles de ces fluides, ou des autres phénomènes physiques; hypothèse qu'on ne peut caractériser plus heureusement que par ce vers de La Fontaine :

Quintessence d'atôme, extrait de la lumière.

Il est évident qu'ils n'ont employé ce langage que pour éluder les objections de leurs adversaires et dissimuler un peu l'absurdité de leur système aux yeux des penseurs superficiels, en dépouillant la matière de toutes les propriétés qui la rendent accessible à nos sens ; et en substituant aux notions communes qu'elle suggère, d'insaisissables entités à la poursuite desquelles l'imagination se perd dès le premier pas.

En suivant encore cette remarque, nous arriverions, si je ne me trompe, à un point de vue tout-à-fait opposé à celui des matérialistes. Mais, comme cet examen m'entraînerait trop loin de mon but, je me contenterai d'avertir ici que les raisonnements philologiques qu'ils ont depuis peu invoqués à leur aide, portent sur deux erreurs trop ordinaires chez nos meilleurs philosophes. La première est de confondre les progrès historiques d'un art avec la théorie de ce même art, lorsqu'il a acquis un grand développement ; la seconde est de voir dans le langage une peinture de nos pensées, beaucoup plus exacte qu'elle ne l'est réellement dans une société quelconque, civilisée ou barbare. Ces deux méprises ont, à mon avis, égaré complètement M. Tooke. J'ai déjà produit plusieurs exemples de la dernière; l'autre se trouve réduite en application dans tout le cours de son ouvrage. C'est ainsi qu'après avoir exposé le résultat intéressant de ses recherches sur les conjonctions, il en tire cette conséquence fondamentale que l'arrangement commun des parties du discours, dans les Traités des Grammairiens, étant disposé avec aussi peu de soin que d'esprit philosophique, doit éminemment contribuer à retarder les progrès de ceux qui étudient les langues; tandis, au contraire, qu'il est incontestable que ses spéculations n'ont pas le moindre rapport avec l'analyse d'une langue qui a pris une forme régulière et systématique; et qu'elles se bornent à l'observation des procédés successifs par lesquels elle a passé d'un jargon sauvage à cet état de perfection. Ce sont des spéculations purement philologiques et rien de plus, qui se rapportent à cette espèce de recherches que j'ai nommées ailleurs *Histoire Théorique* (1). De ce que les conjonc-

---

(1) Voy. l'Histoire de la Vie et des Ouvrages de M. Smith à la tête de ses Essais posthumes.

tions sont une partie du discours accessoire et dérivée, et qu'elles étaient primitivement remplacées par des mots que l'on reconnaît pour des pronoms ou des articles, il ne s'ensuit aucunement qu'on ne puisse pas les regarder aujourd'hui comme une partie séparée du discours; pas plus que la théorie de M. Smith, sur la transformation successive des noms propres en noms appellatifs, ne peut prouver que les noms propres et les noms appellatifs sont aujourd'hui essentiellement les mêmes ; pas plus encore que l'emploi des substantifs pour remplacer les adjectifs, emploi que M. Tooke regarde comme un signe de l'imperfection d'une langue, ne peut prouver qu'il n'y a aucune distinction grammaticale entre ces deux parties du discours dans le grec, le latin ou l'anglais. Cependant cette dernière conclusion s'est aussi présentée à M. Tooke, qui l'a adoptée sans hésitation. Autant valait-il conclure, à mon avis, qu'il n'y a pas de différence entre un doigt et une fourchette, parce que les sauvages, au lieu de fourchette, font usage de leurs doigts.

On verra plus clairement, dans le chapitre qui va suivre, l'application de ces remarques à notre phraséologie métaphorique dans la science de l'Esprit.

CHAPITRE TROISIÈME.

Les observations que j'ai faites en différentes parties de la *Philosophie de l'Esprit Humain*, sur les causes qui empêchent cette science d'avoir sa langue particulière, et celles que j'ai présentées sur le même sujet dans le premier chapitre de cet Essai, me dispensent de répondre directement aux Commentaires philologiques de M. Tooke sur l'origine de nos idées. S'il faut quelque chose de plus pour réfuter complètement la conséquence qu'il veut en déduire, il y a une objection bien puissante dans la *variété* des métaphores que l'on peut employer avec une égale justesse toutes les fois qu'il s'agit des phénomènes de l'esprit. Comme jusqu'ici on a peu senti le rapport de cette observation, toute simple qu'elle paraît, avec la question qui nous occupe, je vais tâcher de l'exposer dans le plus grand jour.

Le langage vulgaire, relativement à la *mémoire*, me fournit en ce moment un exemple qui convient parfaitement à mon sujet. Tout le monde aura remarqué combien

nos expressions, lorsque nous parlons de cette faculté, renferment de métaphores qui n'ont rien de commun entre elles. Quelquefois c'est un *magasin* dans lequel les images des choses s'accumulent dans un certain ordre; souvent nous nous figurons une *planche* sur laquelle ces images s'impriment plus ou moins profondément, et en d'autres occasions nous avons l'air de la considérer comme quelque chose d'analogue à la *toile* d'un peintre. Un écrivain distingué, M. Locke lui-même, va nous en offrir des exemples : « Selon moi, dit-il
» quelque part, l'entendement ressemble
» assez à un cabinet dans lequel la lu-
» mière ne pénétrerait que par une petite
» ouverture qui laisserait passer les images
» ou idées des objets du dehors. *Si les*
» *images, en pénétrant dans ce lieu obscur,*
» *pouvaient s'y fixer et s'y ranger avec as-*
» *sez d'ordre pour qu'on les pût retrouver*
» *au besoin,* il y aurait alors beaucoup de
» ressemblance entre ce cabinet, et l'en-
» tendement humain par rapport aux objets
» de la vue et aux idées qu'ils excitent
» dans l'esprit. » Ailleurs, il a fait entrer dans quelques phrases toutes ces différentes métaphores, passant à chaque instant de l'une à l'autre, suivant qu'elles frappaient son

imagination. Je veux parler d'un morceau très-intéressant sur l'affaiblissement de la mémoire, par suite de l'âge ou d'une maladie. Je ne puis m'empêcher de remarquer en passant, que dans cet endroit, Locke considérant combien l'esprit est peu maître des dons précieux qui lui ont été départis, élève son style jusqu'au pathétique de l'éloquence : c'est le seul exemple qu'en fournissent ses ouvrages. « Il y a, à la vérité, des gens dont
» la mémoire heureuse tient du prodige ;
» cependant il me semble qu'il y a toujours
» quelque affaiblissement dans nos idées, dans
» celles-là mêmes qui sont *gravées le plus*
» *profondément*, et dans les esprits qui les
» *conservent* le plus long-temps ; de sorte
» que si elles ne sont pas renouvelées quel-
» quefois par le moyen des sens, ou par
» la réflexion de l'esprit sur cette espèce
» d'objets qui en a été la première occa-
» sion, *l'empreinte s'efface*, et il n'en reste
» plus enfin aucune image. C'est ainsi que
» les idées, comme les enfants de notre
» jeunesse, meurent souvent avant nous ;
» et notre esprit ressemble à ces tombeaux
» que revêtent encore le marbre et l'airain,
» mais dont le temps a effacé les inscriptions
» et rongé les reliefs. *Les images tracées*
» *dans notre esprit sont peintes avec des*

» *couleurs fragiles : si on ne les rafraîchit*
» *quelquefois, elles passent et disparais-*
» *sent entièrement.* » Il ajoute plus loin :
« Nous voyons souvent qu'une maladie *dé-*
» *pouille* l'ame de toutes ses idées, et qu'*une*
» *fièvre ardente confond en peu de jours,*
» *et réduit en poussière toutes ces images*
» *qui semblaient devoir durer aussi long-*
» *temps que si elles eussent été gravées sur*
» *le marbre.* » Telle est l'indigence du langage qu'il est peut-être impossible de trouver, en parlant de la *mémoire*, des mots qui ne se rattachent pas à l'une de ces hypothèses; mais aux yeux du vrai philosophe qui les considère simplement comme des manières de s'exprimer, ils sont également irréprochables; car lorsqu'il les emploie, il ne fait jamais porter ses raisonnements sur le signe, mais sur la chose qu'il représente. Cependant on pourrait avec assez de raison faire observer au matérialiste, que ces hypothèses dont nous venons de parler, sont tout-à-fait incompatibles entre elles; et lui demander ensuite si l'usage indéterminé de ces métaphores évidemment contradictoires dont on trouve des exemples chez nos meilleurs écrivains, ne nous autorise point à conclure que nulle d'elles ne se rapporte à la vraie Théorie des

phénomènes qu'elles semblent expliquer; et que, si elles méritent l'attention du métaphysicien, c'est simplement comme exemples familiers de l'influence extraordinaire qu'exercent sur nos pensées les plus abstraites, le *langage* et les *associations de l'enfance* (1).

N'oublions pas non plus que, même dans les mathématiques pures, le langage scientifique est emprunté des propriétés physiques, et des accidents de la matière. Pour prouver cette proposition, je n'aurai besoin que de citer les termes destinés à exprimer les notions les plus élémentaires de la géométrie, tels que les suivants : *point, ligne, surface, solide, angle, tangente, intersection, circonférence*, et autres de même nature. L'emploi de mots également figurés, en arithmétique, est pour nous une preuve plus directe encore; comme quand nous parlons de *carrés*, de *cubes* et de *fractions* de nombres; et, pour terminer par un exemple spécialement remarquable, nous citerons le mot *fluxion* appliqué à la quantité considérée en général.

---

(1) Voy. not. P.

Malgré ces observations, je ne connais jusqu'ici personne qui, avec quelque prétention au titre de philosophe, se soit avisé de conclure de l'origine métaphorique du langage mathématique, qu'il nous soit impossible d'attacher à ces mots *point*, *ligne* ou *solide* aucune notion claire et précise, différente de celles qu'ils expriment littéralement ; ou bien, que tous les raisonnements que nous faisons porter sur des abstractions tirées de l'ordre matériel soient nécessairement vains et illusoires. Quelques personnes, peut-être, seront disposées à reconnaître une distinction entre avoir l'*idée* ou la *notion* d'un objet, et être capable d'en faire un *sujet de raisonnement* ; entre avoir la *notion*, par exemple, de *longueur sans largeur*, et *raisonner* sur l'une de ces dimensions, sans faire attention à l'autre. Je n'ai pour l'instant aucune objection positive à faire contre cette distinction, au fond peu importante ; et il serait fort heureux qu'elle fût aussi constamment observée dans la philosophie de l'esprit qu'elle l'est dans les démonstrations mathématiques. Les images sensibles que présentent à l'imagination les termes métaphoriques dont on fait usage pour exprimer les phénomènes intérieurs devraient être considérées comme analogues à l'*étendue des points* et à la *largeur des lignes* dans une figure géométrique ; et, dans tous les raisonnements sur la première de ces deux sciences, nous devrions faire constamment les mêmes abstractions que celles dont nous avons indispensablement besoin pour arriver à des conclusions utiles dans la dernière.

Nous ne connaissons pas encore parfaitement l'opinion de M. Tooke sur la nature du *raisonnement général ;* il ne s'est pas même expliqué sur les principes logiques des sciences mathématiques. Cependant il nous donne à entendre que son second volume est dirigé tout entier contre la prétendue faculté d'*abstraction ;* et même, à la fin de son ouvrage, il décide avec assez d'assurance qu'il a complètement rempli son but. « J'ai » rapporté, dit-il, près de mille mots qui » ont pu vous faire connaître ma doctrine, » et il serait aisé d'en grossir le nombre. » Mais c'en est bien assez, je pense, pour » faire disparaître cette opération imaginaire » qu'on a nommée *abstraction ;* et pour » prouver que ce que nous désignons par » ce mot, n'est qu'une de ces fictions du

» langage, inventées uniquement pour s'en-
» tendre avec plus de facilité » (1).

Je cherche, sans pouvoir le comprendre, par quel nœud Horne-Tooke rattache à cette induction si abondante, la conséquence qu'il en déduit. Je ne puis du moins saisir la moindre connexion logique entre les prémisses et la conclusion; et je ne vois sortir des nombreux exemples qu'il cite aucune vérité générale, si ce n'est l'influence de l'imagination et d'une association fortuite sur la structure du langage. Ce n'est pas que j'accorde à ce résultat moins d'importance qu'il n'en mérite; car je n'ignore pas le pouvoir qu'exerce le langage sur nos jugements spéculatifs; et, si je voulais rendre ce fait plus évident, je n'aurais peut-être qu'à exposer la suite de pensées qui a produit le second volume des *Diversions of Purley*, comme l'exemple le plus remarquable qu'on en puisse rencontrer dans toute l'histoire littéraire. « Les » hommes croient, dit Bacon, que leur » raison commande au langage; mais il ar- » rive souvent que le langage réagit puis- » samment sur la raison. »

___

(1) Tooke. Vol. II, p. 396.

Quant à *l'abstraction*, il me paraît probable que M. Tooke est tombé dans une erreur assez fréquente parmi les écrivains les plus récents, celle de croire que l'argument proposé par Berkeley contre les *idées générales abstraites* est beaucoup plus concluant qu'il ne l'est en effet.

Tous ceux qui connaissent les écrits de Berkeley conviennent aujourd'hui qu'il a montré de la manière la plus satisfaisante l'inexactitude du langage de Locke sur cette question, et qu'il a répandu la plus vive lumière sur la nature des *raisonnements généraux*. Mais s'ensuit-il de son argument que *l'abstraction* soit une faculté imaginaire de l'esprit, ou que nos conclusions générales aient moins de certitude que les premiers logiciens ne leur en attribuaient ? Quand on connaît la valeur du mot *abstraction*, et qu'on a étudié le premier livre des Eléments d'Euclide, on ne peut sans doute admettre de telles suppositions.

Espérons que sur ces différents points, et quelques autres semblables, M. Tooke voudra bien exposer avec moins de réserve ses idées particulières en poursuivant l'exécution de son plan. Et qu'on me permette ici d'exprimer un vœu que je forme avec tous les admirateurs de son talent; c'est qu'il veuille bien adopter le style ordinaire des compositions didactiques, sans avoir recours au sarcasme personnel, ou à l'épigramme politique pour éviter les difficultés les plus manifestes et les plus accablantes.

Parfaitement instruit de l'empire qu'exercent des erreurs comme celles qui ont égaré M. Tooke au-delà de tout exemple, un grammairien philosophe du premier mérite recommandait, il y a déjà long-temps, de proscrire les figures dans toute discussion abstraite (1). D'Alembert lui objecta que par cette proposition il demandait l'institution d'un langage nouveau, inintelligible à tout le monde ; et il engagea, en conséquence, les philosophes à conserver les formes accoutumées du langage, en se tenant en garde, autant que possible, contre les faux jugements qu'elles tendent à faire naître (2). Il me semble à moi, que dans l'état présent de

---

(1) *Du Marsais*. Article *Abstraction* dans l'*Encyclopédie*.

(2) Un Grammairien philosophe voudrait, que dans les matières métaphysiques et didactiques, on évitât le plus qu'il est possible les expressions figurées; qu'on ne dît pas qu'une idée en *renferme* une autre, qu'on *unit* ou qu'on

la science métaphysique, l'exécution d'un pareil dessein serait impossible à quiconque voudrait l'entreprendre. En effet, en supposant la nouvelle nomenclature formée de termes purement arbitraires, on ne pourrait rien trouver de plus ridicule; et si, d'un autre côté, on suivait, en l'établissant, une marche analogue à celle qu'on a dernièrement introduite dans la chimie, il est fort probable qu'elle systématiserait une suite d'hypothèses tout aussi peu solides que celles que nous voulons renverser.

Ces deux écrivains n'ont montré ni l'un ni l'autre le véritable remède à cet inconvénient. Il faudrait de temps en temps *varier* les méta-

---

sépare des idées, et ainsi du reste. Il est certain que lorsqu'on se propose de rendre sensibles des idées purement intellectuelles, idées souvent imparfaites, obscures, fugitives, et, pour ainsi dire, à demi écloses, on n'éprouve que trop combien les termes dont on est forcé de se servir, sont insuffisants pour rendre ces idées, et souvent propres à en donner de fausses; rien ne serait donc plus raisonnable que de bannir des discussions métaphysiques les expressions figurées, autant qu'il serait possible. Mais pour pouvoir les en bannir entièrement, il faudrait créer une langue exprès, dont les termes ne seraient entendus de personne; le plus court est de se servir de la langue commune, en se tenant sur ses gardes pour n'en pas abuser dans ses jugements. (*Mélanges*, T. V, p. 30.)

phores que nous employons, de manière à les empêcher de s'établir les unes à l'exclusion des autres, soit dans notre esprit, soit dans l'esprit de nos lecteurs. C'est par l'usage exclusif de quelques figures qui leur sourient, que les penseurs inattentifs sont naturellement conduits à prendre pour une théorie légitime, des analogies prochaines ou éloignées.

Pour rendre plus clair ce précepte que je regarde comme une des règles les plus importantes à suivre dans l'étude de l'esprit, je renverrai le lecteur à mon premier ouvrage. Quelque simple qu'il puisse paraître, je ne me rappelle pourtant l'avoir rencontré dans aucun de mes devanciers; et si, comme il est possible, ma mémoire me trompe dans cette circonstance, il est du moins certain qu'aucun d'entre eux ne s'est appliqué à le réduire systématiquement en pratique dans ses ouvrages.

Après ces observations, il est presque inutile d'ajouter qu'il est souvent très-heureux que l'origine des mots se perde de vue; ou, ce qui revient à-peu-près au même, qu'elle ne puisse plus être reconnue que de ceux qui sont versés dans l'étude des langues anciennes ou étrangères. Ces mots ont reçu la sanction d'un usage immémorial; et l'obscurité de leur histoire empêche que l'imagination ne se méprenne, en les rapportant aux objets et aux phénomènes sensibles qui leur ont donné naissance. Ainsi les notions que nous y attachons deviennent plus précises et mieux définies parce qu'elles sont entièrement le résultat de ces habitudes d'induction, qui ont, ainsi que je l'ai fait voir, un rapport si intime avec l'acquisition du langage.

Les recherches philologiques qui ont donné lieu aux remarques précédentes ont été entreprises par différents écrivains d'un esprit très-distingué; et aucun d'eux ne s'est hasardé, n'a même songé, peut-être, à en tirer des conséquences favorables à la cause du matérialisme. Mais les arrière-pensées qui se laissent fréquemment apercevoir dans les conclusions importantes auxquelles nous conduisent les *découvertes* de M. Tooke, et les éloges pompeux que leur a prodigués l'auteur de la *Zoonomie* avec quelques autres physiologistes de la même école, ne laissent aucun doute sur le dernier résultat que ces spéculations tendent à établir. Quelquefois il arrive à ces auteurs de s'exprimer comme s'ils jugeaient la philosophie de l'esprit humain inaccessible à tous ceux qu'ils n'ont point initiés dans leurs secrets cabalistiques, et de rire de la crédulité des gens qui s'imaginent que le substantif *esprit* peut signifier autre chose que le *souffle*; ou que l'adjectif *droit* peut offrir une autre idée que celle de la ligne qui va d'un point à l'autre par le plus court chemin. Le langage des métaphysiciens qui ont recommandé l'abstraction des choses extérieures comme une préparation indispensable à l'étude de notre constitution intellectuelle a été accusé par eux d'enthousiasme; ils y ont vu l'intention d'inspirer une admiration puérile pour une science dans laquelle on ne rencontre rien qui excède la portée du grammairien ou de l'anatomiste, quand une fois on est en possession du précieux secret. Pour moi, j'avouerai sans scrupule que la tendance manifeste de ces doctrines à rabaisser la nature de l'homme à ses propres yeux me semble une preuve irrésistible de leur fausseté. Cicéron regardait comme une objection très-grave contre la vérité d'un système de morale son défaut de grandeur et de générosité, (*Nihil magnificum, nihil generosum sapit;*) et cette objection a plus de poids effectivement qu'elle ne semble en avoir au premier coup d'œil. Comment croire en effet que l'ignorance et le préjugé puissent élever les conceptions du vulgaire sur les devoirs de la vie, à cette hauteur où la raison et la philosophie n'ont pas même la prétention d'atteindre? Je conviendrai franchement qu'un sentiment analogue me dispose beaucoup en faveur de toute théorie de l'esprit humain qui tend à lui assigner un noble rang dans l'échelle de la création. Cette partialité ne vient pas uniquement de ce qu'un tel système flatte une vanité tout-à-la-fois, peut-être, innocente et utile; mais c'est que dans le magnifique horizon qu'il déroule à mes regards, je reconnais un des signes les plus infaillibles qui distinguent les conclusions de la science inductive, des fictions téméraires de la folie humaine.

Quand j'étudie les facultés intellectuelles de l'homme, dans les écrits de Hartley, de Priestley, de Darwin et même de Tooke, je crois examiner le chétif mécanisme qui fait mouvoir une marionnette. Si je m'abandonne un moment à leurs théories des connaissances et de la vie humaines, il me semble que j'ai soulevé le rideau qui cachait à mes yeux le théâtre de ma conscience ; en voyant de près le faux éclat des costumes, et les décorations grossières qui remplissent la scène, je suis chagrin de découvrir ainsi l'illusion qui de loin avait trompé mes yeux. Tel n'est point sans doute le caractère de la vérité ou de la nature ; les beautés qu'elles nous offrent, défient toute la pénétration de nos regards ; elles empruntent même un lustre nouveau de ces recherches microscopiques dans lesquelles les productions les plus parfaites de l'art nous apparaissent si grossières. Si dans l'étude du monde matériel, tous les pas que nous avons faits jusqu'ici ont agrandi l'idée que nous nous étions formée de l'ordre et de l'immensité de l'univers, pouvons-nous supposer raisonnablement que le spectacle dont la vraie philosophie de l'esprit humain découvrira l'ensemble à nos yeux, aura moins d'attrait et de grandeur que ne semblaient nous en promettre l'imagination ou la vanité ?

Il est presque inutile, je pense, en terminant ce chapitre, d'avertir mes lecteurs que le but des observations que je leur ai présentées n'est pas de déprécier les recherches de M. Tooke et de ses partisans.

J'ai seulement voulu déterminer les limites qui en circonscrivent la portée encore assez étendue. Tant que le philologue se borne à des discussions de grammaire et d'étymologie, ses travaux particulièrement destinés à satisfaire la curiosité naturelle des érudits, répandent souvent d'importantes lumières sur les progrès des lois, des arts et des coutumes; éclaircissent des passages obscurs dans les anciens, ou bien nous mettent sur la trace des migrations de l'espèce humaine dans ces âges qui ne nous ont légué aucun monument historique. J'ajoute aussi que bien que la philologie toute seule soit plus propre à nous égarer qu'à nous conduire dans la science de l'esprit, elle peut cependant fournir d'utiles matériaux pour en composer l'histoire, et plus spécialement encore celle de l'imagination considérée dans ses rapports avec les principes de la critique. Mais quand les spéculations d'un homme de lettres ou d'un faiseur de dictionnaires prétendent usurper les honneurs de la philosophie avec l'intention formelle de rabaisser à leur niveau les nobles recherches auxquelles elle se livre, il faut adresser aux hommes qui partagent ces prétentions ridicules, l'avis que donnait Sénèque à son ami Lucilius, en le prémunissant contre ces sophistes grammairiens, qui par leurs disputes frivoles sur les mots avaient fait tomber dans le mépris les belles discussions de l'école Stoïcienne : « Renoncez à ces » frivolités grammaticales, à cette philoso- » phie contentieuse, qui réduisent à des » syllabes les objets les plus sublimes, et » qui par une doctrine minutieuse rétré- » cissent et consument le génie : leur but » semble être plutôt de multiplier les diffi- » cultés de la philosophie, que d'en relever » l'importance » (1).

(1) Sen. Ep. 71.

CHAPITRE QUATRIÈME.

Il y a dans les théories de quelques philologues modernes, une autre idée fausse qui domine. Moins dangereuse que la précédente, elle mérite pourtant, par les conséquences qu'elle renferme, d'occuper notre attention avant de terminer cet Essai. Elle se rattache, il est vrai, à une question tout-à-fait étrangère aux questions que nous avons examinées précédemment; mais comme elle prend sa source dans une erreur semblable à celles que j'ai tâché de rectifier, je crois trouver ici l'occasion la plus favorable pour la signaler à mes lecteurs.

L'erreur dont je veux parler nous est présentée, implicitement du moins, comme un axiome, presque à chaque page du livre de M. Tooke. Pour juger, selon lui, avec précision de la valeur d'un mot, il est nécessaire d'en suivre l'histoire à travers les différentes significations qu'il a successivement revêtues depuis l'instant où il s'est introduit dans une langue; ou bien, si ce mot a une origine étrangère, ou qu'il nous soit parvenu de quelque dialecte du continent qu'habitaient nos ancêtres, nous devons en chercher l'étymologie jusqu'à ce que nous puissions déterminer le sens littéral et primitif de la racine dont il dérive. Cette opinion n'appartient pas exclusivement à Horne-Tooke. Elle forme la base principale du savant et ingénieux traité des *Synonymes Français* de Roubaud ; et l'on peut croire, d'après le silence des écrivains de nos jours, qu'elle est universellement adoptée comme le critérium le plus sûr que nous puissions employer pour terminer les discussions subtiles auxquelles ces sortes de mots ont fréquemment donné lieu.

Pour moi, je suis singulièrement porté à croire qu'il y a bien peu de cas, si même il en est un seul, où l'étymologie puisse nous guider heureusement, soit pour écrire purement dans une langue vivante, soit pour fixer positivement la signification d'un terme équivoque, ou pour différencier des expressions qui paraissent équivalentes. Dans ces diverses circonstances, il n'y a rien de plus sûr, à mon avis, que cette habitude d'une induction exacte et attentive, qui, par l'étude des grands modèles du style et de la pensée, parvient progressivement à saisir les notions précises que nos meilleurs écrivains ont attachées à leur phraséologie. Tel est le principe qui a servi de règle aux jugements critiques de Girard et de Beauzée; et quoiqu'on ne puisse disconvenir qu'ils ne soient tombés l'un et l'autre dans des subtilités fausses, il faut leur accorder le mérite d'avoir indiqué à leurs successeurs la seule route qui puisse les mener à la vérité. D'Alembert a suivi la même marche dans une esquisse rapide qu'il a tracée de main de maître sur les Synonymes (1).

On sera convaincu du peu de ressources que nous offre l'étymologie, si l'on considère que, dans les compositions qui intéressent le goût, plusieurs mots dérivés d'une source commune, sont ennoblis, dans un pays, par l'usage, tandis que d'autres qui ont avec les premiers le rapport le plus étroit, et qui n'en diffèrent même ni par le son, ni par l'orthographe, sont *proscrits* ailleurs par les habitudes de la société. Cette circonstance rend extrêmement gênantes pour les Anglais et les Écossais en particulier, qui commencent à étudier l'allemand,

---

(1) Voy. Not. Q.

les associations invétérées dont ils doivent s'affranchir, avant de pouvoir sentir les beautés de cette langue-mère qui a donné naissance à la leur.

Quand, d'un autre côté, un mot originairement bas ou ridicule, a été ennobli ou consacré par suite d'un long usage, je ne vois pas quel avantage le goût peut attendre d'un examen scrupuleux de la généalogie et des affinités de ce mot. M. Tooke a établi de la manière la plus satisfaisante que certains mots anglais bannis aujourd'hui non-seulement du style élevé, mais encore d'une conversation honnête, se rapprochent de fort près, dans leur origine, de quelques autres que nous recevons avec faveur dans nos discours; et il semble imputer à une *fausse délicatesse* notre préjugé contre les premiers (1). J'aimerais à savoir quelles conséquences pratiques M. Tooke voudrait nous faire tirer de ces découvertes. Faudra-t-il dégrader les uns à cause de leur alliance avec les autres, ou bien tous ceux qui découlent d'une même source pourront-ils prétendre à l'honneur d'un même accueil?

---

(1) Vol. II, p. 65 et 134.

N'est-il point à craindre que ces études étymologiques, portées à l'excès et revêtues par l'imagination d'une importance qu'elles ne méritent pas, ne soient plus préjudiciables à la finesse du goût, qu'avantageuses à l'entendement pour l'acquisition des connaissances utiles? Je puis du moins citer un fait que l'observation m'a toujours confirmé jusqu'ici : c'est que parmi ceux qui se sont livrés à ces sortes de recherches, il se rencontre à peine un seul écrivain qui ait écrit dans sa propre langue avec élégance et facilité. Je sais bien que Horne-Tooke fait à cette règle générale une exception remarquable ; mais pourtant, je croirai difficilement que son style se soit perfectionné depuis la lutte qu'il soutint avec tant d'éclat contre *Junius*.

On s'étonnera moins de ce résultat de ces sortes de travaux, si l'on réfléchit qu'ils ont pour but d'établir comme règles décisives, les subtilités douteuses des philologues et des érudits, dans les cas où l'on ne peut légitimement en appeler qu'à la coutume et à l'oreille. Ceux mêmes qui bornent toutes leurs recherches à un coup d'œil superficiel sur notre propre langue, nous présentent-ils dans l'étymologie un guide bien infaillible pour juger de la propriété ou de l'impropriété d'une expression ? Que doit-ce donc être, lorsque, pour prononcer sur de telles questions, on va chercher ses principes dans des langues ordinairement peu familières à ceux qui ont sérieusement cultivé leur goût ? (1)

En preuve de ceci, je me contenterai de jeter un coup d'œil sur les absurdités dans lesquelles nous tomberions inévitablement si nous voulions nous en rapporter aux conclusions des étymologistes, pour juger de la propriété des métaphores qui se rencontrent dans les formes communes de notre langage. Il arrive souvent que ces métaphores déparent le discours par leur impropriété choquante ; cependant nous sommes dans la nécessité de les y admettre

---

(1) « Il est si rare que l'étymologie d'un mot coïncide
» avec sa véritable acception, qu'on ne peut fortifier ces
» sortes de recherches par le prétexte de mieux fixer par-là le
» sens des mots. Les écrivains qui savent le plus de langues,
» sont ceux qui commettent le plus d'impropriétés. Trop oc-
» cupés de l'ancienne énergie d'un terme, ils oublient sa va-
» leur actuelle, et négligent les nuances qui font la grâce et
» la force du discours. »

Voyez les notes qui accompagnent le mémoire de Rivarol sur *l'Universalité de la langue française.*

à défaut d'expressions plus convenables, et il y aurait une véritable pédanterie à vouloir s'armer des règles de la critique contre l'usage universellement établi. Depuis un assez grand nombre d'années cette prétention avait été portée à un excès que rien ne peut justifier parmi nous, et déjà même avait exercé une influence visible, en réduisant cette abondante variété d'expressions qui faisait la richesse de notre langue; mais ce n'est que depuis peu que, séparant le sens primitif des mots de leur sens métaphorique, les philologues ont pris l'habitude de pousser leurs raffinements à un point où on ne peut plus les suivre, et d'en appeler de l'autorité de Swift ou d'Addison aux forêts de la Germanie (1).

Il me semble qu'on peut adopter en toute sûreté, comme une règle pratique, le principe suivant : comme les *métaphores com-*

---

(1) On pourrait mener encore plus loin ce raisonnement contre l'utilité *critique* des recherches relatives à l'étymologie, en considérant leur effet sur le vocabulaire poétique. La puissance des mots qui composent la langue poétique, puissance qui dépend entièrement de l'association, s'accroît la plupart du temps par le mystère qui couvre leur origine. C'est ainsi que la noblesse des familles brille d'un éclat plus vif quand leur berceau a disparu dans l'obscurité des âges.

posées nous déplaisent uniquement par l'incohérence des images qu'elles offrent à l'imagination, on doit les rejeter dans le cas seulement, où les mots que nous assemblons nous présentent au premier coup d'œil un sens métaphorique; ainsi, quand par suite d'un long emploi de ces mêmes mots, ils ont cessé d'être figurés pour devenir réellement des expressions littérales, on doit regarder comme impuissante contre leur propriété, toute objection puisée dans des considérations métaphysiques ou philologiques sur leur racine primitive. En pareil cas, une oreille familiarisée avec le style de nos grands modèles restera inaccessible à toute espèce d'argument spéculatif, quelque plausible qu'il paraisse d'ailleurs au théoriste, sous le rapport de la vraisemblance étymologique.

Je ferai observer, à l'appui de ce principe, que, dans le nombre des expressions métaphoriques, il en est dont le sens littéral prédomine toujours sur le sens figuré, tandis que, pour d'autres, le sens métaphorique a tellement pris le dessus, qu'il s'offre le premier à l'esprit dans l'énonciation du mot.

Tels sont, par exemple, *pénétration*, *délibération* et *sagacité* qui réveillent immédiatement les idées qu'elles expriment d'une manière figurative, et qu'on ne peut même interpréter littéralement sans faire violence au langage reçu. Dans tous ces exemples on ne voit pas que l'écrivain ait besoin, lorsqu'il compose, de faire attention à l'origine métaphorique du mot.

Cependant il n'en est pas de même quand le sens littéral a prévalu sur le sens figuré, et qu'une phrase présente d'abord une combinaison désagréable d'objets matériels et d'idées intellectuelles ou morales. Je citerai le verbe *manier (to handle)* dans ces expressions, *manier une question philosophique*, *manier un point de controverse*. Il est fréquemment employé par les anciens théologiens anglais, et spécialement par ceux qu'on nomme *puritains*. On le retrouve avec cette acception, non-seulement dans les Éléments de Critique de lord Kames, mais encore avec la sanction d'une haute autorité en fait de style, dans l'ouvrage de Burke sur le Sublime et le Beau.

C'est peut-être un caprice de mon goût particulier; mais j'avouerai que l'emploi de ce mot m'a souvent déplu, surtout quand le sujet dont il s'agit exige dans le style de la clarté et de la délicatesse. Il y a déjà quelques années qu'il est tombé en désuétude et que le verbe *traiter* en a pris la place. Ce mot a précisément la même valeur dans sa racine *tractare* en latin; mais comme on reconnaît moins facilement la source dont il dérive, il choque moins l'imagination par une signification littérale. Dans beaucoup de cas semblables on reconnaîtra combien il est utile de faire attention à cette sorte d'artifice.

Au reste, il est important de s'assurer dans des questions de cette nature, si l'expression est placée dans le discours comme un ornement qui doit satisfaire l'imagination, ou bien comme un signe destiné à transmettre la connaissance d'une pensée. Dans le premier cas on peut critiquer une phrase, qui, dans le second, sera admise comme une manière de s'exprimer non-seulement irréprochable, mais encore aussi simple et aussi naturelle que le langage peut la fournir.

J'ai fait voir ailleurs (1) ce qui constitue

---

(1) Voy. Élem. de la Phil. de l'Esp. T. 1, p. 277.

la perfection différente du style philosophique, oratoire et poétique. J'ai montré que le premier remplit merveilleusement son but, lorsque, semblable au langage de l'algèbre, il renferme notre faculté de raisonner, dans les limites qui lui sont naturelles, et tient continuellement la pensée en garde contre les écarts de l'imagination. La poésie se propose un tout autre but. Quelquefois, sirène enchanteresse, elle veut séduire par ses accents la raison elle-même; ses plus sublimes efforts nous ramènent aux premières impresions de la vie et au langage naïf de la nature; elle revêt chaque idée d'une image sensible, et s'abandonne toujours aux mouvements de l'imagination. Alors elle ne se contente plus des métaphores et des symboles; il lui faut des termes qui frappent vivement la conception (1) par l'éclat de leur nouveauté; et, dans le choix des mots qu'elle emploie, elle considère attentivement les associations habituelles des hommes sur lesquels elle veut agir. Voilà pourquoi ceux qui se livrent à la pratique et plus spécialement encore à la théorie de cet art divin, relèvent si haut l'importance des études qui se rapportent

---

(1) Voy. sur cette faculté, les Elém. de la Phil. T. I. Ch. III. N. D. T.

au principe d'association et à l'histoire de l'esprit humain représenté dans le mécanisme figuratif du langage. Cette observation se trouvera confirmée ailleurs par différents exemples ; il ne me reste plus qu'à ajouter quelques remarques sur le style, dans le cas où l'écrivain ne se propose que le mérite de la clarté et de la simplicité.

Ici je me trouve obligé par les considérations précédentes, de conclure que les règles générales qui proscrivent les métaphores composées ne doivent pas se prendre aussi rigoureusement que les critiques ont habitude de le faire. Plus d'une fois, par exemple, j'ai entendu censurer cette expression, *source fertile*, comme une violation de ces mêmes règles. Cependant je crois pouvoir demander avec confiance, à la grande majorité de mes lecteurs, si l'impropriété de cette métaphore les a choqués lorsqu'ils l'ont rencontrée dans quelques auteurs ; et s'ils ne la trouvent pas bien plus naturelle que *source copieuse* (*copious source*) qu'on a voulu y substituer. Pourquoi donc rejeter une expression convenable que l'usage a autorisée, et nous priver ici des ressources variées que nous offre la langue, en nous astreignant à l'emploi exclusif de l'adjectif *copieux* (1)?

En général, lorsqu'un écrivain ou un orateur veut s'exprimer nettement et sans obscurité, c'est une puérilité à lui de rejeter des phrases consacrées par l'usage, par cette seule raison que l'analyse philologique y découvre de l'incohérence entre leur valeur primitive, et leur acception détournée.

Je ne dissimulerai pas que, lorsqu'il s'a-

---

(1) S'il y a un mot dont l'application métaphorique soit devenue positivement littérale, c'est assurément le mot *source*. Qui a jamais pensé à une source d'eau, à une fontaine, en disant que Dieu est la *source* de l'existence, que le soleil est une *source* de lumière et de chaleur, que les *terres* sont les *sources* de la richesse des nations, ou que la *sensation* et la *réflexion* sont les seules *sources*, comme dit Locke, des connaissances humaines; toutes propositions qu'on aurait peine à énoncer sous une autre forme avec autant de concision et de clarté. La même remarque peut s'appliquer à l'adjectif *fertile*, qui s'emploie indifféremment pour un *terrain* productif, pour un *génie* inventif, pour les *mines* mêmes qui nous fournissent les métaux précieux. Je ne vois donc aucune raison qui nous empêche d'associer ces deux mots dans nos compositions les plus soignées. On dit pareillement en français *source féconde*, et cette expression a été sanctionnée par les autorités les plus respectables.

Je dois faire observer ici que je ne cite cet exemple que pour éclaircir ma pensée; au fond, il importe peu à l'intérêt de mon raisonnement que je juge bien ou mal dans quelques applications particulières.

git de réduire en pratique cette conclusion générale, il faut un goût délicat, aidé de la connaissance approfondie des grands modèles, pour être en état de décider quand un terme métaphorique a revêtu une signification spécifique et littérale; ou, ce qui revient au même, quand il cesse de présenter le sens primitif à côté du sens figuré. Assurément, il est plus sûr, en cas de doute, de se soumettre aux décisions communes de la critique. Tout ce que je veux établir ici, c'est qu'en adoptant sans restriction toutes ces décisions, le style s'écarterait infailliblement des exemples que nous ont tracés les classiques anciens ou modernes, et l'écrivain qui voudrait en faire usage éprouverait une contrainte et une gêne continuelles, qui ne sauraient s'allier avec la grâce et la variété de l'expression (1).

Si ces remarques sont vraies quand on les applique à des questions qui sont du

---

(1) La maxime suivante fait honneur au bon sens de Vaugelas et à la sagesse de son goût. « Lorsqu'une façon de par- » ler est usitée des bons auteurs, il ne faut pas s'amuser à » en faire l'anatomie, ni à pointiller dessus, comme font » une infinité de gens; mais il faut se laisser emporter au » torrent, et parler comme les autres, sans daigner écouter » ces éplucheurs de phrases. »

ressort de la multitude, elles militent avec bien plus de force encore en faveur de l'usage reçu, lorsqu'on veut le combattre avec les recherches des érudits ou des antiquaires. En considérant donc l'origine métaphorique de la plupart des mots dans une langue polie, ainsi que l'a fait M. Tooke dont les recherches savantes ont répandu sur cette question la plus vive lumière, l'étymologie, prise pour critérium de la propriété de ces mots, nous mènerait à proscrire toutes les formes ordinaires de notre langage, sans nous mettre en possession de signes plus irréprochables pour communiquer nos sentiments et nos pensées.

NOTES.

Note (A). P. 86.

Il est facile de voir qu'on emploie dans la langue philosophique beaucoup de termes dont il serait impossible de donner une définition logique ; tels sont tous les mots qui représentent des choses simples, qu'on ne saurait par conséquent analyser. Il est vraiment étrange que cette observation, si évidente par elle-même, ait échappé à l'attention de la plus grande partie des philosophes.

A celle d'Aristote lui-même, comme on peut s'en convaincre par les efforts qu'il a faits pour définir différents mots qui expriment quelques-uns des objets les plus simples et les plus élémentaires de la pensée humaine. On en trouve un exemple remarquable dans ses définitions du *temps* et du *mouvement*, définitions qui firent long-temps l'admiration des hommes instruits, et qu'on ne cite plus de nos jours que pour leur obscurité et leur extravagance. C'est pour n'avoir pas remarqué cette circonstance que les métaphysiciens ont été si long-temps arrêtés par des mots dont la signification précise était connue des plus ignorants. Ils croyaient que ce qui

n'était pas accessible à leurs définitions couvrait sans
doute quelque mystère; tandis que, dans le fait, la difficulté de la définition n'avait pas d'autre cause que la simplicité parfaite de la chose qu'on voulait définir. *Quid sit
tempus*, disait Saint Augustin, *si nemo quærat à me, scio;
si quis interroget, nescio.*

Reid prétend, mais avec peu d'exactitude, selon moi,
que Descartes et Locke furent les premiers écrivains qui
établirent ce principe fondamental de logique. Je ne crois pas
que Locke lui-même se soit à cet égard exprimé plus nettement que notre fameux jurisconsulte Lord Stair, dans
un ouvrage qui parut quelques années avant l'Essai sur
l'Entendement Humain. Il est bon de remarquer que loin
d'attribuer à Descartes le mérite de cette observation importante, il lui reproche, comme à Aristote, de n'y avoir
pas fait attention.

« Necesse est quosdam terminos esse adeò claros, ut
» clarioribus elucidari nequeant, alioquin infinitus esset
» progressus in terminorum explicatione, adeò ut nulla
» possit esse clara cognitio, nec ullus certò scire possit alterius conceptus. »

« Tales termini sunt *cogitatio*, *motus*, quibus non dantur clariores conceptus aut termini, et brevi apparebit,
» quàm inutiliter Aristoteles et Cartesius conati sunt definire *motum*. »

Physiologia nova experimentalis, etc. p. 9. Authore
D. de Stair, Carolo II Britanniarum Regi à Consiliis Juris

et Status. Lugd. Batav. 1686. — Voyez aussi p. 79. du même ouvrage.

L'Essai de Locke fut imprimé en 1689, comme on le voit par la dédicace. L'ouvrage de Lord Stair doit avoir paru bien long-temps auparavant. La traduction latine, seule édition de ce livre que j'aie eue entre les mains, est datée 1686, et porte au frontispice que l'original avait déjà paru. *Nuper latinitate donata.*

Un écrivain savant et ingénieux prétend qu'Aristote lui-même « avait enseigné avant M. Locke que ce que les mo-
» dernes appellent idées simples, ne pouvait pas être dé-
» fini. » (Trad. de la Morale et de la Politique d'Aristote par le Dr Gillies, t. I, p. 138, 2e éd.) Cependant les passages qu'il cite à l'appui de cette assertion me paraissent bien moins décisifs pour l'établir, que les définitions mêmes du philosophe grec pour la combattre. Et je ne puis abandonner cette opinion, même après tous les efforts du Dr Gillies pour élucider la célèbre définition du mouvement.

Note (B). P. 114.

Il ne sera point inutile à quelques-uns de mes lecteurs de lire attentivement, avant de commencer le troisième chapitre, les extraits suivants du Dr Reid.

« Le mot *idée* se présente si fréquemment dans les écrits
» modernes sur l'Esprit, qu'il est nécessaire d'en faire le
» sujet de quelques remarques. Il a deux sens principaux
» dans les auteurs modernes, l'un populaire, et l'autre phi-
» losophique.

« *Premièrement.* Dans le langage populaire, *idée* est syno-
» nyme de conception, appréhension, notion. Avoir l'idée
» d'une chose, c'est la concevoir. En avoir une idée dis-
» tincte, c'est la concevoir distinctement. N'en avoir pas
» d'idée, c'est ne la point concevoir du tout.

« Si l'on veut prendre le mot dans cette acception popu-
» laire, il n'est pas possible de douter qu'on n'ait des idées.
» Car pour douter il faut penser, et penser c'est avoir des
» idées.

« *Secondement.* Le mot idée, dans le sens philosophique,
» ne signifie pas cet *acte* de l'esprit que nous appelons pen-
» sée ou conception, mais un certain *objet* de la pensée.
» Suivant M. Locke qui, probablement par l'emploi fré-
» quent de ce terme, l'a fait passer enfin dans le langage
» ordinaire, les idées ne sont que les objets immédiatement

» présents à l'esprit, lorsqu'il pense ; mais les différentes
» écoles philosophiques ont expliqué diversement ces *objets*
» *de la pensée* qu'on appelle Idées.

« M. Locke qui emploie si fréquemment le mot *idée*,
» nous dit qu'il veut exprimer par là ce qu'on entend com-
» munément par *espèces* ou *images*. Gassendi, à qui Locke
» a fait plus d'emprunts qu'à tout autre, s'exprime de la
» même manière. Les mots *species* et *phantasmata* sont des
» termes techniques dans le système péripatéticien, et
» c'est dans ce système qu'il faut en étudier la signifi-
» cation.

« Les Philosophes modernes, comme les Péripatéticiens
» de l'ancienne école, ont établi que les objets extérieurs
» ne pouvaient être les objets immédiats de notre pensée; qu'il
» devait y avoir dans l'esprit même quelque image où ils se
» représentaient comme dans un miroir. C'est à ces objets in-
» térieurs et immédiats de nos pensées qu'on donne le nom
» d'*idées* dans l'acception philosophique de ce mot. La chose
» extérieure est l'objet éloigné ou médiat ; mais l'idée ou
» image de cet objet dans l'esprit est l'objet immédiat sans
» lequel nous ne pourrions avoir ni perception, ni souve-
» nir, ni conception de l'objet médiat.

« Ainsi, toutes les fois que dans le langage ordinaire nous
» disons que nous avons l'idée de quelque chose, nous
» voulons dire seulement que *nous y pensons*. Le vulgaire
» convient que cette expression suppose un esprit qui pense,
» et un acte de cet esprit, que nous appelons la pensée. Mais
» le philosophe conçoit de plus l'existence d'une *idée* qui est

» l'objet immédiat de la pensée. L'idée existe ns l'esprit
» même, et ne peut exister ailleurs ; l'objet éloigné ou médiat
» peut être quelque chose d'extérieur, comme le soleil ou la
» lune ; quelque chose de passé ou de futur, quelque chose
» enfin qui n'a jamais existé. Tel est le sens philosophique du
» mot *idée*, et ce sens, il faut en faire la remarque, est
» fondé sur une opinion philosophique. En effet, si les
» philosophes ne s'étaient pas persuadé qu'il existe dans
» l'esprit des objets immédiats de toutes nos pensées, ils
» n'auraient jamais employé le mot idée pour désigner ces
» objets.

« Je me contenterai d'ajouter à ce que je viens de dire,
» que si j'ai quelquefois occasion d'employer le mot *idée*
» dans ce sens philosophique, lorsque j'expliquerai les opi-
» nions des autres, je ne m'en servirai jamais pour exposer
» les miennes, parce que je crois que les idées, prises dans
» cette acception, sont une pure imagination des philosophes.
» Quant à la signification populaire de ce terme, j'aurai,
» pour l'exprimer, les mots *pensée*, *notion*, *appréhension*,
» qui ont la même valeur que le terme emprunté de la langue
» grecque ; avec cet avantage, cependant, qu'ils sont moins
» sujets à équivoque. » (*Essai sur les Facultés Intellectuelles.*)

Après cette longue citation du Dr Reid, je dois expliquer
ce qui m'a déterminé à me servir quelquefois, dans ces Essais, d'un mot qu'il a voulu bannir à jamais du langage philosophique.

J'ai vu qu'après tout ce qu'il a écrit sur cet article, le mot *idée* conserve et semble devoir conserver long-temps encore sa place dans le vocabulaire de la science; et j'ai pensé qu'il serait plus facile d'en restreindre et d'en définir la signification que de le proscrire entièrement. C'est pourquoi je lui associe ordinairement quelque synonyme tel que *pensée* ou *notion*, de manière à écarter tout-à-fait les théories qu'il rappelle communément. Je me plais à espérer que, par ce moyen, je pourrai contribuer un peu à déraciner les préjugés que ce mot a si puissamment fortifiés par son acception philosophique.

Le lecteur sera peut-être curieux de comparer le langage de Descartes sur les *idées* avec celui de Locke. Suivant l'un, une *idée* est la chose à laquelle on pense, en tant qu'objectivement présente à l'entendement. *Idea est ipsa res cogitata, quatenùs est objectivà in intellectu.* Et il ajoute, par forme de commentaire, pour répondre à une difficulté que lui présentait un de ses correspondants : — *ubi advertendum me loqui de ideâ quæ nunquàm est extrà intellectum, et ratione cujus esse objectivà non aliud significat, quàm esse in intellectu eo modo quo objecta in illo esse solent.* — (Responsio ad primas objectiones in Meditationes Cartesii.)

C'est ici le lieu de faire remarquer que Descartes rejetait entièrement cette partie du système Péripatéticien qui explique la perception par les *espèces* ou idées qui émanent des choses extérieures, et parviennent à l'esprit par le canal des sens. Ses raisonnements contre cette hypothèse sont tellement clairs, tellement concluants que Gravesande, dans un petit ouvrage publié en 1737, déclare qu'elle n'a plus besoin de réfutation : *Explosam dudùm de speciebus à rebus proceden-*

tibus et menti impressis sententiam explicare et refellere inutile credimus (1). — (*Introductio ad Philosophiam*, p. 98.)

Descartes cependant, tout en s'éloignant sur ce point de la doctrine des scolastiques, soutenait avec eux que ce qui est immédiatement perçu n'est pas l'objet extérieur, mais l'idée ou image de cet objet dans l'esprit.

Parmi les écrivains d'une époque plus récente, je n'en connais aucun qui ait expliqué la nature des *idées*, considérées comme *objets* de la pensée, avec autant de détail que l'auteur ingénieux d'un ouvrage intitulé : *Recherches sur les lumières de la Nature*. Le passage suivant qu'il donne comme le résumé de sa croyance sur cet article, peut être considéré, à ce qu'il me semble, comme l'exposition assez fidèle des préjugés qui subsistent encore dans beaucoup d'esprits, et que nous puisons de bonne heure dans la phraséologie hypothétique que les scolastiques nous ont léguée.

« Idée est la même chose qu'image, et le mot imagination

---

(1) M. Hume reprit dans la suite le vieux langage de l'école : « La plus simple philosophie nous apprend que rien ne peut jamais être présent à l'esprit si ce n'est une image ou une perception; et que les sens qui sont les seuls *conduits* destinés à recevoir ces images, ne peuvent jamais établir de communication immédiate entre l'esprit et l'objet. » — *Essais*.

M. Hume ne s'est pas donné la peine d'expliquer comment on peut concilier ce langage avec la philosophie qui enseigne que les idées ou images ne peuvent avoir d'existence que dans un esprit.

» exprime un réceptacle d'images; mais l'usage ayant res-
» treint ce mot aux objets visibles, on ne pouvait, sans
» risque de confusion, l'étendre à d'autres choses. C'est pour
» cela que les savants ont introduit le mot grec *idée*, qui
» signifie apparence ou image, afin d'y attacher une signi-
» fication aussi étendue qu'ils le jugeraient à propos. L'*i-*
» *mage* d'un son, l'*image* de la bonté auraient choqué notre
» délicatesse, tandis que l'*idée* de l'un et de l'autre passe
» sans difficulté. Idée est donc aux choses en général ce
» qu'est image par rapport aux objets de la vue.

« Pour éclaircir la notion des idées, commençons par les
» images. Lorsqu'un paon étale sa queue à nos regards, nous
» voyons parfaitement et l'animal et son plumage superbe;
» l'oiseau reste placé à une distance quelconque, mais la
» lumière qu'il réfléchit peint une image sur la rétine, et les
» nerfs optiques la transmettent au sensorium. Parvenue à
» l'extrémité des nerfs, cette image devient une idée qui nous
» fait discerner le paon; et, quand il a cessé d'être sous nos
» yeux, nous pouvons en rappeler l'idée, qui nous affecte
» comme auparavant, quoiqu'avec moins d'énergie. Ainsi,
» quand le rossignol fait entendre son ramage, le son vient
» frapper notre oreille, et, passant à travers les nerfs audi-
» tifs, il nous présente une idée, en nous faisant connaître
» le chant de cet oiseau. Quand il a cessé de chanter, la
» même idée peut s'offrir encore à notre souvenir, nous
» sommes maîtres de la rappeler à volonté. Il en est de
» même pour les autres sens : chacun d'eux nous donne,
» selon sa nature, des idées différentes, qui se reproduisent
» en nous long-temps après la disparition des objets qui
» les avaient excitées.

« Une fois entrées dans l'esprit, ces idées se confondent,
» s'unissent, se séparent, s'amalgament dans des combi-
» naisons et des rapports divers, et produisent ainsi de nou-
» velles idées de réflexion proprement dite, telles que celles
» de comparaison, de division, de distinction, d'abstrac-
» tion, de relation, et beaucoup d'autres encore; et toutes
» ces idées constituent un fonds que nous exploitons en-
» suite pour notre usage.

« Il serait inutile de chercher à déterminer maintenant la
» nature des substances dont nos idées sont des modifica-
» tions. *Sont-ce des parties de l'esprit, comme les membres
» sont des parties du corps; sont-elles contenues dans l'esprit,
» comme la cire sous le cachet, ou enveloppées par lui comme
» le poisson par l'eau; sont-elles spirituelles, corporelles, ou
» d'une nature mixte?* je ne veux point l'examiner ici. Tout ce
» que j'ai à dire pour l'instant sur cette question, c'est que
» dans tout exercice de l'entendement, ce qui discerne est nu-
» mériquement et substantiellement distinct de ce qui est
» discerné; c'est qu'un acte de l'entendement n'est pas tant
» notre acte propre que celui de quelqu'autre puissance
» qui opère sur nous. » (Tom. I, p. 15, et suiv. éd. de 1768.)

Je suis fâché d'avoir le malheur, dans cette circonstance
et quelques autres encore, de ne pas partager l'opinion d'un
homme dont je révère particulièrement les talents, le savoir
et le goût. J'ai évité à dessein de citer cet ouvrage dans tout
le cours de ce volume, parce qu'il m'a semblé que les raisonnements de l'auteur ne portaient pas la moindre atteinte
aux conclusions que j'ai voulu établir. Voyez *Questions Aca-*

démiques, par Sir Wil. Drummond (Londres, 1805) : et surtout le chapitre X, où l'auteur critique principalement quelques raisonnements et quelques expressions du Dr Reid. Ceux mêmes qui n'en adopteront pas les doctrines, ne pourront s'empêcher de rendre hommage au mérite et à la candeur de l'écrivain.

Note (C). P. 129.

« Les choses inférieures et secondaires ne sauraient être
» principes ou causes de ce qui est plus excellent ; et,
» quoique nous admettions les explications ordinaires, et
» que nous accordions que les sens sont un principe de
» science, nous ne devons cependant pas entendre par ce
» mot *principe*, une cause efficiente, mais une puissance
» qui rappelle dans l'ame les idées générales. C'est en ce
» sens qu'il est dit dans le Timée que nous acquérons la
» philosophie par le moyen de l'ouïe et de la vue, parce que
» nous passons des objets des sens à la réminiscence et au
» souvenir. » — « Car l'ame contenant les principes de
» tous les êtres, et étant, en quelque sorte, la réalisation de
» toutes les formes, quand elle est stimulée par les objets
» sensibles, elle rappelle ces principes qu'elle contient en
» elle-même, et les produit au-dehors. »

Les passages précédents ont été traduits par Harris, et tirés d'un commentaire manuscrit du Platonicien Olympiodore sur le Phédon de Platon. Voy. *Œuvres de Harris*, T. I, p. 426.

Le morceau suivant est de Boëce qui après avoir énuméré plusieurs actes de l'Esprit ou Intelligence, qui se distinguent complètement et sont indépendants de la sensation, termine ainsi :

Hæc est efficiens magis
Longè caussa potentior
Quàm quæ materiæ modo

Impressas patitur notas.
Præcedit tamen excitans,
Ac vires animi movens,
Vivo in corpore passio.
Cùm vel lux oculos ferit,
Vel vox auribus instrepit,
Tùm MENTIS VIGOR excitus,
QUAS INTUS SPECIES TENET,
Ad motus simileis vocans,
Notis applicat exteris,
INTRORSUMQUE RECONDITIS,
FORMIS miscet imagines.

De Cons. Phil, l. V.

Je n'ajouterai plus à ces citations qu'un extrait fort court du Dr Price.

« Selon Cudworth, les idées abstraites sont renfermées
» dans la *faculté cognitive de l'esprit, lequel contient virtuelle-*
» *ment en soi les notions générales ou les exemplaires de toutes*
» *choses ; ces notions sont reproduites par lui, ou bien elles se*
» *développent et se découvrent elles-mêmes dans des circon-*
» *stances et des conditions particulières.* Beaucoup de per-
» sonnes, je n'en doute point, traiteront hautement cette
» opinion de bizarrerie et d'extravagance ; pour moi, je
» pense qu'il me serait facile de la défendre, quoique, ce-
» pendant, j'aie une autre manière de voir. » *Revue*, etc.
(Londres, 1769), p. 39.

Note (D). P. 142.

Le mot *sentiment* dans l'acception que lui ont données nos écrivains les plus estimés, exprime fort heureusement, selon moi, ces déterminations complexes de l'esprit, qui résultent du concours de nos facultés rationnelles et de nos sentiments moraux. — Nous ne parlons pas des *sentiments* d'un homme sur une invention mécanique, ou une hypothèse physique, ou sur une question spéculative quelconque qui n'affecte point la faculté de sentir et n'intéresse pas le cœur.

Je crois que cette interprétation du mot *sentiment* répond exactement à l'emploi qu'en a fait M. Smith, dans le titre de sa Théorie. Elle ne s'éloigne pas non plus de l'explication suivante qu'en a donnée Campbell dans sa *Philosophie de la Rhétorique*. « Le nom de *sentimental* convient mieux que
» celui de *pathétique* à tout ce qui s'adresse seulement aux
» facultés morales de l'esprit. Le terme est parfaitement con-
» venable, quoiqu'il soit moderne; il manquait à la langue,
» et n'a pas, comme la plupart des mots de nouvelle fa-
» brique, l'inconvénient de supplanter, au préjudice de la
» pureté du langage, des termes plus propres et plus an-
» ciens. Il tient, pour ainsi dire, le milieu entre le pathé-
» tique et ce qui ne parle qu'à l'imagination; il a quelque
» chose de tous les deux; car il unit la chaleur du premier
» à la grâce et aux charmes de la seconde. »

Campbell aurait posé avec plus d'exactitude ce fait philologique, s'il eût substitué dans la dernière phrase le mot

Entendement à celui d'*Imagination*; s'il eût dit par exemple :
« Il a quelque chose de tous les deux : car il unit à l'in-
» térêt du premier la conviction sage et réfléchie du se-
» cond. »

Beattie a dit que l'ancien et véritable sens du mot anglais *sentiment* était, une opinion arrêtée, une notion, ou un principe (1); et cette explication est conforme à celle qu'en a donnée Johnson. Toutefois il est à remarquer que la première autorité citée par Johnson vient singulièrement à l'appui de ce que j'ai voulu établir sur la différence légère qui existe entre les mots *sentiment* et *opinion*. « L'examen de la
» raison qui les rattache à tant d'autres idées, pouvant ser-
» vir à nous donner de justes *sentiments de la sagesse et de la*
« *bonté* du souverain maître de toutes choses, n'est pas in-
» compatible avec le but que je me propose dans ces re-
» cherches. (Locke.) »

Il faut au moins convenir que si l'on considère ce mot comme synonyme exact d'*opinion* ou de *principe*, il devient absolument inutile dans notre langue; tandis que, dans le sens limité que je voudrais lui donner, il devient une acquisition réelle et précieuse pour notre vocabulaire philosophique.

Si cette remarque est juste, le Dr Reid s'est donc exprimé inexactement, en parlant, dans son *Essai sur les Facultés Intellectuelles*, des *sentiments* de Locke sur la perception;

---

(1) Essai sur la Vérité. Part. II, ch. 1, sect. 1.

des *sentiments* d'Arnauld, de Berkeley et de Hume sur les idées. Il paraît s'en être aperçu lui-même ; car, dans son *Essai sur les Facultés actives*, qui parut trois ans après, il fait cette observation que « le mot *sentiment* signifie pour » l'ordinaire, opinion ou jugement de toute espèce ; mais que » depuis peu on l'emploie pour désigner une opinion ou » un jugement qui frappe, et produit une émotion agréable » ou pénible. » (P. 479, éd. in-4°.)

D'un autre côté, M. Hume, à l'exemple des métaphysiciens français, prend quelquefois *sentiment* comme synonyme de *faculté de sentir*; mais rien dans notre langue n'autorise cette acception.

Je soutiens que lorsqu'il s'agit de constater la propriété d'une expression dans sa langue maternelle, on ne doit jamais en appeler de l'usage établi par les meilleurs écrivains à des considérations étymologiques, ni à l'emploi qui a été fait dans des langues étrangères, anciennes ou modernes, des dérivés correspondants de la même racine. Ici, par conséquent, je ne tiens aucun compte de la définition du mot *sentiment* telle que l'ont donnée les dictionnaires français, quoique je reconnaisse sans difficulté que nous l'avons emprunté de ce pays. Ce qui fortifie encore mes doutes sur la compétence d'un tribunal étranger pour décider des questions de cette nature, c'est la variété de significations attachées à ce même mot dans les diverses langues de l'Europe moderne. Je citerai à ce sujet quelques remarques d'un critique judicieux et éclairé.

« Le mot *sentiment*, dérivé du primitif latin *sentire*, a passé

» dans les langues modernes, mais avec des nuances d'ac-
» ception particulières à chacune d'elles. En italien, *senti-*
» *mento* exprime deux idées différentes: 1°, l'opinion qu'on
» a sur un objet ou sur une question. 2°, la faculté de sen-
» tir. En anglais, *sentiment* n'a que le premier de ces deux
» sens. En espagnol, *sentimiento* signifie souffrance, acception
» que le mot primitif a quelquefois en latin.

« En français, *sentiment* a les deux acceptions de l'italien,
» mais avec cette différence que dans la dernière il a beau-
» coup d'extension. Non-seulement il désigne généralement
» en français toutes les affections de l'ame, mais il exprime
» plus particulièrement la passion de l'amour. En voici un
» exemple : *son* SENTIMENT *est si profond que rien au monde*
» *ne peut la distraire des objets qui servent à le nourrir.* Si l'on
» traduit cette phrase dans toute autre langue, en conservant
» le mot *sentiment*, on fera un *gallicisme*. On en fera égale-
» ment un, en employant ce mot dans la traduction des
» phrases suivantes : C'est un homme à SENTIMENT ; voilà
» du SENTIMENT ; il y a du SENTIMENT dans cette pièce ; il
» est tout ame, tout SENTIMENT ; parce qu'il y est pris dans
» une acception vague, pour tout ce qui a la faculté de sentir.
» Aussi STERNE en a-t-il fait un en donnant à son Voyage
» le titre de *Sentimental*, mot que les Français n'ont pas
» manqué de réclamer et de faire passer dans leur langue,
» parce qu'il est parfaitement analogue à l'acception qu'ils
» ont donnée au mot *sentiment.* » (*Dissertation sur les Gal-
licismes*, par M. Suard.)

Il ne me semble pas qu'on puisse légitimement trouver
un *gallicisme* dans le titre de l'ouvrage de Sterne. L'adjectif

22*

sentimental, quoique peu en usage jusqu'alors, répond néanmoins exactement à la signification anglaise du substantif dont il dérive. Bien plus, je pense qu'en adoptant l'adjectif *sentimental* et cette expression *homme à sentiment*, les Français se sont réglés sur nous. Les premiers, sans doute, ils ont appliqué le mot *sentiment* à l'*amour*, mais je ne connais aucun écrivain anglais de quelque mérite qui ait encore suivi cet exemple. C'est apparemment le dictionnaire de Johnson qui aura induit M. Suard en erreur à l'égard de Sterne.

Note (E). P. 149.

Les bases principales des raisonnements de Berkeley en faveur de l'idéalisme sont établies dans les propositions suivantes où l'on reconnaîtra à-peu-près le langage même de ce philosophe :

« Nous ne percevons rien que nos propres perceptions et
» nos idées. » — « Il est évident pour quiconque a jeté un
» coup-d'œil sur les objets des connaissances humaines,
» que ce sont ou des idées actuellement imprimées sur les
» sens; ou celles dont nous avons la perception en observant
» les passions et les actes de l'esprit; ou enfin des idées for-
» mées à l'aide de la mémoire et de l'imagination, soit qu'elles
» composent, soit qu'elles divisent, soit qu'elles reprodui-
» sent simplement les idées que nous avons reçues d'abord
» par les deux autres voies. » — « La lumière et les couleurs,
» le chaud et le froid, l'étendue et la figure, en un mot,
» tout ce que nous voyons et tout ce que nous sentons,
» qu'est-ce autre chose que des sensations, des notions,
» des idées ou impressions sensibles; et est-il possible,
» même à la pensée, d'en séparer une seule de la percep-
» tion? Pour moi, j'aimerais autant séparer une chose d'elle-
» même. — Quant à nos sens, ils nous donnent simplement
» la connaissance de nos sensations, de nos idées, ou de
» ces choses qui sont immédiatement perçues par le sens,
» quel que soit le nom qu'on leur donne; mais ils ne nous
» enseignent pas s'il existe hors de l'esprit ou indépendam-
» ment de la perception, des choses semblables à celles que

» nous avons perçues. — Comme il ne peut exister de
» notion ou de pensée que dans un être pensant, il ne
» saurait y avoir non plus de sensation que dans un
» être sentant; c'est l'acte ou le sentiment d'un être sen-
» tant, et son essence intime est d'être sentie. Rien ne
» peut ressembler à une sensation qu'une sensation pa-
» reille dans un même ou dans un autre esprit. Penser
» qu'une qualité dans une chose inanimée peut ressembler
» à une sensation, c'est une absurdité et une contradiction
» dans les termes. »

Reid a résumé avec autant de clarté que de concision cet argument de Berkeley. « Si nous avons quelque connais-
» sance du monde matériel, il faut que ce soit par l'inter-
» médiaire des sens : mais *par les sens, nous n'avons d'autre*
» *connaissance que celle de nos sensations;* et nos sensations,
» qui sont les attributs de l'*Esprit*, ne peuvent ressembler à
» aucune qualité d'une chose inanimée. »

Le Dr Reid a fait observer que la seule proposition de ce raisonnement qui soit contestable, c'est que nos sens ne nous font connaître que nos sensations et rien de plus. Si l'on accorde ce fait, on ne peut échapper à la conclusion qui en dérive. « Pour ma part, ajoute-t-il, j'ai cru si fermement à
» cette doctrine, que j'avais adopté, comme une consé-
» quence naturelle, tout le système de Berkeley. Mais ayant
» rencontré certaines déductions qui m'embarrassaient plus
» encore que la non-existence du monde matériel, je m'a-
» visai de me demander, il y a plus de quarante ans, où
» était l'évidence de la doctrine de l'idéalisme. Depuis lors
» jusqu'à ce jour, j'ai toujours cherché, du moins je le

» crois, avec bonne foi et impartialité, les preuves de ce
» principe, et je n'en ai pu trouver d'autre que l'autorité des
» philosophes. »

Nous lisons dans la vie de Berkeley, qu'après la publication de son ouvrage, il eut avec le Dr Clarke une entrevue dans laquelle celui-ci manifesta sa répugnance à entrer en discussion sur l'existence de la matière, et fut accusé par Berkeley d'un défaut de sincérité. Ce récit n'est pas invraisemblable; car le Dr Clarke regardant, ainsi que son adversaire, la théorie des idées comme inattaquable, était, malgré toute sa pénétration, dans l'impossibilité absolue de découvrir le faux principe dont l'argument de Berkeley empruntait toute sa force.

Note (F). P. 150.

Pour prouver que la théorie des idées est contraire aux *faits*, le D`r` Reid nous montre que, dans son principe fondamental, elle confond nos *sensations* avec nos *perceptions* (1), sans tenir le moindre compte des *sensations* qui nous font connaître les qualités primaires de la matière. Berkeley dit, *que par les sens nous ne connaissons rien autre chose que nos sensations;* et Locke, *que les qualités primaires du corps sont des* RESSEMBLANCES *de nos sensations, quoiqu'il n'en soit pas de même des qualités secondaires.* Maintenant, nous pouvons en

---

(1) La *Sensation* désigne particulièrement ce *changement dans l'état de l'esprit*, qui est déterminé par une impression sur l'organe du sens ; et nous concevons que l'esprit peut avoir la conscience de ce changement, sans connaître les objets extérieurs. Mais le mot *perception* exprime la *connaissance* que nous donnent nos sensations des qualités de la matière ; et parconséquent elle suppose dans toutes les circonstances la notion d'*externalité* que nous devons bannir de notre pensée, autant qu'il nous est possible, pour saisir la valeur précise du mot *sensation*. (Voyez *Esquisses de Phil. Morale*, p. 15 de la trad. de M. Jouffroy).

Pour plus ample développement de cette distinction, je dois renvoyer le lecteur aux ouvrages de Reid. Une fois qu'on l'aura bien comprise, on aura, comme il l'a remarqué lui-même, la clef de tout ce qui a été écrit contre le système de Berkeley. Priestley, dans toutes ses remarques sur Reid, a employé à dessein ces deux termes comme synonymes.

appeler sur ce point à la conscience de tous les hommes. En est-il un seul qui puisse douter s'il a ces notions claires de *figure* et d'*étendue*, qui forment la base des plus magnifiques systèmes de vérités incontestables, qu'ait jamais enfantés la raison humaine? Pourroit-on véritablement citer quelques notions plus précises et plus satisfaisantes que celles que nous possédons sur ces deux qualités? Et cependant, quelle ressemblance peut offrir l'une ou l'autre avec les modifications qui ont lieu dans l'état d'un être sentant? C'est donc un *fait* auquel l'expérience donne l'évidence la plus complète, que nous avons des notions de qualités externes qui ne ressemblent en rien à nos sensations, ni à quoi que ce soit dont l'esprit ait la *conscience*; et la seule objection qu'on puisse opposer à ce fait, c'est qu'il est incompatible avec les théories communes des philosophes sur l'origine de nos connaissances.

L'idée d'étendue, pour ne pas parler ici des autres, nous présente en elle-même un *experimentum crucis* qui peut servir à déterminer cette question. L'argument qu'elle fournit contre la vérité de la théorie des idées a été développé avec beaucoup de force par le Dr Reid, dans un passage dont je voulais rapporter ici la plus grande partie pour éveiller la curiosité de mes lecteurs sur l'ouvrage dans lequel cet argument se trouve développé fort au long. Mais comme les bornes d'une note ne me permettent pas de le faire, je prierai tous ceux qui ont quelque goût pour ces sortes de travaux, d'étudier avec attention les 5e et 6e sections du 5e chapitre de ses *Recherches sur l'Esprit Humain*; et aussi le paragraphe de la 7e section du même chapitre, qui commence par ces mots : « Je proposerais donc modestement, comme un *experimentum crucis*, etc. » On ne peut comprendre ces différents passages sans un effort considérable de réflexion et de patience; mais ils n'excèdent pas la portée d'une intelligence ordinaire qui voudra s'y donner un peu de peine ; et ils conduisent à des conséquences du plus haut intérêt dans la philosophie de l'Esprit Humain.

Il y a déjà si long-temps que cet ouvrage a paru pour la première fois, que je n'espérerais pas rappeler sur cette question l'attention des philosophes, si je ne me ressouvenais de l'opposition et de l'indolence qu'eurent à combattre, au premier abord, ces mêmes vérités qu'on regarde comme les plus fermes soutiens de la philosophie moderne. J'aurais voulu faire contraster en même temps les résultats par lesquels Reid a montré l'incompatibilité de nos idées d'*étendue*, de *figure* et de *mouvement* avec les systèmes communs sur l'origine de nos connaissances, et la tendance aux mêmes conclusions qui se fait remarquer dans les écrits de Kant et de quelques autres philosophes. En comparant le bruit qu'a fait cette doctrine, à cause du voile mystérieux dont ils l'ont enveloppée, avec les raisonnements simples et lumineux de Reid, on voit un des exemples les plus remarquables, à mon avis, de la sotte admiration que les demi-savants sont toujours prêts à accorder à tout ce qui passe leur intelligence. J'aurai occasion, dans la note suivante, de m'expliquer avec plus de détail sur ce point et sur quelques autres qui s'y rattachent.

Ceux qui aiment à suivre le développement des spéculations philosophiques ne voudront point ignorer que Reid a certainement été le premier qui ait aperçu clairement les conséquences importantes de la ruine du système des idées ; mais que, cependant, on peut observer dans les ouvrages de quelques écrivains antérieurs, différentes tentatives pour le renverser. Loin de croire que ces efforts puissent diminuer en rien le mérite du philosophe Écossais, je désire les faire connaître à mes lecteurs comme une preuve de la sagacité avec laquelle il avait aperçu les différentes applications d'une conclusion qui était demeurée stérile entre les mains de ses prédécesseurs. Je suis particulièrement convaincu, en même temps, que les passages que je vais citer, lui étaient inconnus, ou du moins, avaient échappé à son souvenir, lorsqu'il écrivait ses *Recherches*. Dans le fait, ils ne jettent que des lueurs passagères de vérité qui disparaissaient aussitôt pour replonger le voyageur dans des ténèbres plus épaisses encore.

La phrase suivante fait le plus grand honneur à la pénétration métaphysique de Hutcheson, lorsqu'on songe à l'époque où il composa son *Traité des Passions*. « L'étendue, la fi-
» gure, le mouvement et le repos, paraissent être plus
» particulièrement des *idées* qui accompagnent les sensations
» de la vue et du toucher, que les *sensations* de l'un de ces
» deux sens. » Malheureusement aucun endroit de ses écrits ne nous autorise à croire qu'il ait senti lui-même l'importance de cette distinction.

Le savant et judicieux Crousaz qui a écrit un peu avant Hutcheson, exprime des vues à-peu-près semblables; et insiste assez long-temps sur cette même distinction. Dans le morceau qui suit, je n'ai pris d'autre liberté sur l'original que celle de retrancher quelques lignes superflues, et qui ne servaient qu'à obscurcir la pensée de l'auteur. Néanmoins les membres de phrase que je supprime, et plus encore les phrases qui les précèdent, prouveront à ceux qui prendront la peine de les examiner que, si Crousaz a touché du doigt le principe fondamental de Reid, il l'a du moins aperçu trop confusément pour en pouvoir suivre les conséquences, ou même pour en faire sentir aux autres la valeur.

« Quand nous voulons nous représenter quelque chose
» hors de nous, et qui ressemble à une sensation, il est évi-
» dent que nous poursuivons une véritable chimère. Une
» sensation ne peut représenter qu'une sensation : et la sen-
» sation étant une sorte de pensée, ne peut représenter quoi
» que ce soit qui appartienne à un sujet incapable de penser.
» Il n'en est plus de même des objets de nos perceptions :
» Quand je pense à un arbre ou à un triangle, je sais que
» les objets auxquels je donne ces noms sont différents de
» mes pensées, et ne leur ressemblent en aucune façon. —
» *Le fait est merveilleux, j'en conviens; mais il n'est pas moins*
» *incontestable.* »

Dans le traité de Baxter sur l'immatérialité de l'âme, non-seulement on retrouve la même observation; mais encore on l'y voit employée à réfuter le système de Berkeley. Il faut remarquer, cependant, que Baxter a poussé la conclusion plus loin que ne lui permettaient les prémisses, et que ne l'exigeait son propre raisonnement.

« Si nos idées n'ont pas de parties, et cependant si nous
» percevons des parties, il est évident que nous *percevons*

» *quelque chose de plus que nos propres perceptions.* Ce qu'il
» y a de certain, c'est que la conscience nous atteste que
» nous percevons des parties, quand nous regardons une
» maison, un arbre, une rivière, le cadran d'une montre
» ou d'une horloge. *Ceci est un moyen très-court et très-facile*
» *de nous assurer qu'il existe quelque chose hors de l'esprit.* »
(T. II, p. 213.)

Il est évident que *le fait* ici posé ne donne aucune preuve matérielle de l'existence des objets extérieurs. Il affaiblit seulement les raisonnements de Berkeley contre la possibilité de leur existence, parce qu'il est incompatible avec le principe fondamental sur lequel reposent ces raisonnements. — Ainsi toute la conséquence que Baxter aurait pu en tirer, c'est que par nos sensations nous recevons les notions de qualités qui ne ressemblent point à ces sensations, et par conséquent, que les raisonnements de Berkeley ne prouvent rien puisqu'ils portent sur une fausse hypothèse. Tel est aussi l'argument de Reid; et il est assez curieux que Baxter qui avait obtenu les prémisses, ne se soit point douté des conséquences importantes auxquelles elles conduisaient.

Quoi qu'il en soit, de tous les écrivains qui ont effleuré cette question avant la publication des *Recherches* de Reid, aucun ne paraît avoir vu la vérité plus clairement, ni l'avoir exprimée avec plus de précision que D'Alembert. « Il n'est
» pas douteux, nous dit-il quelque part, que par le sens
» du toucher, nous pouvons distinguer nos propres corps
» des objets qui les environnent; mais *comment* nous donne-
» t-il la notion de cette *continuité* de parties qui constituent
» véritablement la notion *d'étendue ?* C'est un problème,

» selon moi, sur lequel cette philosophie ne peut répandre
» qu'une lumière bien douteuse. — En un mot, la sensa-
» tion au moyen de laquelle nous arrivons à la connais-
» sance de l'*étendue*, est en elle-même aussi incompréhen-
» sible que la sensation. » (V. *Eléments de la Phil.* Art. *Métaph.*) Le même écrivain a fait remarquer ailleurs que,
comme on ne peut découvrir aucun rapport entre une sensation dans l'esprit et l'objet qui l'occasionne, ou du moins
auquel nous la rapportons, il ne paraît pas possible de
suivre, par aucune force de raisonnement, le passage qui
mène de l'une à l'autre. Et ensuite il est conduit à attribuer
notre croyance à l'existence des choses extérieures à une
sorte d'instinct; principe, dit-il, plus sûr que la raison
elle-même.

Après avoir ainsi entendu D'Alembert non-seulement
admettre le fait, mais le signaler à ses lecteurs comme un
mystère inexplicable, on s'étonne de le voir, en contradiction formelle avec lui-même, donner à plusieurs reprises et
dans différentes parties de ses ouvrages, son approbation
expresse à ce principe de Locke, *que toutes nos idées viennent
de nos sensations*, et qu'il nous est impossible de penser
à une chose qui ne ressemble pas à quelque autre que la
conscience nous ait fait connaître antérieurement. Il s'ensuit
donc que les remarques que je viens de citer, n'ont eu aucune influence sur les raisonnements ultérieurs de cet écrivain.

Tous ces divers passages environnent de lumière la philosophie de Reid, et montrent à l'évidence que la difficulté
qu'il a présentée dans toute sa force, je veux dire la ma-

nière dont l'esprit passe de ses propres sensations à la connaissance des qualités primaires de la matière, n'est nullement, comme l'ont avancé Priestley et quelques autres, un rêve de son imagination. Ils prouvent en même temps que de tous les auteurs auxquels je les ai empruntés, aucun, à l'exception de Baxter, n'avait remarqué combien il était difficile de renverser les fondements du système de l'idéalisme; et que celui-ci même avait méconnu, comme les autres, les liens qui rattachent cette question à plusieurs autres parties de la philosophie de l'esprit humain. Le célèbre professeur allemand, Emmanuel Kant, paraît avoir enfin répandu sur tout ceci une lumière plus vive, malgré les formes scolastiques dont il aime à revêtir tout ce qui occupe sa pensée. Cependant, comme ses écrits sont postérieurs à ceux de Reid, nous ne pouvons guère les examiner dans cette note que je ne veux point, d'ailleurs, étendre davantage en me jetant dans une question aussi vaste.

Note (G). P. 150.

Dans un livre publié en 1774 par le Dr Priestley, on trouve les remarques suivantes sur les raisonnements de Reid contre la théorie des idées.

« Avant de s'arrêter aussi long-temps sur cet argument, » notre auteur aurait dû, je crois, en examiner la force avec » un peu plus de soin qu'il ne semble l'avoir fait. Il me » paraît, en effet, s'être mépris dès le point de départ, sur » cette dénomination d'*idée* que les philosophes ont donnée » aux *images* des choses extérieures; comme si l'on ne sa-» vait pas bien que c'est une expression figurée qui indique, » *non pas* que les figures actuelles des objets sont dessinées » sur le cerveau ou dans l'esprit; mais seulement que des » impressions d'une nature ou d'une autre parviennent à » l'esprit au moyen des organes des sens ou d'un appareil » de nerfs; et qu'entre ces impressions et les sensations qui » existent dans l'esprit, il y a une connexion réelle et néces-» saire, quoique le mode en soit jusqu'à présent inconnu. »

Ceux qui ont lu les écrits métaphysiques de Berkeley et de Hume trouveront sans doute que le passage ne mérite pas la peine d'une réfutation sérieuse. Est-ce que tous les raisonnements qu'on a tirés de la philosophie de Locke contre l'existence indépendante du monde matériel ne reposent pas sur ce principe même que Priestley affecte de considérer comme une simple façon de parler qu'on n'a jamais

prise à la lettre ? Où donc a-t-il appris que les philosophes
« qui se sont servis de la dénomination d'*idée* pour désigner
» les images des choses extérieures, » ont employé ce terme
« comme une expression figurée qui indique, non pas que
» les figures actuelles des objets sont dessinées sur le cerveau
» ou dans l'esprit ; mais seulement que des impressions
» d'une nature ou d'une autre parviennent à l'esprit par le
» moyen des organes des sens et d'un appareil de nerfs ? »
Locke ne nous a-t-il pas dit expressément que « les idées
» des qualités primaires des corps en sont la *ressemblance* ;
» que les *modèles* existent dans les corps eux-mêmes ; mais
» que les idées produites en nous par les qualités secon-
» daires, ne ressemblent aucunement à ces mêmes qua-
» lités ? » Et M. Hume ne comprend-il pas cette doctrine
de Locke dans le sens le plus rigoureux et le plus littéral de
l'expression, quand il établit comme une conséquence nécessaire de cette doctrine, « que l'esprit n'est point une
» substance, ou que c'est une substance étendue et divisible ;
» parce que les *idées* d'étendue ne peuvent exister dans un
» sujet indivisible et inétendu » (1) ?

---

(1) « La philosophie la plus ordinaire nous apprend qu'un objet
» extérieur ne peut se faire connaître de l'esprit sans l'interposition
» d'une image ou perception. Cette table que je vois en ce mo-
» ment n'est qu'une perception, et toutes ses propriétés sont
» celles d'une perception. Mais la plus apparente de ces pro-
» priétés, c'est l'étendue. La perception se compose de parties.
» Ces parties sont disposées de manière à nous donner la notion de
» distance et de contiguïté, de longueur, de largeur et d'épaisseur.
» Les limites de ces trois dimensions sont ce que nous appelons la

Mais pourquoi remonter à Hume ou à Locke, quand nous retrouvons les mêmes pensées dans des écrivains d'une époque plus récente? Voici ce qu'on lit dans un ouvrage publié en 1781 :

« On ne contestera pas que les sensations ou idées existent proprement *dans l'ame*, puisqu'autrement elle ne pourrait pas les retenir de manière à en avoir la perception et à s'en occuper après qu'elle est séparée du corps. Maintenant quelles que soient les idées en elles-mêmes, elles sont évidemment produites par les objets extérieurs, et doivent par conséquent leur correspondre; et puisque la plupart des objets ou archétypes, sont divisibles, il en résulte nécessairement que les idées elles-mêmes peuvent être également divisées. Par exemple, l'idée d'un *homme* ne pourrait en aucune façon correspondre à un homme qui en est l'archétype, et PAR CONSÈQUENT NE POUR-

» figure. Cet' figure est mobile, séparable et divisible. La mobilité et la divisibilité sont les propriétés distinctives des objets extérieurs. Pour terminer toute dispute, l'*idée* même d'étendue n'est que la copie d'une impression, et par conséquent *doit lui être parfaitement conforme*. Dire que l'idée d'étendue est conforme à quelque chose, c'est dire qu'elle est étendue.

» Le libre penseur peut triompher maintenant à son tour; et puisqu'il a reconnu qu'il y a des impressions et des idées réellement étendues, il lui est permis de demander à ses adversaires comment ils peuvent incorporer dans un sujet simple et indivisible une perception étendue. » (Traité de la Nature Humaine. T. II, p. 416 et 417.)

» RAIT ÊTRE L'IDÉE D'UN HOMME, si elle ne se com-
» posait pas des idées de *tête*, de *bras*, de *tronc*, de
» *jambes*, etc. Elle se compose donc de parties, et consé-
» quemment elle est divisible. Comment d'ailleurs serait-il
» possible qu'une chose qui est *divisible*, pût être contenue
» dans une substance quelconque qui serait *indivisible*?

» Si les archétypes des idées sont étendus, les idées qui
» les représentent doivent l'être aussi; et dès-lors, l'esprit
» qui les renferme doit avoir la même qualité, quelle que
» soit d'ailleurs sa nature, matérielle ou immatérielle. »

Mes lecteurs pourront être surpris de cet excès de préci-
pitation et d'inconséquence de la part du D.r Priestley, quand
ils sauront que le passage qu'ils viennent de lire est tiré de
ses *Recherches sur la matière et l'esprit*, publiées huit ans
après ses attaques contre Reid. Il était impossible d'exprimer d'une manière plus précise son assentiment à l'ancienne
hypothèse des *idées*, hypothèse qu'il affirmait antérieurement n'avoir été prise par tous les philosophes que comme
une manière figurée de parler; et qui serait trop absurde
pour mériter une réfutation sérieuse, si on voulait la considérer comme une théorie.

L'ignorance que Priestley et ses condisciples de l'école
Hartléienne ont montrée dans l'histoire d'une branche de la
philosophie sur laquelle ils prononcent avec tant de dogmatisme, me fait un devoir de remarquer ici que les IDÉES de
Descartes et de ses successeurs n'étaient guère, quant à ce
qui concerne la *perception*, qu'un nouveau nom substitué

aux *espèces* des scolastiques. En effet, le vague qui s'attache au mot *idée*, a probablement contribué beaucoup à protéger cette doctrine ainsi revêtue d'une forme moderne, contre les objections auxquelles elle aurait été en butte beaucoup plus tôt si elle eût été présentée dans l'ancienne phraséologie des Péripatéticiens.

Le passage suivant de Hobbes nous montre quelle était, il n'y a pas encore long-temps, et sous la forme la plus absurde, l'autorité du dogme philosophique que Reid a combattu, et peut servir en même temps à nous prouver l'impuissance du sens commun et de la raison contre un préjugé accrédité.

« Dans toutes les Universités du monde chrétien, la Phi-
» losophie des écoles, appuyée sur quelques textes d'Ari-
» stote, nous enseigne que, pour produire la *vision*, l'objet
» vu envoie de tous côtés une *espèce visible*, une *apparition*
» ou *aspect*, ou un *être vu*, dont la réception dans l'œil consti-
» tue la *vision*. Pour produire l'audition, l'objet entendu envoie
» une *espèce audible*, qui est un *aspect audible*, ou un *être au-
» dible, vu*, qui, entrant dans l'oreille, y détermine l'*audition*.
» On dit aussi que, pour produire l'intelligence, l'objet
» compris envoie une *espèce intelligible*, qui est un *être in-
» telligible vu*, qui, pénétrant dans l'entendement, fait que
» nous comprenons. » — « Je ne dis pas cela, continue
» Hobbes, pour désapprouver l'usage des Universités ; mais,
» devant vous parler bientôt de l'influence qu'elles exercent
» dans une république, je dois saisir toutes les occasions de
» vous montrer tout ce qu'il y aurait à réformer dans leurs

» usages ; *et notamment l'habitude d'un langage insignifiant.* »
(De l'Homme, Part. I, ch. 1.)

Les arguments auxquels les scolastiques étaient obligés d'avoir recours pour se défendre, il y a 150 ans, lorsque les rêveries du cloître commençaient à disparaître devant les premières lueurs de la science expérimentale, nous offrent sur la valeur réelle de leurs dogmes des développements que nous chercherions en vain dans les publications de ces âges où ils étaient regardés comme des oracles de vérité, et n'avaient qu'à exposer une doctrine sans être forcés de la discuter. C'est ce qui m'engage à extraire quelques remarques d'une apologie des dogmes d'Aristote, contre les discours de Sir Kenelm Digby, par un auteur qui a joui, de son vivant, d'une grande célébrité; mais qui n'est guère connu de nos jours que par quelques vers de Hudibras. Le but des raisonnements que l'on va lire est, comme l'auteur nous l'apprend lui-même, de montrer que *les objets agissent sur les sens non pas matériellement, mais intentionnellement*; et, malgré les plaisanteries communes qui s'y trouvent mêlées, on peut les regarder comme une exposition fidèle de l'opinion des scolastiques sur cette question mémorable, qu'*Alexandre Ross* paraît avoir étudiée avec autant de soin et de succès qu'aucun des écrivains qui ont tenté de la résoudre.

« Les atomes sont le sanctuaire où vous vous réfugiez à
» tout propos. Vous voulez maintenant que ces parties
» matérielles des corps agissent sur les organes extérieurs
» des sens, qu'elles passent au travers, qu'elles se mêlent
» avec les esprits, et par suite avec le cerveau. Sans doute,
» si les choses vont de cette manière, il faut supposer dans

» le cerveau un mouvement incroyable ; car si les atomes de
» deux armées qui se battent, pénètrent dans votre cerveau
» par le canal de l'œil, ils doivent y faire plus de remue-
» ménage que n'en faisait Minerve dans la tête de Jupiter.
» Vous auriez besoin de la hache de Vulcain pour vous
» faire ouvrir le crâne, et en laisser échapper ces bataillons
» qui s'y agitent avec plus de violence que les deux jumeaux
» dans le sein de Rébecca ; car je ne suppose pas que ces
» petits Myrmidons se tiennent aussi tranquilles que les
» Grecs dans le ventre du cheval de Troie. Mais si les atomes
» matériels d'un objet, d'un cheval, par exemple, pénè-
» trent dans l'organe, dites-moi combien il en faut pour
» faire un petit cheval ; et comment il est possible que
» cet animal tout bridé et tout sellé pénètre dans votre
» œil sans lui faire du mal, surtout s'il est monté par un
» gaillard tel que St George, armé d'une grande lance bien
» affilée ? Et s'il y a un millier d'yeux dirigés à la fois sur
» cet objet, ne diminuera-t-il pas enfin en perdant tous
» les atomes et toutes les molécules qui entrent dans tous
» ces yeux ? à moins que les objets ne se multiplient par le
» fait de leur diminution, comme les cinq pains de l'Evan-
» gile. Ou bien, en supposant que vous puissiez voir à la
» fois autant de chevaux qu'il y en avait dans l'armée de
» Xerxès, y aurait-il donc dans votre cerveau assez d'écuries
» pour les contenir ? Et si vous voyez mille chevaux l'un après
» l'autre, le dernier venu a-t-il chassé le précédent ? Mais
» quelle route ont-ils donc prise pour s'en aller ? Celle par
» laquelle ils étaient venus, ou bien quelqu'autre chemin ?
» Peut-être qu'ils sont tous à l'écurie dans votre cervelle,
» peut-être qu'ils y sont tous morts. Prenez garde au moins
» qu'ils n'aillent faire périr votre cerveau, ou qu'ils n'em-

» poisonnent vos esprits optiques avec lesquels vous pré-
» tendez qu'ils se confondent. Mais supposons maintenant
» que vous voyez un cheval dans un miroir, est-ce que les
» atomes de ce cheval percent d'abord la glace pour y
» entrer, et la traversent de nouveau pour pénétrer dans
» votre œil? Assurément, si c'est là votre nouvelle philoso-
» phie, il me semble que vous ne rencontrerez qu'un
» petit nombre de sectateurs. N'est-il donc pas plus facile et
» plus raisonnable d'admettre que *l'image ou la représen-
» tation de l'objet* est reçue dans l'organe et y détermine la
» *sensation*, que de supposer que ce sont les *parties maté-
» rielles mêmes* que vous appelez *atomes* qui pénètrent dans
» vos yeux ? S'il en était ainsi, le même objet devrait être
» à la fois un et plusieurs, et par conséquent si tous les
» habitants d'un hémisphère regardaient en même temps la
» lune, il faudrait qu'il y eût autant de lunes que de spec-
» tateurs.

» De plus, nous distinguons ce que vous confondez; c'est-
» à-dire, premièrement l'organe appelé *sensorium* ; seconde-
» ment, la faculté *sensitive*, qui réside dans les esprits; troi-
» sièmement, l'acte de la *sensation*, causé par l'objet; qua-
» trièmement, l'*objet* lui-même, qui cause la sensation,
» mais non pas le sens ou la faculté même ; cinquièmement,
» *l'espèce qui est l'image de l'objet* ; sixièmement, le *milieu*,
» qui est l'air, l'eau, etc.; septièmement, l'*ame sensitive*,
» qui met l'organe en action, qui juge et perçoit l'objet par
» son intermédiaire, l'objet qui répand et projette les *espèces*
» ou *qualités spirituelles* et *intentionnelles* dans le milieu et
» le sensorium; *et cela n'est pas plus impossible qu'il ne l'est*

» *que la cire reçoive l'impression ou la figure d'un sceau, sans*
» *qu'il perde rien de sa substance* » (1).

Cet échantillon précieux des subtilités scolastiques nous apprend : 1°, que l'auteur concevait que les *espèces* qui nous donnent la perception, sont réellement des *images* ou *représentations* des objets extérieurs ; 2°, qu'il concevait ces *espèces* comme *incorporelles* ; 3°, que la principale différence qui le sépare de ses adversaires, c'est qu'il suppose, lui, que les *espèces* sont *immatérielles*, tandis que les autres s'imaginaient qu'elles sont composées d'*atomes* qui entrent par les organes des sens, et produisent un mouvement dans le cerveau. Sous ce rapport, l'hypothèse de Sir Kenelm Digby paraît n'être que l'ancienne doctrine d'Epicure sur les *tenuia rerum simulacra* que Lucrèce considérait évidemment comme des *images* ou *ressemblances* des qualités sensibles ; parfaitement analogues aux *espèces* des Péripatéticiens, excepté en ceci qu'on croyait que ces images tenaient également de l'*essence* et de la *forme* de leurs archétypes respectifs.

Dans l'état actuel de la science, où l'on a entièrement abandonné la phraséologie des scolastiques, et surtout depuis que le Dr Reid a démontré si clairement l'absurdité de leur théorie sur la perception, il est bien facile de conclure de cette absurdité que la théorie des idées ne fut jamais l'objet d'un assentiment véritable et général. Il est aisé, par

---

(1) La Pierre de touche Philosophique, ou Observations sur les Discours de Sir Kenlen Digby sur la nature des corps et de l'ame raisonnable. Par Alex. Ross, Londres 1645.

exemple, de demander quelle notion l'on pouvait attacher aux mots *image* ou *représentation*, appliqués aux *espèces* sensibles par lesquelles nous percevons la dureté ou la mollesse, l'aspérité ou le poli, le froid ou le chaud? La question, sans doute, est raisonnable, et se présente même assez promptement; mais il ne s'ensuit pas qu'on l'ait jamais faite, ou qu'elle ait produit beaucoup d'impression dans les temps de la scolastique. Telle est l'influence des mots sur les meilleurs esprits, que lorsque la *langue* d'une secte quelconque a une fois acquis de l'ensemble et de la fixité, la forme séduisante des doctrines qu'elle professe, suffit non-seulement pour couvrir d'un voile impénétrable à des yeux vulgaires une foule de contradictions dans les *pensées*, mais encore pour donner à un raisonneur habile une infinité d'avantages dans la défense de ces mêmes contradictions, si elles deviennent l'objet d'une controverse.

Quand, d'un autre côté, ce langage technique a fait place à une phraséologie différente, et que les dogmes particuliers qu'il servait à exprimer viennent à être examinés dans les plus petits détails, l'erreur et l'absurdité qu'ils présentent dispensent de toute autre réfutation, et le costume mystérieux qui les dérobait aux regards de la critique, ne sert qu'à leur donner un ridicule de plus. Et tel a été le sort de la théorie scolastique sur la perception, qui, après s'être maintenue paisiblement pendant une suite de siècles, nous paraît aujourd'hui une extravagance trop grossière pour avoir été comprise par ceux qui l'avaient adoptée, dans le sens littéral qu'elle offre à l'esprit. Il serait heureux pour la science que parmi ceux qui ont soutenu depuis peu cette opinion, plusieurs ne dissimulassent point aux lecteurs superficiels et à eux-mêmes probablement, sous une forme de langage un peu différente, mais également hypothétique, une erreur fondamentale qui révolte si fort leur jugement, quand on la leur présente dans des termes auxquels ils n'ont point été accoutumés.

La théorie de Digby, lorsqu'on l'oppose à celle de son antagoniste, est encore un document historique d'une haute importance; elle nous donne une idée des premières attaques dirigées contre le système des scolastiques par les partisans de la nouvelle philosophie. La substitution des images *matérielles* aux *espèces* mystérieuses et ambiguës d'Aristote, en forçant les Péripatéticiens à s'expliquer plus nettement, a fait plus de mal à leur cause que tous les raisonnements de leurs adversaires. — A-peu-près dans le même temps, Hooke s'exprimait aussi positivement sur la *matérialité des images ou idées*, et rendait sa pensée sous une forme peu différente de celle que Darwin employa plus tard. Le langage de Priestley, qui suit fidèlement l'hypothèse de Hartley son maître, s'écarte un peu du précédent. « Si, comme Hartley le suppose, dit-il, les nerfs et le cerveau sont une substance vibrante, *toutes les sensations et toutes les idées sont des vibrations de cette substance* ; et tout ce qu'il y a de véritablement inconnu dans ce fait, c'est la faculté qu'a l'esprit de percevoir ou d'être affecté par ces vibrations. » Je ne chercherai pas à m'expliquer comment Priestley aurait pu accorder cette assertion avec celle que j'ai citée de lui plus haut, relativement à l'*idée* d'étendue.

Pour montrer encore mieux combien étaient dominantes, il n'y a pas plus d'un siècle, les notions sur la nature des *espèces sensibles*, je donnerai ici un extrait d'un traité composé par un homme de savoir et d'esprit, quoique profondément imbu des préjugés de son pays et de son temps. L'ouvrage dont je parle est intitulé : ΔΕΥΤΕΡΟΣΚΟΠΙΑ, ou *Petit Discours sur la Seconde Vue*, par le Rév. M. John Frazer. (Edimbourg, de l'impr. de Andrew Symson, 1707.)

Ce passage mérite, selon moi, d'être conservé comme un monument de la philosophie écossaise vers la fin du 17° siècle ; et je le rapporte ici d'autant plus volontiers que le livre dont je l'ai tiré est sans doute inconnu à la plus grande partie de mes lecteurs.

Après avoir raconté une foule d'anecdotes sur les illusions de l'imagination auxquelles sont exposées les personnes hypocondriaques dans la solitude, l'auteur continue ainsi :

« Si vous me demandez comment tout cela se passe, je
» vous prierai d'examiner les considérations suivantes que
» j'ai l'honneur de vous soumettre. Remarquez en premier
» lieu, que les *idées* ou *espèces* visibles sont envoyées par
» les objets visibles à l'organe de l'œil ; qu'elles représen-
» tent la couleur de la figure de cet objet, et nous l'of-
» frent dans les proportions relatives à la distance. Assu-
» rément ce ne sont ni les objets, ni l'espace intermé-
» diaire, qui entrent dans l'œil. Il faut donc une *troisième*
» *chose*, distincte de l'objet et de l'œil, ainsi que de
» l'intervalle de lieu, pour informer l'organe. Les *espèces*
» sont transmises au cerveau par le nerf optique, et
» déposées dans le magasin de la mémoire ; autrement
» le souvenir de ces objets ne durerait pas plus long-

» temps que leur présence ; et ce souvenir n'est autre
» chose que l'imagination, ou pour mieux dire, l'âme de
» l'homme qui reçoit par l'imagination les espèces *inten-*
» *tionnelles*, qui ont déjà été reçues des objets visibles par
» l'organe de l'œil, et déposées dans le réceptacle de la
» mémoire. Alors, quand le cerveau est dans un état
» sain, ces espèces conservent leur intégrité, ainsi que
» l'ordre et le rang dans lequel elles ont été introduites;
» mais quand il est obsédé de vapeurs grossières, lorsqu'il
» s'opère dans les esprits et les humeurs un mou-
» vement violent, tantôt ces idées se multiplient, tantôt
» elles s'agrandissent, quelquefois elles se déplacent ou
» se confondent avec d'autres espèces, etc., etc., et cette dé-
» ception n'abuse pas seulement l'imagination, elle trompe
» même les sens extérieurs, ceux particulièrement de la
» vue et de l'ouïe. Car la vision n'est que le passage des
» espèces intentionnelles à travers le cristallin jusqu'à la
» rétine où le *sens commun* les juge, et les nerfs optiques
» s'en emparent pour les faire parvenir à l'imagination. »

* * * * * * * * * * * * * * * *

« Maintenant, si ces espèces reçues et déposées dans le
» cerveau reviennent frapper en sens inverse la rétine et le
» cristallin, il y a réellement une perception aussi vive de
» l'objet qu'elles représentent, que si cet objet était placé
» devant l'œil ; car dans le fait que nous supposons ici,
» l'organe est précisément affecté comme dans le premier
» cas. Il en est de même pour l'audition. C'est tout sim-
» plement la réception des *espèces audibles*, dans cette par-
» tie de l'oreille qui est organisée pour entendre ; de sorte

» que quand les espèces sont ramenées du cerveau à l'or-
» gane, qui leur est propre, la vision ou l'audition s'o-
» père aussi complétement que si l'objet extérieur détermi-
» nait de nouveau l'une ou l'autre. Et qu'on ne regarde pas
» cette opinion comme étrange. Un écrivain d'une vaste
» érudition, et d'une riche expérience, Cardan, sou-
» tient cette *rétrocession des espèces*, et lui attribue la fa-
» culté dont il avait joui, depuis l'âge de quatre ans jus-
» qu'à sept, de voir des arbres, des bêtes sauvages, des
» hommes, des villes, des armées rangées en bataille, et
» d'entendre le son d'une musique guerrière; il appuie
» même son opinion de l'autorité d'Averroës, auteur d'un
» grand renom. » (Voy. Cardan, *de Subtilitate rerum*, pag.
301.)

« Véritablement, cette opinion repose sur des bases fort
» solides. J'ai observé un malade qui se plaignait d'une
» violente douleur de tête, et particulièrement d'un son léger
» de flûte et de chant qui frappait continuellement ses oreilles.
» La cause en était vraisemblablement dans les *espèces des sons*
» *de flûte et de chant* qu'il avait précédemment reçues et qui
» alors étaient repoussées par l'engorgement de la tête, jus-
» qu'à l'organe de l'oreille, à travers les mêmes nerfs qui les
» avaient introduites; et par-là on comprend que les mêmes
» phénomènes qui ont lieu pour les *espèces visibles* pou-
» vaient se reproduire pour les *espèces audibles*. Ceci se trouve
» confirmé par une expérience d'optique. Prenez une
» feuille de papier de couleur, fixez-la sur votre fenêtre, et
» regardez-la long-temps. Ensuite, fermez bien les yeux,
» puis ouvrez-les subitement, et vous verrez la peinture avec
» des couleurs aussi vives que sur le papier. Cette compression

» des yeux détermine au cerveau une compression analogue,
» qui renvoie par les nerfs optiques, jusqu'à l'œil, les
» espèces visibles qui s'évanouiraient promptement si elles
» ne rencontraient un obstacle qui les réfléchit. Ceci doit vous
» faire juger combien il peut y avoir de ces représentations
» intérieures, en l'absence de tout agent externe.

Sans la crédulité dont M. Frazer donne tant de preuves en plusieurs endroits de son livre, on serait tenté de regarder la théorie précédente comme l'effort d'un génie supérieur, qui lutte contre les préjugés superstitieux de son époque avec des armes telles que la philosophie de cet âge pouvait en fournir. Peut-être l'esprit du temps ne lui permettait-il pas de pousser plus loin le scepticisme.

Note (H). P. 161.

Le passage de Locke, cité dans la note marginale de la p. 159, nous présente l'aperçu d'une théorie nouvelle, peu digne, selon moi, de son auteur, sur la création de la matière. Un fait remarquable, c'est que Priestley, avait été conduit par ses méditations à établir, sur le même sujet, une théorie fort approchante des doctrines de Boscovich ; et cette coïncidence me frappe comme une forte présomption de plus en faveur de l'interprétation que j'ai donnée aux paroles de Locke.

« J'ajouterai ici ce que je dois développer plus loin, c'est
» que la supposition que la matière n'a d'autres proprié-
» tés, avec l'étendue, que celles de l'attraction et de la ré-
» pulsion, affaiblit singulièrement la difficulté qui se présente
» dans l'opinion qu'elle a été créée de rien, et qu'un
» être qui n'a rien de commun avec elle lui donne sans cesse
» le mouvement. Car, selon cette hypothèse, l'esprit créa-
» teur et la substance créée sont également privés de solidité
» ou d'impénétrabilité ; de sorte qu'il n'y a aucun inconvé-
» nient à supposer que la seconde puisse être une produc-
» tion du premier. » (Recherches sur la matière et l'esprit.
Tom. I. p. 23. Birmingham, 1782.)

Note (I). P. 191.

En prenant la défense du mot *instinct*, dans le sens où l'ont quelquefois employé les auteurs qui ont écrit sur l'esprit humain, je reconnais parfaitement que nos penseurs les plus profonds lui ont souvent donné une excessive latitude. Je pourrais en trouver des exemples dans Hume et dans Smith; mais je me bornerai, pour l'instant, à un passage de Reid, dans lequel il donne le nom d'*instinct* à cet effort subit que nous faisons pour reprendre notre équilibre lorsque nous sommes près de tomber, ainsi qu'à d'autres ressources dont nous savons faire usage pour notre conservation dans un danger inattendu. (Voyez ses *Essais sur les Facultés actives de l'homme*, pag. 174, éd. 4°.)

Sur ce fait particulier, j'adopte entièrement, à une circonstance près, les remarques judicieuses qui ont été faites il y a long-temps par Gravesande :

« Il y a quelque chose d'admirable dans le moyen or-
» dinaire dont les hommes se servent pour s'empêcher de
» tomber : car dans le temps que, par quelque mouve-
» ment, le poids du corps s'augmente d'un côté, un autre
» mouvement rétablit l'équilibre dans l'instant. On attri-
» bue communément la chose à un *instinct naturel*, quoi-
» qu'il faille nécessairement l'attribuer à un *art* perfectionné
» par l'exercice.

» Les enfants ignorent absolument cet art dans les pre-
» mières années de leur vie; ils l'apprennent peu à peu,
» et s'y perfectionnent parce qu'ils ont continuellement
» occasion de s'y exercer; exercice qui, dans la suite,
» n'exige presque plus aucune attention de leur part; tout
» comme un musicien remue les doigts, suivant les règles
» de l'art, pendant qu'il aperçoit à peine qu'il y fasse la
» moindre attention. » — (*Œuvres philosophiques de M. J.
Gravesande*, pag. 121, seconde part., Amsterdam, 1774.)

La seule chose qui me paraisse sujette à objection dans cet extrait, c'est le membre de phrase où l'auteur attribue à *un art* l'effort dont il s'agit. Est-on donc mieux fondé à le rapporter à cette cause qu'à un pur instinct?

Le mot *art* suppose l'intelligence, la perception d'une *fin* et le choix des moyens : mais où trouver l'apparence de ces deux faits dans une opération commune à l'espèce toute entière, sans exception des idiots et des fous, et que la brute exécute avec autant d'adresse que les êtres doués de raison?

J'ai dessein de proposer quelques modifications sur les locutions relatives à cette classe de phénomènes, quand je comparerai les facultés de l'homme avec celles des animaux.

Note (K). P. 198.

Le défaut d'espace m'empêche de donner ici les éclaircissements que je réservais pour cette note, et me force de renvoyer à quelques remarques insérées dans la Philosophie de l'Esprit humain sur les qualités secondaires. Voy. à la fin de cet ouvrage la note P., dans laquelle j'ai tâché d'expliquer le penchant que nous avons à rapporter la sensation de *couleur* aux objets extérieurs ; seule difficulté qui se présente à moi dans cette question, et à laquelle le docteur Reid ni M. Smith n'ont pas attaché assez d'importance. (Voy. *Recherches de Reid sur l'Esprit humain*, et l'*Essai sur les sens externes* dans les *Œuvres posthumes* de *Smith*.) Ce qui a conduit, selon moi, ces écrivains à rabaisser cette partie de la philosophie cartésienne, c'est l'emploi équivoque du nom de qualités secondaires dans les diverses expositions qu'on a données de cette question ; circonstance qui avait été remarquée, il y a long-temps, par Malebranche. — D'Alembert envisageait la difficulté dans toute son étendue, lorsqu'il faisait cette observation en parlant de la sensation de couleur : « Rien n'est peut-être plus
» extraordinaire dans les opérations de notre ame, que de la
» voir transporter hors d'elle-même et étendre, pour ainsi
» dire, ses sensations sur une substance à laquelle elles ne
» peuvent appartenir. »

Berkeley s'est servi d'une manière fort adroite et fort curieuse de ce phénomène pour prouver que son système d'idéalisme était parfaitement conforme aux notions communes du genre humain.

« Peut-être qu'une recherche attentive nous montrera que
» ceux mêmes qui, depuis leur naissance, ont grandi dans
» l'habitude de *voir*, ne sont pas irrévocablement sous l'em-
» pire du préjugé qui nous fait croire que ce que nous
» voyons est à distance de nous. Aujourd'hui, en effet,
» tous ceux qui ont un peu examiné cette matière, semblent
» convenir que les *couleurs*, qui sont l'objet propre et immé-
» diat de la vue, n'existent que dans l'esprit. Mais, dira-t-on,
» c'est aussi par la vue que nous avons les idées de l'éten-
» due, de la figure et du mouvement ; toutes qualités
» que nous pouvons regarder comme externes et séparées
» de l'esprit, quoiqu'il en soit autrement de la couleur.
» Pour répondre à cela, je demande à l'expérience générale
» si l'étendue visible d'un objet quelconque ne nous pa-
» raît pas aussi près de nous que la couleur de cet objet,
» si même ces deux phénomènes ne semblent pas avoir
» lieu à la même place. L'étendue que nous voyons n'est-
» elle pas colorée, et nous est-il possible de séparer et
» d'abstraire, comme dans notre esprit, la couleur de l'é-
» tendue ? Ensuite, où il y a étendue, il y a aussi figure
» et mouvement. — Je parle des choses qui sont perçues
» par la vue. » (Essai sur une nouvelle Théorie de la vue,
pag. 255.)

Note (L). P. 204.

Je voulais proposer ici quelques doutes sur l'origine ou plutôt sur l'histoire de la notion d'étendue; sans aucune intention d'expliquer un fait que je considère, avec les philosophes distingués que j'ai cités dans le texte, comme inexplicable; mais seulement pour éveiller plus activement l'attention de mes lecteurs sur les *occasions* dans lesquelles l'esprit reçoit pour la première fois cette notion ou idée. Toutes les lumières qu'on pourra répandre sur un sujet aussi obscur devront être regardées comme une acquisition importante pour l'histoire naturelle de l'entendement humain.

Il y a long-temps que le docteur Reid, et quelques écrivains d'une date plus ancienne encore ont remarqué qu'il y a un paralogisme à expliquer l'idée d'étendue par le mouvement de *la main*, puisque ce dernier fait suppose la connaissance *préliminaire* de l'existence de nos propres corps.

Condillac paraît n'y avoir pas fait assez d'attention; et je dirai la même chose de notre profond philosophe M. Smith. Dans son Essai sur les Sens externes, il suppose toujours l'esprit en possession de l'idée dont il cherche à expliquer l'origine. Mais comment obtenons-nous la notion de ce que M. Smith appelle *externalité* est-ce donc autre chose qu'une modification particulière de l'idée d'étendue?

Cette remarque peut s'appliquer à quelques observations de M. Destutt-Tracy sur le même sujet. Elles prouvent sans doute beaucoup de profondeur et de sagacité ; mais, en les examinant de près, on verra qu'elles renferment, comme celles de M. Smith, ce que les logiciens appellent *une pétition de principe.*

Je suis en même temps très-disposé à croire que l'idée d'*extension* renferme l'idée de *mouvement*; ou, pour m'exprimer plus clairement, que nos *premières* notions d'étendue sont acquises par l'effort de la main qui se meut sur la surface des corps, et par l'effort de notre corps qui va d'une place à une autre. En cherchant dans le *mouvement de la main* l'explication de ce mystère, les philosophes que nous venons de nommer nous rendent très-présumable que le *mouvement* entre pour quelque chose dans ce phénomène; mais mon opinion s'écarte de la leur en ceci, qu'ils paraissent avoir cru que leur théorie donnait une explication de l'*origine* de cette idée, tandis qu'il me semble, à moi, qu'elle présente le problème sous une forme qui le rend évidemment plus difficile à résoudre.

La question suivante, qui est de Berkeley, peut nous faire découvrir quelle était son opinion à ce sujet : « Est-il possible que nous avons pu avoir une idée ou notion d'étendue antérieure à celle de mouvement? Ou bien, un homme qui n'aurait jamais eu la perception du mouvement pourrait-il jamais concevoir qu'une chose fût éloignée d'une autre ? »

J'ai déjà dit que ma réponse à cette question était négative; mais c'est avec la plus grande défiance que je m'exprime ainsi. La seule observation que je puisse faire sans hésiter, c'est que si l'idée d'étendue présuppose celle de mouvement, elle doit aussi nécessairement supposer celle de temps.

J'ai été conduit par cette dernière remarque à des spéculations qui me paraissent intéressantes, mais qui ne peuvent trouver place dans ce volume.

Note (N). P. 226.

Deux raisons m'ont fait substituer les mots *conscience* et *perception* à ceux de *sensation* et de *réflexion* qu'on trouve dans Locke : 1º la *sensation* n'exprime pas, dans l'acception philosophique, ou du moins d'une manière assez précise, le sens que Locke y attachait, c'est-à-dire la connaissance des qualités de la matière que nous obtenons par les sens. 2º La *réflexion*, d'après l'emploi qu'en a fait Locke lui-même, ne peut servir de correspondant à la *sensation* ou à la *perception*, puisqu'elle représente une opération de l'intelligence qui dirige son attention sur les faits de la *conscience*, et qu'elle se trouve dans le même rapport que l'*observation* à la *perception*.

Je conviendrai en même temps que je n'admets pas comme juste cette critique de la classification de Locke, qui se trouve à la fin des *Recherches* de Reid sur l'*Esprit humain*. « La division des notions de notre esprit en idées de
» sensation et en idées de réflexion est contraire à toutes les
» règles de la logique, parce que le second membre de la
» division renferme le premier. En effet, nous est-il pos-
» sible de nous former des notions claires et justes de nos sen-
» sations autrement que par la réflexion ? Non, assurément.
» La sensation est une opération de l'esprit dont nous avons
» la conscience ; et nous obtenons la notion de sensation
» en réfléchissant sur celles que la conscience nous atteste. »

Cette critique aurait été parfaitement juste si Locke avait

employé les mots *sensation* et *réflexion* dans le sens précis et défini qu'ils ont constamment dans les ouvrages de Reid. Je pense même qu'elle est assez applicable à l'opinion positive de Locke, quand on l'interprète conformément à quelques applications qu'il en a faites lui-même postérieurement, et qui, en ramenant toutes choses à l'évidence de la conscience, tendent manifestement à confondre nos sensations avec nos perceptions. Mais, en proposant cette classification au commencement de son Essai, il est hors de doute que Locke entendait par *sensation* ce que Reid appelle *perception*; et c'est ce qui fait que ceux qui n'ont pas étudié, avec une attention toute particulière, l'ensemble du système de Locke, sont naturellement disposés à croire que Reid a profité d'une équivoque de mots pour se donner sur son adversaire une supériorité peu honorable. (Voyez les remarques de Priestley à ce sujet, dans son Examen de la Doctrine de Reid.)

Reid est encore trop sévère, selon moi, lorsqu'il reproche à Locke d'avoir méconnu les règles d'une division logique. Ce qui donne à sa critique une apparence de raison, c'est l'ambiguité du mot *réflexion* que Locke emploie ici et ailleurs encore, comme synonyme de *conscience* (1). C'est

---

(1) L'ambiguité de ce mot *réflexion* est particulièrement signalée dans les Essais de Reid sur les *facultés intellectuelles*. « Il faut » distinguer la réflexion de la conscience avec laquelle les philo- » sophes et *Locke lui-même* l'ont trop souvent confondue. Tous les » hommes ont la conscience des opérations de leur esprit, à tous » les momens, lorsqu'ils sont éveillés ; mais il y en a peu qui en » fassent un sujet de réflexion et de pensée. » — P. 60. Éd. 4°.

ce qui m'a engagé à substituer ce dernier terme au premier, comme exprimant avec plus de précision et de clarté la pensée de Locke.

Interprété de cette manière, le système de Locke ne semble pas mériter *dans toute son étendue*, la censure que Reid en a faite. Sans doute, la manière dont il expose l'origine de nos idées, est extrêmement *incomplète*; Mais il n'est pas exact de dire qu'un des membres de cette division renferme l'autre; puisque le premier se rapporte aux propriétés de la matière, et le second aux phénomènes intérieurs de l'esprit exclusivement.

J'accorderai, au reste, que, si nous combinons avec l'exposition de Locke, tous les raisonnements qui suivent dans son Essai, la critique de Reid, n'est pas dépourvue de fondement; car je me suis déjà efforcé de faire voir que l'une de ses doctrines de prédilection, renferme comme une conséquence nécessaire, que la *conscience* est la source unique de toutes nos connaissances. Mais ce n'est là qu'un argument *ad hominem*; et *non pas*, une preuve que la division aurait été fautive, si on l'eût séparée de toutes les spéculations subséquentes. On aurait même énoncé d'une manière peu correcte l'erreur fondamentale de cet argument, en disant que le second membre de la division, *renfermait* le premier; car, selon cette interprétation, le premier et le second membre sont complètement identifiés.

Note (O). P. 276.

Locke avait ouvert la route aux recherches de M. Horne-Tooke, par les observations suivantes que je ne me rappelle avoir vu nulle part dans les *Diversions of Purley*. « Nous
» nous rapprocherons encore un peu de l'origine de toutes
» les notions et de toutes les connaissances, si nous obser-
» vons combien les mots dépendent des idées sensibles ; si
» nous considérons que ceux dont nous nous servons pour
» exprimer les actions et les notions les plus étrangères aux
» sens, tirent pourtant leur origine de ces idées sensibles,
» d'où ils passent aux significations les plus abstraites, et
» représentent des idées qui ne sont point du ressort des
» sens ; par exemple, l'imagination, la compréhension,
» l'adhésion, la conception, le dégoût, le trouble, la tran-
» quillité etc., tous mots empruntés des opérations des cho-
» ses sensibles, et appliqués à certaines manières de penser.
» Esprit dans sa signification primitive, veut dire souffle :
» Ange, signifie messager ; *et je ne doute pas que si nous pou-*
» *vions les ramener à leurs sources, nous ne trouvassions dans*
» *toutes les langues, que les noms qui représentent des choses*
» *qui ne tombent pas sous les sens, ont été empruntés d'abord*
» *des idées sensibles.* » La phrase qui suit, montre également que Locke voulait, comme son ingénieux disciple, rattacher cette spéculation philologique à la manière dont il expliquait l'origine de nos idées. « D'où nous pouvons conjecturer
» quelles sortes de notions avaient ceux qui les premiers se
» servirent du langage ; d'où elles leur venoient dans l'esprit,

» et comment la nature suggéra inopinément aux hommes,
» *l'origine et le principe de toutes leurs conn*̃*issances*, par les
» noms mêmes qu'ils donnaient aux chos̃

Dans son *Essai sur l'origine des connaissances humaines*, Condillac a sanctionné cette conclusion de Locke. (Seconde partie, sect. I ch. x.) Un autre écrivain qui me paraît bien supérieur à Condillac comme métaphysicien a présenté le fait *philologique* qui nous occupe comme un *nouvel argument* en faveur de la théorie, qui rapporte à la sensation les éléments de toutes nos connaissances.

« L'imperfection des langues consiste en ce qu'elles ren-
» dent presque toutes les idées intellectuelles par des expres-
» sions figurées, c'est-à-dire par des expressions destinées,
» dans leur signification propre, à exprimer les idées des
» objets sensibles ; et remarquons en passant, que cet incon-
» vénient commun à toutes les langues, suffirait peut-être
» pour montrer que c'est en effet à nos sensations que nous
» devons toutes nos idées, si cette vérité n'était pas d'ailleurs
» appuyée de mille autres preuves incontestables. » (1)

Hobbes paraît avoir été le premier, ou du moins un des premiers qui donnèrent l'idée de cette métaphysique Etymologique.—Voy. p. 111 de l'éd. in-f° de Hobbes, imprimée à Londres en 1750 ; comparez avec la pag. 103 du même vol.

---

(1) Mélanges, T. V, p. 26. Amst. 1769.

Note (P). P. 294.

Je ne cite pas les vers suivants comme un exemple du talent poétique de l'Abbé Delille; mais simplement comme un exemple des métaphores hétérogènes qui s'offrent à l'imagination quand nous voulons décrire les phénomènes de la mémoire. Il faut lui rendre en même temps cette justice, que plusieurs de ces vers et surtout les derniers font assez d'honneur à sa pénétration philosophique.

Cependant des objets la trace passagère
S'enfuirait loin de nous comme une ombre légère,
Si le ciel n'eût créé ce dépôt précieux,
Où le goût, l'odorat, et l'oreille et les yeux,
Viennent de ces objets déposer les images :
La mémoire. A ce nom se troublent tous nos sages;
Quelle main a creusé ces secrets réservoirs?
Quel Dieu range avec art tous ces nombreux tiroirs,
Les vide ou les remplit, les referme ou les ouvre?
Les nerfs sont ses sujets, et la tête est son Louvre.
Mais comment à ses lois toujours obéissants,
Vont-ils à son empire assujettir les sens?
Comment l'entendent-ils, sitôt qu'elle commande?
Comment un souvenir qu'en vain elle demande,
Dans un temps plus heureux promptement accouru,
Quand je n'y songeais pas, a-t-il donc reparu?
Au plus ancien dépôt quelquefois si fidèle,
Sur un dépôt récent pourquoi me trahit-elle?
Pourquoi cette mémoire, agent si merveilleux,
Dépend-elle des temps, du hasard et des lieux?

Par les soins, par les ans, par les maux affaiblie,
Comment ressemble-t-elle à la cire vieillie,
Qui, fidèle au cachet qu'elle admit une fois,
Refuse une autre empreinte et résiste à mes doigts?
Enfin, dans le cerveau si l'image est tracée,
Comment peut dans un corps s'imprimer la pensée?
Là finit ton savoir, mortel audacieux;
Va mesurer la terre, interroger les cieux,
De l'immense univers règle l'ordre suprême;
Mais ne prétends jamais te connaître toi-même;
Là s'ouvre sous tes yeux un abîme sans fond.

DELILLE, L'Imagination, Chant I.

Note (**).

De la Dissertation Préliminaire. P. 3.

TABLE

Des Principes Instinctifs du Docteur Reid, extraite de l'Examen de Priestley. P. 9.

1	{ Une sensation présente donne	—	{ la croyance de l'existence actuelle d'un objet.
	{ La mémoire............	—	{ la croyance de son existence passée.
	{ L'imagination.........	—	aucune croyance.
2	Les affections mentales...	—	{ l'idée et la croyance de notre propre existence.
3	{ Les odeurs, les saveurs, les sons et certaines affections du nerf optique..............	—	{ les sensations particulières correspondantes.
4	Une substance dure......	—	{ la sensation de dureté et la croyance à quelque chose de dur.
5	Une substance étendue...	—	l'idée d'étendue et d'espace.
6	{ Toutes les qualités primaires des corps.....	—	{ les sensations qui leur sont particulières.

NOTES. 383

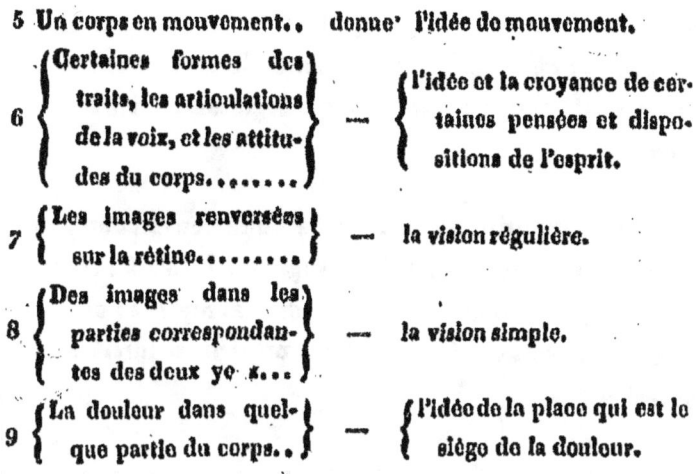

5	Un corps en mouvement..	—	donne l'idée de mouvement.
6	Certaines formes des traits, les articulations de la voix, et les attitudes du corps........	—	l'idée et la croyance de certaines pensées et dispositions de l'esprit.
7	Les images renversées sur la rétine.........	—	la vision régulière.
8	Des images dans les parties correspondantes des deux yeux....	—	la vision simple.
9	La douleur dans quelque partie du corps..	—	l'idée de la place qui est le siège de la douleur.

Il met encore les faits suivants au nombre des principes instinctifs :

10. Le mouvement parallèle des yeux comme nécessaire à la vision distincte.
11. Le sens de la véracité, ou la disposition à dire vrai.
12. Un sens de crédulité, ou la disposition à croire les autres.
13. La faculté inductive par laquelle nous concluons des effets semblables de causes semblables.

Priestley a joint à cette table, sous le titre d'*Autorités*, une suite de citations tirées de Reid, au moyen desquelles il paraît vouloir justifier l'exposition qu'il a donnée dans cette table des principales opinions contenues dans l'ouvrage. Ceux qui ont bien pénétré l'esprit des raisonnements de Reid, pourront juger complètement de l'exactitude de cette exposition par les 4°, 5° et 6° articles ; d'après lesquels on fait soutenir à Reid, *qu'une substance dure suggère la sensation de dureté, et la croyance à quelque chose de dur; une substance étendue, l'idée d'étendue et d'espace;* et *les qualités primaires des corps, les sensations qui leur sont particulières.* L'autorité qu'on produit à l'appui du *premier* de ces dogmes est la phrase suivante :

« En vertu d'un principe primitif de notre constitution, » une certaine sensation du toucher, suggère à la fois à l'es- « prit la conception de dureté et en produit la croyance ; ou, » en d'autres termes, cette sensation est un signe naturel de » la dureté. »

Il est parfaitement évident qu'ici *l'autorité* est non seulement différente de l'assertion qu'on attaque ; mais qu'elle lui est même directement opposée. Suivant Reid, la *sensation* suggère la conception de *dureté* ; selon le commentaire de Priestley, il soutient cette absurde proposition, « qu'une » substance dure, suggère la sensation de dureté. » — Les deux autres bévues sont au moins aussi grossières, et précisément de même force.

TABLE DES MATIÈRES.

AVERTISSEMENT.................... pag. v
DISSERTATION PRÉLIMINAIRE.
Ch. I.. 1
Ch. II... 32

PREMIER ESSAI.

De l'opinion de Locke relativement a l'origine de nos idées, et de son influence sur les doctrines de quelques-uns de ses successeurs.

Chapitre premier.

Observations préliminaires..................... 85

Chapitre second.

Incompatibilité des conséquences présentées dans le Chapitre précédent avec la Théorie de Locke sur l'origine des idées..................... 97

Chapitre troisième.

Influence de l'opinion de Locke concernant l'origine de nos idées, sur les recherches de plusieurs écrivains distingués qui lui ont succédé et particulièrement sur celles de Berkeley et de Hume 113

CHAPITRE QUATRIÈME.

Continuation du même sujet 132

SECOND ESSAI.

SUR L'IDÉALISME DE BERKELEY.

CHAPITRE PREMIER.

De quelques erreurs communes relativement à l'importance et au but du Système de Berkeley 147

CHAPITRE SECOND.

SECTION PREMIÈRE. *Des fondements de notre croyance à l'existence du monde matériel, d'après les idées de Reid. — Observations sur ces idées* 172

SECTION SECONDE. *Continuation du même sujet. — Imperceptibilité de la ligne tirée par Reid, par Descartes et Locke, entre les qualités premières et secondes de la matière. — Distinction entre les qualités premières de la matière et ses propriétés mathématiques* 192

TROISIÈME ESSAI.

De l'influence que Locke a exercée sur les systèmes philosophiques qui ont dominé en France pendant la dernière moitié du dix-huitième siècle 205

DES MATIÈRES. 387

QUATRIÈME ESSAI.

Des théories métaphysiques de Hartley, Priestley et Darwin... 235

CINQUIÈME ESSAI.

Sur la tendance de quelques spéculations philologiques publiées récemment.

Chapitre premier.. 258
Chapitre second.. 273
Chapitre troisième.. 290
Chapitre quatrième... 308
Notes.. 323

ERRATA.

Pag. 1re, au lieu de DISCOURS, lisez DISSERTATION.
.... 57. lig. 20. .... senior, ... sanior.
.... Ib. .... 21. .... angustior, ... augustior.
.... 179. ... 5. .... votes, ... voix.
.... 189. ... 22. .... faux, ... vol.
.... 196. ... 6. .... comme si c'était .... comme réalité
.... 310. ... 27. .... voy. Not. Q, essa

LIVRES DE FONDS.

Le Conseil royal de l'Université vient de faire mettre cet Ouvrage sur la liste des livres qui seront fournis aux élèves de l'École.

AMALTHEUM poeticum, historicum et geographicum, præfacto domini Ant. Alex. Barbier, regiorum Bibliothecarum ex-administri, gallice scripta præfixa est, recens emendavit, plurimisque vocabulis varia ac necessaria auxit, et in ordinem meliorem redegit, L. J. M. Carpentier; un vol. in-18, br. 5 fr.

GRADUS (le) Français, ou Dictionnaire de la langue poétique, précédé d'un nouveau Traité de la Versification française, et suivi d'un nouveau Dictionnaire des Rimes, etc., par L. J. M. Carpentier, membre de l'Université; deuxième édition; 2 vol. in-8, broch. 16 fr.

ANTIQUITÉS romaines, ou Tableaux des mœurs, usages et institutions des Romains, par Alexandre Adam, 2e édition, 2 vol. in-12, br. 9 fr.

ANTIQUITÉS grecques, ou Tableaux des mœurs, usages et institutions des Grecs; ouvrage principalement destiné à faciliter l'intelligence des classiques grecs, par Robinson; traduit de l'anglais, avec des notes du traducteur français, 2 vol. in-8. 15 fr.

TRAITÉ élémentaire de minéralogie, par Beudant, sous-directeur du Cabinet de minéralogie particulier du Roi; un très-gros vol. in-8, orné de 10 planches; prix: 12 fr.

MÉMORIAL poétique de l'enfance, ou choix de distiques, de quatrains, de courtes fables et d'autres pièces en vers à la portée du premier âge, par A. Boniface, instituteur. 1 vol. in-16 br. prix: 2 fr.

ABRÉGÉ du cours complet de rhétorique et de belles-lettres, de Hugues Blair; traduit de l'anglais, sur la 6e édition de Londres, par M. Hortode, in-18, br. 3 fr.

PETIT musée classique, ou énigmes historiques, géographiques, iconologiques, etc., présentant par tableaux les principaux événements de l'histoire générale, par D. Lévi; seconde édit., in-18, cart. 1 fr. 50 c.

MNÉMOSYNE (la) classique, ouvrage moral et religieux, à l'usage des maisons d'éducation, par D. Lévi, professeur de belles-lettres, in-8. 3 fr.

L'ART de lire à haute voix, suivi de l'application de ces principes à la lecture de la prose et de poésie. Seconde édition, par L. Dubroca, un fort volume in-8. 5 fr.

SUPPLÉMENT à l'Art de lire à haute voix, contenant les principes de la prononciation des consonnes et des voyelles finales des mots français, dans leur rapport avec les consonnes et les voyelles initiales des mots suivants, et un traité de la Prosodie de la langue française, par L. Dubroca, in-8. prix: 6 fr.

LEÇONS élémentaires de lectures françaises, précédées d'une introduction sur la nécessité et les avantages d'instituer dans les maisons d'éducation de l'un et de l'autre sexe, ainsi que dans les familles où le sentiment d'une bonne éducation a pénétré, des exercices réguliers de lecture à haute voix, et terminées par des lectures qui confirment par des faits le besoin et l'utilité de ce genre d'instruction, par L. Dubroca, un vol. in-8, br., prix: 6 fr.

ESQUISSES de philosophie morale, par M. Dugald Stewart, professeur à l'université d'Édimbourg, traduites de l'anglais sur la 5e éd., par M. Théodore Jouffroy, ancien élève de l'École Normale et maître de conférences à la même École, avec un discours préliminaire du traducteur, 1 vol. in-8. 6 fr.

ESSAIS philosophiques, relatifs aux systèmes de Locke, Berkeley, Priestley, Horne-Tooke, etc. par Dugald-Stewart, traduit de l'anglais par Charles Huret. 1 vol. in-8. 6 fr.

ABRÉGÉ de l'Histoire Sainte d'après la méthode de l'abbé Fleury, par M. Verger, sur un nouveau plan tracé par M. Boniface, instituteur, un vol. in-12, br. 2 fr.

VOYAGE minéralogique, géologique, historique et géographique de la Hongrie pendant l'année 1818, faisant connaître les mœurs et les habitudes des Hongrois; par F. S. Beudant, chevalier de la légion d'Honneur et membre de plusieurs sociétés savantes, 3 vol. in-4o. et atlas colorié, prix, broch. en carton. 60 fr.

1er COURS de langue Française, 2 vol. in-8. broché, prix: 16 fr.

2e COURS de la langue latine, 2 vol. in-8. br. 9 fr.

3e EXERCICES de la langue française, in-8. br. 9 fr.

4e TRAITÉ complet d'orthographe d'usage et de prononciation, etc. 2 vol. in-12, br. 2 fr. 50 c.

COURS de grammaire française, dans lequel on s'est attaché à mettre en évidence la véritable théorie des pronoms et des participes, et en général, le mécanisme de la langue, par F. D'Olivier. 2 vol. in-8. br. prix: 6 fr.

TRAITÉ de la prononciation des consonnes et des voyelles finales des mots français, dans leur rapport avec les consonnes et les voyelles initiales des mots suivants, suivi de la Prosodie de la langue française exposée d'après une nouvelle méthode, et contenant des développements sur les applications dont elle est susceptible, qui n'ont point encore été présentés dans les Traités de ce genre, par L. Dubroca, un vol. in-8. br., prix: 6 fr.

LOIS forestières anciennes et nouvelles contenant 1° le texte du code forestier et l'ordonnance règlementaire, 2° l'analyse raisonnée des lois, ordonnances, décrets, règlements, etc., etc. sur les eaux et forêts, la chasse, la pêche et autres objets qui ne sont pas réglés par le code, etc. Par M. Grasset, garde général forestier de première classe, un vol. in-8, prix: 8 fr.

HISTOIRE générale de l'Inde ancienne et moderne, depuis l'an 3000 avant J.-C., jusqu'à nos jours, précédée d'une Notice géographique et de Traités spéciaux sur la Chronologie, la Religion, la Philosophie, la Législation, la Littérature, les Sciences, les Arts et le Commerce des Hindous, par M. De Marles, auteur de l'Histoire de la domination des Arabes en Espagne, de Pierre de Lara, ou l'Espagne au onzième siècle, avec une carte de l'Inde ancienne et moderne, etc. 6 vol. in-8o br. prix: 42 fr.

L'UTILE et l'Agréable, ouvrage périodique, publié et rédigé en faveur des jeunes personnes, par M. D. Lévi; ce petit Journal paraît deux fois par mois, le prix est par an pour Paris de 10 fr. et pour les Départements. 12 fr.

www.ingramcontent.com/pod-product-compliance
Lightning Source LLC
Chambersburg PA
CBHW071912230426
43671CB00010B/1581